2025 高教版

严格依据管理类综合能力考试大纲编写

紧扣考纲全真模拟　扫除盲点考前突破　全面检测查漏补缺
本书适用于 2025 年考生

MBA MPA MPAcc MEM
管理类综合能力
全真模拟 8 套卷

主编　王杰通　孙江媛　田然

中国教育出版传媒集团
高等教育出版社 · 北京

图书在版编目（CIP）数据

MBA MPA MPAcc MEM 管理类综合能力全真模拟 8 套卷 /
王杰通，孙江媛，田然主编. -- 北京：高等教育出版社，
2024. 9. -- ISBN 978-7-04-063108-1

Ⅰ. C93-44

中国国家版本馆 CIP 数据核字第 2024WS8829 号

MBA MPA MPAcc MEM **管理类综合能力全真模拟 8 套卷**
MBA MPA MPAcc MEM GUANLILEI ZONGHE NENGLI QUANZHEN MONI 8 TAO JUAN

| 策划编辑 | 李晓翠 | 责任编辑 | 张耀明 | 封面设计 | 李小璐 | 版式设计 | 马 云 |
| 责任绘图 | 杨伟露 | 责任校对 | 刘娟娟 | 责任印制 | 高 峰 | | |

出版发行	高等教育出版社	网　　址	http://www.hep.edu.cn
社　　址	北京市西城区德外大街 4 号		http://www.hep.com.cn
邮政编码	100120	网上订购	http://www.hepmall.com.cn
印　　刷	北京汇林印务有限公司		http://www.hepmall.com
开　　本	787mm×1092mm　1/16		http://www.hepmall.cn
印　　张	14.75		
字　　数	350 千字	版　　次	2024 年 9 月第 1 版
购书热线	010-58581118	印　　次	2024 年 10 月第 2 次印刷
咨询电话	400-810-0598	定　　价	51.00 元

本书如有缺页、倒页、脱页等质量问题，请到所购图书销售部门联系调换

版权所有　侵权必究

物 料 号　63108-00

目　录

答案速查

全真模拟 8 套卷（一）

1~5 AEEAE	6~10 EABDE	11~15 ABABC	16~20 DECCD
21~25 DBCAB	26~30 CCDCC	31~35 DEBEE	36~40 DADEC
41~45 CACDB	46~50 BCCEA	51~55 BCEDC	56~57 略

全真模拟 8 套卷（二）

1~5 BEACB	6~10 EBEDB	11~15 CCBAC	16~20 BABCC
21~25 BCEBC	26~30 CCDCE	31~35 BDECA	36~40 ADEAB
41~45 DAAED	46~50 CCEDC	51~55 DDBDC	56~57 略

全真模拟 8 套卷（三）

1~5 AACAA	6~10 EBDAA	11~15 BDABB	16~20 CDADB
21~25 DDCAD	26~30 BBCEC	31~35 CBCDA	36~40 BCACC
41~45 BBDBE	46~50 CBCAB	51~55 ACBAA	56~57 略

全真模拟 8 套卷（四）

1~5 BDBEA	6~10 CCBCE	11~15 ABDEA	16~20 DABAB
21~25 AAEAC	26~30 EAEDD	31~35 BCDCA	36~40 BEDBD
41~45 DBEDE	46~50 EEACE	51~55 DCDCB	56~57 略

全真模拟 8 套卷（五）

1~5 BEABC	6~10 DAACC	11~15 BBCAB	16~20 BCDCA
21~25 CECAD	26~30 BCBCA	31~35 ACCDA	36~40 CDBCA
41~45 ABABE	46~50 EEADD	51~55 CECBD	56~57 略

全真模拟 8 套卷（六）

1~5 ADEDD	6~10 CCEDB	11~15 AACEC	16~20 CECCA
21~25 DBCAA	26~30 DCCEE	31~35 EEDDD	36~40 DBBDD
41~45 DAABE	46~50 ACCDC	51~55 DDEAC	56~57 略

全真模拟 8 套卷（七）

1~5 AADBE	6~10 ABADD	11~15 CDACB	16~20 CADCB
21~25 CDCEA	26~30 EBECD	31~35 EDAEC	36~40 CADBA
41~45 BDBBD	46~50 CCCAC	51~55 AAEAE	56~57 略

全真模拟 8 套卷（八）

1~5 CCBAB	6~10 BDACB	11~15 ABEAA	16~20 BADCD
21~25 CCADB	26~30 DDCED	31~35 BECCA	36~40 DABAB
41~45 CCDAD	46~50 ADBCE	51~55 BDAAD	56~57 略

一、问题求解：第 **1~15** 小题，每小题 **3** 分，共 **45** 分。下列每题给出的 **A、B、C、D、E** 五个选项中，只有一个选项是最符合题目要求的。

1. 数列 $\{a_n\}$ 满足 $a_1=1$，且 $a_{n+1}=a_1+a_n+n(n\in \mathbf{N}^*)$，则 $\dfrac{1}{a_1}+\dfrac{1}{a_2}+\cdots+\dfrac{1}{a_{2\,019}}=($ $)$.

     A. $\dfrac{4\,038}{2\,020}$ B. $\dfrac{4\,036}{2\,019}$ C. $\dfrac{4\,032}{2\,017}$

     D. $\dfrac{4\,034}{2\,018}$ E. $\dfrac{4\,030}{2\,021}$

2. 已知 m,n 是方程 $x^2-x-1=0$ 的两个根，则 $m^4+3n=($ $)$.

     A. 7   B. 10   C. 9

     D. 11   E. 5

3. 小学生数学竞赛，共 20 道题，有 20 分基础分，答对一题给 3 分，不答给 1 分，答错一题扣 1 分，若有 1 978 人参加竞赛，则至少有(   )人得分相同.

     A. 41   B. 42   C. 43

     D. 44   E. 49

4. 在 $\triangle ABC$ 中，$\angle C=90°$，$\angle A=60°$，$AC=1$，D 在 BC 上，E 在 AB 上，使得 $\triangle ADE$ 为等腰直角三角形，$\angle ADE=90°$，则 BE 的长度为(   ).

     A. $4-2\sqrt{3}$ B. $2-\sqrt{3}$ C. $\sqrt{5}$

     D. 2   E. 1

5. 6 张不同的卡片上分别写有数字 2,2,4,4,6,6，从中取出 3 张，则这 3 张卡片上所写的数字可以作为三角形的三边长的概率为(   ).

     A. $\dfrac{1}{2}$ B. $\dfrac{3}{8}$ C. $\dfrac{2}{7}$

     D. $\dfrac{3}{5}$ E. $\dfrac{2}{5}$

6. 将棱长是 m cm(m 为整数)的正方体的若干面涂上红色，然后将其切割成棱长是 1 cm 的小正方体. 至少有一面红色的小正方体个数和表面没有红色的小正方体个数的比为 13 : 12，此时 m 的最小值是(   ).

     A. 1   B. 2   C. 3

     D. 4   E. 5

7. 设函数 $f(x)=\dfrac{x^2+x+16}{x}$ $(2\leqslant x\leqslant a)$，其中实数 $a>2$，若 $f(x)$ 的值域为 $[9,11]$，则 a 的最大值为(   ).

A. 8   B. 7   C. 6

D. 5   E. 4

8. 幂函数 $y = x^{3m-5}$，其中 m 是自然数，且在正实数范围下是减函数，又 $f(-x) = f(x)$，则 $m =$ ( ).

A. 0   B. 1   C. 2

D. 3   E. 4

9. 在等差数列 $\{a_n\}$ 中,它的前 n 项和记为 S_n,若 $S_{18}>0, S_{19}<0$,则 S_n 的最大值为( ).

A. S_{12} B. S_{11} C. S_{10}

D. S_9 E. S_8

10. 客车从甲地行驶到乙地需要 6 h,货车每小时行驶 36 km,现在客、货两车分别从甲、乙两地同时相向而行,相遇时客车与货车所行的路程比是 5：3.相遇后两车继续按原路行驶,货车到甲地共需( ).

A. 11 h   B. 12 h   C. 13 h

D. 14 h   E. 10 h

11. 如图所示,正方形 $ABCD$ 边长为 6 cm,$AE = \dfrac{1}{3}AC$,$CF = \dfrac{1}{3}BC$.三角形 DEF 的面积为( )cm^2.

A. 10   B. 12   C. 13

D. 14   E. 15

12. $P(x,y)$ 在由 y 轴和直线 $2x-y=0$ 与直线 $x+y=3$ 所围成的三角形区域上变动,则 $(x-1)^2+y^2$ 的最小值为( ).

A. $\dfrac{2}{5}$ B. $\dfrac{4}{5}$ C. $\sqrt{5}$

D. $\dfrac{2\sqrt{5}}{5}$ E. $\dfrac{\sqrt{5}}{5}$

13. 已知函数 $f(x) = (m^2+m-1)x^m$ 是幂函数,且在 x 轴正半轴是减函数,则 m 的值为( ).

A. -2   B. 2   C. -3

D. 4   E. 5

14. 一枚不均匀的硬币,若随机抛掷两次均得到正面的概率是均得到反面的概率的 9 倍,则随机抛掷两次得到正面、反面各 1 次的概率为( ).

A. $\dfrac{1}{5}$ B. $\dfrac{3}{8}$ C. $\dfrac{2}{7}$

D. $\dfrac{3}{5}$ E. $\dfrac{2}{5}$

15. 在 $\angle AOB$ 的边 OA 上有 5 个点,边 OB 上有 6 个点,加上 O 点共 12 个点,以这 12 个点为顶点的三角形有(　　)个.

   A. 125   B. 136   C. 165

   D. 128   E. 119

二、**条件充分性判断:第 16~25 小题,每小题 3 分,共 30 分。**要求判断每题给出的条件(1)和条件(2)能否充分支持题干所陈述的结论。A、B、C、D、E 五个选项为判断结果,只有一个选项是最符合题目要求的。

   A. 条件(1)充分,但条件(2)不充分

   B. 条件(2)充分,但条件(1)不充分

   C. 条件(1)和(2)单独都不充分,但条件(1)和(2)联合起来充分

   D. 条件(1)充分,条件(2)也充分

   E. 条件(1)和(2)单独都不充分,条件(1)和(2)联合起来也不充分

16. 哥哥和弟弟进行百米赛跑,哥哥赢了弟弟 1 m,则哥哥依然获胜.

   (1) 第二次,哥哥在起跑线处退后 0.5 m 与弟弟比赛

   (2) 第二次,哥哥在起跑线处退后 1 m 与弟弟比赛

17. 已知 a,b,c 是三个实数,则 $|a|+|b|+|c|$ 的最小值为 8.

   (1) $a+b+c=2$

   (2) $abc=4$

18. 关于 x 的不等式 $(a-2)x^2+2(a-2)x-4<0$ 对一切实数 x 恒成立.

   (1) $a>0$

   (2) $a\le 2$

19. a 为正整数,则能确定 a.

   (1) a 的最小的两个因数之和为 4

   (2) a 的最大的两个因数之和为 60

20. 已知 a_n 是等差数列,则有 $S_{20}=200$.

   (1) $a_6+a_{15}=20$

   (2) $S_8=32,S_{12}=72$

21. $m=3$.

   (1) 圆 $x^2+y^2+x-6y+m-3=0$ 与直线 $2x+y-2=0$ 交于 P,Q 两点,O 为原点,$OP\perp OQ$

   (2) 已知两点 $A(1,2),B(3,1)$ 到直线 L 的距离分别是 $\sqrt{2},\sqrt{5}-\sqrt{2}$,则满足条件的直线 L 共有 m 条

22. 若把一颗骰子连续抛掷 2 次,将得到的点数依次作为点 Q 的横、纵坐标,则 $P=\dfrac{5}{18}$.

   (1) 点 Q 落在曲线 $y=\sqrt{9-x^2}$ 与坐标轴所围成的封闭区域内部的概率是 P

   (2) 点 Q 落在曲线 $y=\sqrt{6x-x^2}$ 与坐标轴所围成的封闭区域内部的概率是 P

23. 如下图梯形 $ABCD$ 中 E 为 AC 与 BD 的交点,MN 过点 E 且平行于 AD,则 MN 的长度可以确定.

    (1) 已知梯形的面积和高

    (2) 已知梯形的上底与下底之差

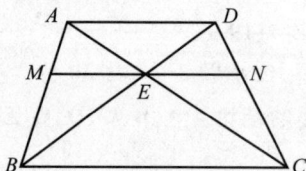

24. 函数 $f(x)=x^2+ax+b$ 的图像与 x 轴两交点的横坐标为 x_1,x_2,则 $|x_1|<1,|x_2|<1$.

    (1) $|a|+|b|<1$

    (2) $|a|<1,|b|<1$

25. 由直线 $y=x+1$ 上的点向圆 C 引切线,则该点到切点的线段长的最小值为 $\sqrt{17}$.

    (1) 圆 C 的方程为 $x^2+y^2=1$

    (2) 圆 C 的方程为 $(x-3)^2+(y+2)^2=1$

三、逻辑推理:第 26~55 小题,每小题 2 分,共 60 分。下列每题给出的 A、B、C、D、E 五个选项中,只有一个选项是最符合题目要求的。

26. 世界是丰富多彩的,多样性是人类文明的魅力所在,更是世界发展的活力和动力之源。文明没有高下、优劣之分,只有特色、地域之别,只有在交流和沟通中才能融合,在融合中才能进步或发展。为了人民而发展,发展才有意义;依靠人民而发展,发展才有动力。世界各国应该坚持以人民为中心,努力实现更高质量、更有效率、更加公平、更可持续、更为安全的发展。

    根据以上信息,可以得出以下哪项?

    A. 如果人类文明具有多样性,世界发展就会充满活力和动力。

    B. 要想为了人民而发展文明的多样性,必须要依靠人民。

    C. 没有交流和沟通的文明无法进步。

    D. 我们应该加强合作,共同应对人类面临的各种挑战和全球性问题。

    E. 能否保持文明的多样性决定世界是否丰富多彩。

27. 最近,全国多地出现了针对学校预制菜午餐的投诉,这本是为了方便学校和家长的举措却遭到了很多家长的抵制,甚至有家长辞职送饭。一时间,预制菜进校园的话题引起了社会广大反响。家长代表张先生认为预制菜多与添加剂、防腐剂挂钩,给正在长身体的孩子吃就等于不健康、没营养。李女士却并不同意张先生的观点。

    以下哪项如果为真,最能质疑李女士的观点?

    A. 有些家长反对的不是预制菜本身,而是学校操作过程中的不透明性,剥夺了孩子选择饭菜的权利。

    B. 目前很多冷冻预制菜是在最短半小时内迅速达到零下 5 度,这种技术不仅能够让微生物休眠,还能最大限度保留食物的营养和新鲜度。

C. "预制菜"虽然方便快捷,但是营养价值出现较多的流失,并且为了更长的保质期,往往脂肪含量和盐含量较高,增加高血脂和高血压的风险。

D. 家长对孩子在学校的用餐要求本质上是营养健康卫生,学校将全力保障校园食品健康安全。

E. "预制菜"这个词最初源于麦当劳、肯德基等西式连锁快餐,在餐饮界已经发展得非常成熟了。

28. 研究人员回顾了全球 26 项关于收入不平等的研究,发现其中 2/3 的研究指出,随着收入不平等加剧,患抑郁症等心理疾病的人数也在增加。同时,今年 1 月,A 国的通胀率达到 30 年来的新高,居民消费价格同比上涨 5.5%。B 国 1 月居民消费价格同比上涨 7.5%,为 40 年来的最大涨幅。研究人员由此认为,在这两年里,A 国和 B 国的居民患有抑郁症、焦虑症等心理疾病的人数将会增加。

以下哪项如果为真,最能支持上述论证?

A. 通货膨胀不一定会导致人们的精神健康状况下滑。

B. 深陷债务危机的人可能会从通胀中获益,因为他们要偿还的每一分钱的价值缩水了,这实际上缩减了他们的债务规模。

C. 研究人员分析发现,与生活在收入较平等社会中的人相比,生活在收入高度不平等社会中的人患抑郁症的可能性约是前者的 1.2 倍。

D. 通胀会导致低收入家庭难以负担基本的食品杂货和其他生活必需品,同时富有的人因为有更多的财务储备,反而能通过投资获取更多的财富。

E. 高企的通胀率会使货币贬值,人们的实际收入水平降低,这也就意味着同等数量货币的购买水平下降。

29. 某班级进行传统文化研读活动,甲、乙两个小组共研读《诗经》《论语》《老子》《孟子》《庄子》《道德经》6 本书,每本书只能由一个小组研读。已知:

(1)《诗经》《论语》不能由同一个小组研读;

(2)如果乙组研读《论语》,则甲组研读《老子》和《孟子》;

(3)如果甲组研读《孟子》,那么乙组研读《庄子》。

如果《诗经》和《孟子》不能由同一个小组研读,则以下哪项一定为真?

A. 乙组研读《论语》。　　　B. 甲组研读《老子》。　　　C. 乙组研读《庄子》。

D. 甲组研读《道德经》。　　　E. 甲组研读《庄子》。

30. 太空探索是对宇宙中未知世界的探索,是人类未来发展的必然趋势。国际上许多国家正在为对未知星系和宇宙的探求而不断努力着,目前已取得显著成果。1969 年美国的"阿波罗 11 号"宇宙飞船载着三名宇航员成功登上月球。2013 年荷兰"Mars One"研究所推出了 2023 年让志愿者登陆火星、建立人类聚居地的计划。但张教授认为,对于出于科研目的的太空探索,下一个外太空的登陆目标应该是火星的卫星"火卫一"而不是火星。因为虽然飞行时间差不多,但完成登陆"火卫一"并开展科研工作所需的燃料,只是完成登陆火星并开展科研工作所需燃料的一半。

以下哪项如果为真,最能加强张教授的论证的说服力?

A. 火星到"火卫一"的距离,大于地球到月球的距离。

B. 登陆探测火星的设备,比登陆探测"火卫一"有更高的要求。

C. 航天器的总重量是基本确定的,为携带充足的燃料不得不舍弃很多重要的科研设备。

D. 由于火星引力比"火卫一"大得多,探测飞行器离开火星表面返回时要消耗比离开"火卫一"表面时更多的燃料。

E. 探测"火卫一"所获得的信息,对于人类了解火星有直接的重要价值。

31. 某省举办运动会,该省 H 市郑、王、冯、陈、蒋、沈、韩 5 名运动员参加跳水、射箭、体操 3 个项目,每人只能参加 1 个项目,已知:

(1) 如果冯和陈至多有 1 人参加跳水,那么郑和蒋都参加跳水;

(2) 如果郑、沈、韩至少有 1 人不参加体操,则蒋参加射箭,并且冯参加体操。

根据以上信息,可以得出以下哪项?

A. 郑、王都参加跳水。　　　B. 王、蒋都参加射箭。　　　C. 王、冯都参加射箭。

D. 陈、冯都参加跳水。　　　E. 韩、蒋都参加体操。

32. 某舰队甲、乙、丙、丁、戊 5 艘舰艇停靠在"神州""兴邦""长龙"3 个港口。每艘舰艇停靠在 1 个港口,每个港口有 1~2 艘舰艇停靠。已知:

(1) 甲和乙不能停靠在同一个港口;

(2) 若甲、乙、戊至少有一艘停靠在"神州",则丙和丁都停靠在"兴邦"。

根据上述信息,如果停靠在"神州"和"长龙"的舰艇数量相同,则可以推出以下哪项?

A. 甲停靠在"神州"。　　　B. 乙停靠在"兴邦"。　　　C. 丙停靠在"长龙"。

D. 丁停靠在"兴邦"。　　　E. 戊停靠在"长龙"。

33. 小王计划在一周中选择 4 天进行体育锻炼,已知:

(1) 周一、周二、周三至多有 1 天锻炼;

(2) 若周一和周四至多有 1 天锻炼,则周五、周六、周日至多有一天锻炼。

根据上述信息,小王哪天没有锻炼?

A. 周一　　　B. 周二　　　C. 周四

D. 周五　　　E. 周六

34. 张同学在鱼缸中养了两条鱼,一条是非洲鲫鱼,另一条是美洲鲫鱼。某天,他在鱼缸中放了一面镜子,然后观察鱼的行为。非洲鲫鱼游到镜子前面后,长时间徘徊,显然被镜子中自己的影像吸引;而美洲鲫鱼游过镜子前时,几乎无反应。张同学由此得出结论:相对于美洲鲫鱼,非洲鲫鱼至少有了对自己影像的好奇心,要聪明不少。

以下哪项最可能是张同学所依据的假设?

A. 好奇心是判断是否聪明的唯一标准。

B. 在争夺食物时,美洲鲫鱼常常输给非洲鲫鱼。

C. 在抢占输氧口附近的好位置时,非洲鲫鱼一般占上风。

D. 鱼缸中的环境非常适合这两种鲫鱼生活。

E. 相对于非洲鲫鱼,美洲鲫鱼具有不算太差的视力。

35. 毕业旅行,张、王、李、赵 4 人互相赠送旅游购买的纪念品。每人都送给一个人纪念品,每人也都收到了一个人的纪念品,并且满足以下条件:

(1) 每人收到的纪念品数量在 1 到 4 个之间,各不相同。张收到的最多,李收到的最少。

（2）张给王送了纪念品，王送给某人 3 个纪念品。

根据以上信息，以下哪项一定为真？

A. 张给李送了纪念品。　　　B. 王给李送了纪念品。　　　C. 李送出了 1 个纪念品。

D. 赵收到了 2 个纪念品。　　　E. 张送出了 2 个纪念品。

36. 近年来，盲盒作为一种新兴的营销方式被很多行业快速复制。印上"惊喜盒""神秘盒""好运盒"等字眼的"文具盲盒"正悄然兴起，俘获了一批中小学生的心，买家"低龄化"的趋势也愈发明显，有学生反复购买只为抽到隐藏款文具，甚至有学生逛文具店的乐趣变成了抽"文具盲盒"。有专家表示，文具行业的盲盒营销给青少年带来了诸多不利影响。

以下各项如果为真，除了哪项外，其他都能支持上述专家的观点？

A. 青少年自控能力较差，对盲盒中不确定的产品会产生较强的期待感，这种期待感可能会逐步"成瘾"。

B. 让青少年过早涉足投机行为，不利于青少年健康人格的培养，会让部分青少年认为可以通过投机取巧来赚钱获利。

C. 文具盲盒已经成为学生群体中的社交工具，很容易形成"社交绑架"现象和攀比心理。

D. 家长要做好引导和教育，学校也要重视校园出现的各种学生行为，帮助学生树立正确的价值观和消费观。

E. 为了满足市场需求，企业在开发文具产品时会更加关注带有娱乐和社交属性的噱头，而不是产品本身的品质提升，这不仅不利于产业的健康发展，也会影响青少年的正常学习。

37. 根据联合国的调查数据显示，我国烟民的数量约为 3.5 亿，居世界之首。而我国的成年男性群体抽烟率在 50% 以上，抽烟情况非常严重。然而，一方面，大家都知道抽烟对身体有害；另一方面，我国烟草行业创造的利润和税收又是非常可观的。如果真的不顾一切禁烟的话，不仅吸烟者会有戒断症状，就连国家和各级地方的经济状况也都会出现"戒断症状"。所以，控烟在我国只能是一个渐进的过程。

以下哪项如果为真，不能支持上述论断？

A. 我国每年死于吸烟相关疾病的人数超过因艾滋病、结核病、疟疾所导致的死亡人数之和。

B. 如果对吸烟者突然强制戒烟，没有慢慢引导和鼓励戒烟的过程，吸烟者戒烟后有极高概率再次吸烟。

C. 每年烟草行业都会为我国创造巨大的经济利润，这些利润基本上可以满足我国的军事支出。

D. 当前实行全面禁烟执行难度大、成本高，难以达到预期的政策效果。

E. 历史上曾经进行过激进的戒烟行动，但是效果不佳，造成了社会的动荡不安。

38~39 题基于以下题干信息：

甲、乙、丙、丁 4 位同学开学选课，共有数学、逻辑、写作、英语 4 门课程，每门课程都有 3 个人选，每人选 2~4 门课程，并且甲、乙、丙 3 人选的课程数量各不相同。同时还需要满足以下条件：

（1）如果甲和乙都选数学，那么他们都会选写作。

（2）如果丙选数学，那么他还会选逻辑。

（3）如果丙或丁选逻辑，那么他们都会选写作。

38. 根据上述信息,可以得出以下哪项?
    A. 乙选写作。　　　　　　B. 丁选英语。　　　　　　C. 丁选逻辑。
    D. 丙选逻辑。　　　　　　E. 甲选写作。

39. 如果甲选的课程比丁多,那么以下哪项一定为假?
    A. 甲选英语。　　　　　　B. 乙选逻辑。　　　　　　C. 丙选逻辑。
    D. 丁选数学。　　　　　　E. 乙选写作。

40. 随着各类自媒体平台的兴起和发展,各个品牌方若想获得流量及营业额,就必须要有为品牌宣传的 kol。kol 拥有准确的产品信息,并且对目标顾客的购买行为有较大的影响力。据某品牌营销部门统计,在上半年的品牌营销活动中,有 VAVA 参与宣传的活动期间,商品购买率高达 76.5%,只有 23.5% 的消费者未进行购买;而在没有 VAVA 参与宣传的活动期间,商品购买率只有 46.7%,未进行购买的消费者比例高达 53.3%。营销部门由此得出结论:VAVA 是该品牌的 kol。
    以下哪项如果为真,最能质疑营销部门的结论?
    A. 下半年如果 VAVA 继续参与宣传活动,商品购买率不会再保持较高的水平。
    B. 该品牌总监表示:促销渠道有很多种,没有 kol 我们也能提高购买率。
    C. 在上半年的品牌营销活动中,发现 VAVA 并不具有准确的产品信息。
    D. 在上半年的品牌营销活动中,发现 VAVA 拥有竞品的准确产品信息。
    E. 该公司每次品牌营销活动都会采用各种方式促销,以提高商品购买率。

41. 亲贤臣,远小人,此先汉所以兴隆也;亲小人,远贤臣,此后汉所以倾颓也。先帝在时,每与臣论此事,未尝不叹息痛恨于桓、灵也。侍中、尚书、长史、参军,此悉贞良死节之臣,愿陛下亲之信之,则汉室之隆,可计日而待也。
    以下哪项如果为真,最能削弱上述论证?
    A. 如果亲贤臣,远小人,那么先汉就不会倾颓。
    B. 如果亲小人,远贤臣,那么先汉就不会兴隆。
    C. 有时先帝与臣论此事,并未叹息痛恨于桓、灵。
    D. 若陛下不亲贞良死节之臣,那么汉室不会兴隆。
    E. 陛下并没有亲近信任侍中、尚书、长史、参军等贞良死节之臣。

42. 逻辑学院举行联欢会,有一个互动节目:3 位同学甲、乙、丙依次站成一列,甲在前,乙在中,丙在后。主持人拿出 3 顶黄帽子、两顶红帽子,给他们 3 人每人戴了 1 顶。后面的人可以看见前面人的帽子颜色,而前面的人不能看到自己和后面人的帽子颜色。主持人让丙猜自己帽子的颜色,丙说:“我猜不出,换别人在我目前的情况下肯定也猜不出。”主持人又问乙,乙说:“即使加上丙的话,我也猜不出我帽子的颜色。”于是主持人让甲猜。
    请问如果你是甲,你如何回答?
    A. 仅可断定甲的帽子是黄色的。
    B. 仅可断定甲、乙的帽子是黄色的。
    C. 仅可断定甲的帽子是红色的,乙的帽子是黄色的。
    D. 仅可断定甲的帽子是黄色的,丙的帽子是红色的。
    E. 甲、乙、丙的帽子都是黄色的。

43. 在化学教学中,教师在讲解温度对弱电解质电离度的影响规律时,进行了如下演示实验:将
0.01 mol/L 的醋酸溶液 25 mL 装入烧杯,用测定溶液导电性装置,做 3 次不同温度时醋酸溶
液导电性强弱的实验。结果如下:0℃时,通电,灯泡钨丝发红、暗淡;50℃时,通电,灯泡比较
明亮;100℃时,通电,灯泡明亮。教师由此归纳:温度升高是灯泡越来越亮的原因。
以下哪项与上述推理方式最为相似?
    A. 在两块都施了氮肥的麦地上,其中一块浇水,另一块施钙肥,结果两块地的产量都增高
    了。这样我们可以得出结论:施肥和浇水都可以提高产量。
    B. 在两个管理条件完全相同的温室里,种着相同品种的马铃薯,其中一个温室是静止无风
    的,另一个温室里却吹着微风。实验结果发现,受微风吹拂的比无风吹拂的马铃薯增产
    15%。因此得出结论:微风会使马铃薯增产。
    C. 地球磁场发生磁暴的周期经常与太阳黑子的周期一致。随着太阳黑子数目的增加,磁暴
    的强度增大。当太阳黑子的数目减少时,磁暴的强度降低。科学家由此推测,太阳黑子
    的出现可能是磁暴的原因。
    D. 在一块麦地上既施氮肥,又浇水,又施钙肥,结果产量增高;而在另一块麦地上只浇水、施
    钙肥,产量不变。这样我们可以得出结论:施氮肥是产量增高的原因。
    E. 甲报告说,他家里的人发生呕吐、昏迷现象;乙也报告说,他家里的人发生呕吐、昏迷现
    象;丙、丁等也做了同样的报告。我们发现,这些住户的居住条件各不相同,饮食也不
    同,中毒者的年龄、健康情况也不同,但有一个情况是共同的,他们同饮一口井的水。那
    么我们可以得出结论:井水可能是引起这些住户呕吐、昏迷的原因。

44~45 题基于以下题干信息:
某公司有甲、乙、丙、丁、戊 5 位员工,关于他们每周 7 天的值班情况,有如下信息:
（1）每天有 1 位员工值班,每位员工每周至少值班 1 天;
（2）甲只在周一和周二值班两天;
（3）乙和丙都不在周六值班,戊只在周日值班;
（4）如果丁在周六值班,则乙在周三值班;
（5）如果丙在周四值班,则乙在周六值班。

44. 根据以上信息,以下哪项可能为真?
    A. 乙在周六值班。   B. 乙每周值班 3 天。   C. 丙在周四值班。
    D. 乙每周值班两天。   E. 丁在周三值班。

45. 如果丁每周只值班 1 天,则以下哪项不可能为真?
    A. 甲在周一值班。   B. 乙不在周四值班。   C. 丙在周五值班。
    D. 乙在周四值班。   E. 乙每周值班两天。

46. 某校文学社王、李、周、丁 4 个人每人只爱好诗歌、散文、戏剧、小说 4 种文学形式种的 1 种,
且各不相同;他们每人只创作了上述 4 种形式中的 1 种作品,且形式各不相同;他们创作
的作品形式与各自的文学爱好均不同。已知:
（1）王爱好散文,他创作的作品形式与李的文学爱好相同;
（2）李创作戏剧;
（3）周创作的不是戏剧就是小说。

根据上述信息,可以得出以下哪项?

A. 王创作散文。

B. 丁爱好小说。

C. 周爱好小说。

D. 周创作的作品形式与王的文学爱好相同。

E. 丁创作的作品形式与李的文学爱好相同。

47. 近日,某国的科学家们正在尝试用粒子加速器治疗癌症。他们将包括脑胶质瘤细胞在内的几种肿瘤细胞培养物放置在模拟人类头部的有机玻璃器皿中,再把这个"人头"放在粒子加速器的作用范围内。科学家们首先在肿瘤细胞内聚集足够量的硼 -10,然后再用中子束照射肿瘤部位,使肿瘤细胞内部发生核反应,肿瘤细胞随之死亡。

以下哪项如果为真,最能支持实验的成功?

A. 中子束对肿瘤细胞的作用,有别于健康细胞。

B. 脑胶质肿瘤类癌症用其他治疗方式无法治愈。

C. 只有肿瘤细胞会在中子束的作用之下死亡。

D. 中子束能摧毁包括脑细胞在内的人体细胞。

E. 重离子加速器被认为是目前治疗癌症的最好手段,它具备了对肿瘤杀伤力大,而对人体健康组织损伤小的优势,对恶性肿瘤具有显著疗效。

48. 某单位举办羽毛球单打比赛,共有甲、乙、丙、丁、戊、己、庚、辛 8 位选手参加。他们通过淘汰赛决出了冠军。已知:

(1) 最终的冠军是丙,亚军是庚;

(2) 在比赛过程中,戊击败了己,但输给了丙。

【说明】淘汰赛规则如下:通过抽签决定八强间的对阵关系,胜者进入四强;

再通过抽签决定四强间的对阵关系,胜者进入决赛;决赛中胜者是冠军,负者是亚军。

根据以上信息,以下哪项是可能发生的?

A. 乙先后击败了甲和辛。

B. 庚先后击败了辛和己。

C. 甲击败了丁,但输给了庚。

D. 丙击败了甲,但输给了丁。

E. 己击败了乙,但输给了甲。

49. 有些双子座的人喜欢无理取闹,喜欢无理取闹的人都不是多愁善感的,所以,有些多愁善感的人不是双子座的人。

以下哪项能够说明上述推理不成立?

A. 驾驶车辆都需要驾驶执照,有些人没有驾驶执照,所以,有些人不能驾驶车辆。

B. 所有正义的行为都是具有社会价值的,有些违法行为不具有社会价值,所以,有些正义的行为不是违法行为。

C. 所有青年人都是缺乏社会经验的,有些大学生不缺乏社会经验,所以,有些大学生不是青年人。

D. 泰国人都是亚洲人,新加坡人也是亚洲人,所以,泰国人是新加坡人。

E. 所有女护士都不是女青年,有些女性是女护士,所以,有些女青年不是女性。

50. 为了提高效益,经销商李军拟在花生、甜菜、棉花、百合 4 种农产品中选择 2 种经营。甲、乙、丙、丁 4 位农户有如下意见:

甲:花生、甜菜、棉花中至少经营 1 种。

乙:一定要经营花生和棉花,但是不能经营甜菜。

丙:如果经营花生,那么不经营棉花。

丁:如果经营百合,那么至少经营棉花和甜菜中的一种。

李军只采纳了上述 4 个意见中的 2 个,那么以下哪项是最终李军经营的农产品?

A. 百合和花生。   B. 甜菜和棉花。   C. 百合和甜菜。

D. 棉花和百合。   E. 花生和棉花。

51. 某大学管理学院安排甲、乙、丙、丁、戊、己 6 位院务会成员暑期值班 6 周,每人值班 1 周,已知:

(1) 甲在第一周或第六周值班;

(2) 丁值班的时间比戊早;

(3) 戊恰好在己的前一周值班;

(4) 如果乙在第三周值班,则戊在第五周值班。

如果己恰好在甲的前一周值班,则可以得出以下哪项?

A. 乙或丙在第一周值班。 B. 丙或丁在第三周值班。 C. 乙或丁在第二周值班。

D. 丙或丁在第四周值班。 E. 丙或丁在第二周值班。

52. 奢侈品与单纯的优质商品定价逻辑不同。优质商品的高价格来自高产品质量与性能,而奢侈品的高价格更多来自无形价值,如历史意义、文化价值、地位象征。奢侈品品牌在定价时最重要的因素通常是消费群体的市场期望值。在奢侈品的主要原产地欧洲,定价往往最低。在消费者心理较为成熟的美国市场,通常会把价格稍微提高一些。而在亚洲市场,奢侈品品牌的定价是最高的。

以下哪项最能解释奢侈品品牌在亚洲市场定价最高这一现象?

A. 亚洲距离奢侈品品牌的原产地比较远,物流成本较高。

B. 亚洲地区的店铺租金及人工工资、销售提成等经营成本相对较高。

C. 亚洲市场的消费者对奢侈品品牌怀有过高的期望值。

D. 亚洲市场拥有比欧洲、美国市场更为庞大的奢侈品消费群体,并且亚洲人民收入普遍较高。

E. 奢侈品消费的目的并不仅仅是为了获得直接的物质满足与享受,在更大程度上是为了获得一种社会心理上的满足。

53. 张教授:法律的制定和实施应当有助于提高整个社会的道德水准。法律规范自然不同于道德规范,但立法和执法不应当排斥考虑道德因素。

李研究员:您的陈述会导致一种不正确的见解,因此我不完全赞同。法律的功能是建立强有力的社会秩序,这是社会成员和谐共处、社会机器良性运转的基本条件。对于一部能体现此种功能的法律来说,任何一点实施上的偏差都会削弱它的此种功能。在中外法律审判中都不乏这样的实例,由于顾及道德上的考虑,法庭审判或多或少偏离法律的标准。这是应当反对和避免的现象,而不是应当肯定的现象。

以下哪项最可能是两人争论的焦点问题？

A. 法律的制定和实施是否应当有助于提高整个社会的道德水准。

B. 一部能体现其社会功能的法律是否有助于提高社会的道德水准。

C. 实施中的偏差是否一定会削弱法律的社会功能。

D. 法律规范和道德规范的区别在哪里。

E. 在法律的实施中考虑道德因素是否会弱化法律的功能。

54~55 题基于以下题干信息：

某部队进行军事演练，甲、乙、丙、丁、戊、己、庚、辛、壬、癸 10 艘舰艇平均分为 5 组停靠在东、西、南、北、中 5 个港口。每艘舰艇停靠在 1 个港口，每个港口有 2 艘舰艇停靠。已知：

（1）若甲、丙、戊、庚、壬这 5 艘舰艇之间有共同停靠的港口，则停靠在东港口的是乙和丁这 2 艘舰艇。

（2）若乙、辛、己、癸中至多 3 艘舰艇不停靠在东港口，则丁和癸 2 艘舰艇停靠在中港口。

54. 根据上述信息，可以得出以下哪项？

A. 乙停靠在东港口。　　　B. 辛停靠在南港口。　　　C. 甲停靠在中港口。

D. 丁停靠在东港口。　　　E. 戊停靠在北港口。

55. 如果己和辛停靠的港口在西和南之间，则以下哪项不可能为真？

A. 庚停靠在北港口。　　　B. 丙停靠在南港口。　　　C. 乙停靠在南港口。

D. 壬停靠在西港口。　　　E. 癸停靠在中港口。

四、写作：第 56~57 小题，共 65 分。其中论证有效性分析 30 分，论说文 35 分。

56. 论证有效性分析：分析下述论证中存在的缺陷和漏洞，选择若干要点，写一篇 600 字左右的文章，对该论证的有效性进行分析和评论。（论证有效性分析的一般要点是：概念特别是核心概念的界定和使用是否准确并前后一致，有无明显的逻辑错误，论证的论据是否成立并支持结论，结论成立的条件是否充分，等等。）

近日，共享健身房亮相北京某小区。据称，相关公司已经拿到数千万融资。不过虽然宣传相当美妙，资本市场竞相追逐，但其发展前景仍不容乐观。

共享健身房目前注册需缴纳 99 元押金，使用收费为 0.2 元/分钟，单次运动 20~30 分钟计，单人单次运动的花费在 4~5 元。健身房内 5 平方米左右，健身项目仅有跑步机一项。

共享健身房只要能使其内部设施在安全上达标，排除器械隐患，那么这个项目的安全性便可得到保障。这些不仅需要运营方的自我表态，更需要监管部门的权威发声。互联网时代，共享经济的出现为一些商家提供了无限商机。共享意味着人人可以拥有和使用。随着这种模式深入发展，公众已经对这类共有产品见怪不怪，也不像以往一样趋之若鹜。

探究共享产品的本质，就是出租。即便是冠以"共享"的帽子，诚如共享雨伞、共享篮球等，虽然其"诞生"很惊人，但因运营管理成本高，使用价值不高，终究是不切实际的。由此也可以看出共享模式步履维艰，难以走向长远。

那么共享健身房会不会给城市添乱呢？毕竟从共享单车开始，给城市添乱的共享产品就比比皆是，而如今又出现共享健身房这个大物件。如果将其安置在小区内并开始运营，可以想见，共享健身房就会极速扩张、无序发展，从小区走向街头，进而给城市管理带来混乱。

无疑，公众对共享经济的需求反映出共享经济的价值所在。因为只要迎合了普遍需求的产品,都是有社会价值的产品。但在追求品种多样性的同时,须谨记以安全与规范为基础。国家已经明确对共享经济的管理要审慎包容,共享健身房要想满足安全标准要求,就必须从加强自我监管入手。这是对运营商极大的考验。

57. 论说文:根据下述材料,写一篇 700 字左右的论说文,题目自拟。

2021 年 4 月,在调查 4 个月后,阿里巴巴集团"二选一"案有了结果。国家市场监督管理总局责令阿里巴巴集团停止滥用市场支配地位行为,对阿里巴巴集团开出了 182 亿元罚单。今年以来,强化互联网平台经济领域反垄断已成为社会各方的共识,但反垄断工作仍然任重道远。

全真模拟 8 套卷（一）答案及解析

一、问题求解

1. 【答案】 A

【考点】 裂项求和

【解析】 因为 $a_{n+1}-a_n=n+1,\ a_n-a_{n-1}=n-1+1,\cdots,a_2-a_1=1+1$，所以 $a_{n+1}-a_1=\dfrac{(1+n)n}{2}+n$，即

$a_{n+1}=\dfrac{n(n+1)}{2}+n+1$，所以 $a_n=\dfrac{n(n-1)}{2}+n=\dfrac{n(n+1)}{2}$，$\dfrac{1}{a_n}=2\left(\dfrac{1}{n}-\dfrac{1}{n+1}\right)$，$\dfrac{1}{a_1}+\dfrac{1}{a_2}+\cdots+\dfrac{1}{a_{2\,019}}=$

$2\left[\left(1-\dfrac{1}{2}\right)+\left(\dfrac{1}{2}-\dfrac{1}{3}\right)+\cdots+\left(\dfrac{1}{2\,019}-\dfrac{1}{2\,020}\right)\right]=2\times\left(1-\dfrac{1}{2\,020}\right)=\dfrac{4\,038}{2\,020}$. 故选 A.

2. 【答案】 E

【考点】 韦达定理

【解析】 $m^4+3n=(m+1)^2+3n=3m+2+3n=3+2=5$，选 E.

3. 【答案】 E

【考点】 抽屉原理

【解析】 设答对的题目有 a 道，不答的有 b 道，则答错的有 $(20-a-b)$ 道，总分为 S，则
$$S=20+3a+b-(20-a-b),$$
整理得 $S=2(2a+b)$，则 S 必为偶数.

所以当 20 道题目全答对时，S 取最大值 $20+60=80$（分）.

所以 a,b 的取值范围分别为 $0\leqslant a\leqslant 20,0\leqslant b\leqslant 20$，且 $0\leqslant a+b\leqslant 20$，所以 $0\leqslant 2a+b\leqslant 40$，则 $0\leqslant 2(2a+b)\leqslant 80$.

因此 $0\leqslant S\leqslant 80$，由于 S 为偶数，故 S 的可能取值有 41 个，
则根据抽屉原理 $1978\div 41=48\cdots\cdots 10$，故至少有 $48+1=49$ 人得分相同.

4. 【答案】 A

【考点】 相似三角形

【解析】 如图，过点 E 作 $EF\perp BC$ 垂足为点 F. 易知，$\triangle ACD\cong\triangle DFE$，$\triangle EFB\backsim\triangle ACB$.

设 $EF=x$，则 $BE=2x,CD=x$，
$$AE=2-2x,\quad DE=\dfrac{AE}{\sqrt{2}}=\sqrt{2}(1-x).$$

注意到 $1+x^2=AD^2=DE^2=[\sqrt{2}(1-x)]^2$，

即
$$x^2-4x+1=0.$$

而 $0<x<1$，得 $x=2-\sqrt{3}$.

故
$$BE=2x=4-2\sqrt{3}.$$

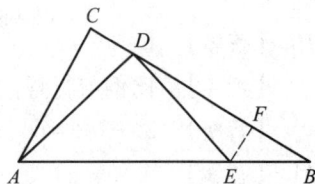

5.【答案】　E

　　【考点】　古典概型

　　【解析】　若取出的 3 张卡片上的数字互不相同,有 $2×2×2=8$ 种取法;若取出的 3 张卡片上的数字有相同的,有 $3×4=12$ 种取法. 所以,从 6 张不同的卡片中取出 3 张,共有 $8+12=20$ 种取法.

　　要使得 3 个数字可以成为三角形的三边长,只可能是:$(2,4,4),(4,4,6),(2,6,6),(4,6,6)$. 由于不同的卡片上所写数字有重复,所以,取出的 3 张卡片上所写的数字可以作为三角形三边长的情况共有 $4×2=8$ 种. 因此,所求概率为 $\frac{8}{20}=\frac{2}{5}$.

6.【答案】　E

　　【考点】　正方体

　　【解析】　切割成棱长是 1 cm 的小正方体共有 m^3 个,由于其中至少有一面是红色的小正方体与表面没有红色的小正方体个数之比为 $13:12$,而 $13+12=25$,所以小正方体的总数是 25 的倍数,即 m^3 是 25 的倍数,那么 m 是 5 的倍数.

　　当 $m=5$ 时,要使得至少有一面的小正方体有 65 个,可以将原正方体的正面、上面和下面涂色,此时至少一面涂红色的小正方体有 $5×5+5×4×2=65$ 个,外表没有红色的小正方体有 $125-65=60$ 个,个数比恰好是 $13:12$,符合题意. 因此,m 的最小值是 5.

7.【答案】　A

　　【考点】　均值定理

　　【解析】　考虑函数 $f(x)=\frac{x^2+x+16}{x}=x+\frac{16}{x}+1(x\geq 2)$.

　　$f(x)$ 在 $[2,4]$ 上严格递减,在 $[4,+\infty)$ 上严格递增,且注意到 $f(2)=11$,$f(4)=9$,$f(8)=11$,所以 a 的范围是 $[4,8]$,所以选 A.

8.【答案】　B

　　【考点】　函数性质

　　【解析】　因为函数 $y=x^{3m-5}$ 在正实数范围下是减函数,所以 $3m-5<0$,则 $m<\frac{5}{3}$.

　　又因为 $f(-x)=f(x)$,所以 $m=1$.

9.【答案】　D

　　【考点】　数列最值

　　【解析】　根据 S_n 的特点,得到对称轴的位置在 8 和 9.5 之间,所以当 $n=9$ 时 S_n 最大,所以选 D.

10.【答案】　E

　　【考点】　比例与行程问题

　　【解析】　$36÷3×5=60(\text{km/h})$,$60×6÷36=10(\text{h})$. 所以货车到甲地共需 10 h.

11.【答案】　A

　　【考点】　共角定理

【解析】 由已知 $AE=\dfrac{1}{3}AC$，可得 $CE=\dfrac{2}{3}AC$．根据"共角定理"可得 $S_{\triangle CEF}:S_{\triangle ABC}=(CF\times CE):$
$(CB\times AC)=(1\times 2):(3\times 3)=2:9$；而 $S_{\triangle ABC}=6\times 6\div 2=18\,(cm^2)$；所以 $S_{\triangle CEF}=4\,cm^2$；同理得 $S_{\triangle CDE}:$
$S_{\triangle ACD}=2:3$，$S_{\triangle CDE}=18\div 3\times 2=12\,(cm^2)$，$S_{\triangle CDF}=6\,cm^2$，故 $S_{\triangle DEF}=S_{\triangle CEF}+S_{\triangle DEC}-S_{\triangle DFC}=4+12-6=$
$10\,(cm^2)$．

12. **【答案】** B

【考点】 解析几何

【解析】 如右图所示，题干的三角形区域如图中阴影部分．

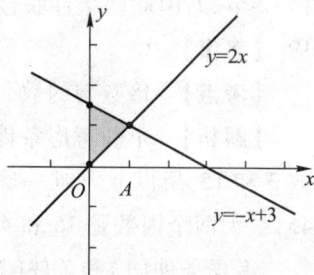

要求 $(x-1)^2+y^2$ 的最小值，即求点 $A(1,0)$ 到图中阴影部分中的

点的最短距离的平方，观察得，$d=\dfrac{|2-0|}{\sqrt{2^2+(-1)^2}}=\dfrac{2}{\sqrt{5}}$，则 $(x-1)^2+y^2$

的最小值为 $d^2=\dfrac{4}{5}$．

13. **【答案】** A

【考点】 基本初等函数

【解析】 先由幂函数的定义可以得到 $m^2+m-1=1$，求出 $m=-2$ 或 1．

又因为 $f(x)=(m^2+m-1)x^m$ 在 x 轴正半轴是减函数，所以 $m=-2$．

14. **【答案】** B

【考点】 古典概型

【解析】 设随机抛掷该硬币 1 次，得到正面的概率为 $p(0\leqslant p\leqslant 1)$，得到反面的概率为

$1-p$，根据题意得到 $p^2=9(1-p)^2$，所以 $p=\dfrac{3}{4}$，从而随机抛掷两次得到正面、反面各 1 次的概率是

$2p(1-p)=\dfrac{3}{8}$．故选 B．

15. **【答案】** C

【考点】 对立面

【解析】 先算总的方法：12 个点 也就是 $C_{12}^3=220$．再减去共线的三点，有 $C_6^3+C_7^3=20+35=$
$55\,(个)$．所以就是 $220-55=165\,(个)$．答案选 C．

二、条件充分性判断

16. **【答案】** D

【考点】 行程问题

【解析】 对于条件(2)哥哥跑 100 m 需要的时间等于弟弟跑 99 m 需要的时间．第二次，哥哥在 -1 m 处起跑，弟弟在 0 m 处起跑，两人将在第 99 m 处追平．在剩下的 1 m 里，哥哥超过了弟弟并获得胜利．条件(1)显然充分．

17. **【答案】** E

【考点】 最值问题

【解析】 两条件单独显然不充分.考虑联合,取 $a=4,b=c=-1$,同时满足条件(1)和条件(2),但 $|a|+|b|+|c|=6$,因此 $|a|+|b|+|c|$ 的最小值不为 8,不充分.

18.【答案】 C

【考点】 恒成立

【解析】 解集是全体实数,当 $a=2$ 时,不等式成立,当 $a\neq2$ 时,不等式恒成立,则 $a<2,\Delta<0$,得 $-2<a<2$,因此两条件联合充分,选 C.

19.【答案】 C

【考点】 倍数与约数

【解析】 单独考虑条件(1)可以举出反例,a 的最小两个因数之和为 4,比如,1 和 3,a 可以取 3 和 15,所以 a 不唯一确定,对于条件(2)a 可以取 59,最大两个因子取 59 和 1,a 也可以取 45,最大两个因数是 15 和 45,所以 a 不唯一确定.

考虑条件(1)和条件(2)联合,由于两个最小的因数之和为 4,只能是 1 和 3,则最大因数是 a,次大的因数为 $\frac{a}{3}$,且满足 $a+\frac{a}{3}=60$,所以 $a=45$,选 C.

20.【答案】 D

【考点】 等差数列

【解析】 由条件(1),$S_{20}=10(a_6+a_{15})=200$,充分.对于条件(2)可以根据等差数列的性质知道也充分.所以选 D.

21.【答案】 D

【考点】 位置关系

【解析】 由条件(1),得到圆心 $\left(-\frac{1}{2},3\right)$ 在直线上,说明 PQ 为直径,直径对的圆周角是 $\frac{\pi}{2}$,所以原点 $(0,0)$ 在圆上,得到 $m=3$,充分.对于条件(2)显然也是充分的,所以选 D.

22.【答案】 B

【考点】 古典概型与解析几何综合问题

【解析】 一颗骰子连续抛掷 2 次,将得到的点数依次作为点 Q 的横、纵坐标,总方法数为 $N=6\times6=36$(种).

在条件(1)的情况下,曲线 $y=\sqrt{9-x^2}$ 与坐标轴所围成的封闭区域内部要满足条件 $0<y<\sqrt{9-x^2}$,当 $x=1$ 时,$y=1,2$.当 $x=2$ 时,$y=1,2$.满足条件的共有 $N_1=4$(种)情况,则满足此条件的概率为 $P=\frac{4}{36}=\frac{1}{9}$.

在条件(2)中,点 Q 落在曲线 $y=\sqrt{6x-x^2}$ 与坐标轴所围成的封闭区域内部需要满足条件 $0<y<\sqrt{9-(x-3)^2}$.

当 $x=1$ 时,$y=1,2$;

当 $x=2$ 时,$y=1,2$;

当 $x=3$ 时，$y=1,2$；

当 $x=4$ 时，$y=1,2$；

当 $x=5$ 时，$y=1,2$.

满足条件的共有 10 种情况，满足此条件的概率为 $P=\dfrac{10}{36}=\dfrac{5}{18}$.

条件（2）充分，选 B.

23.【答案】 C

【考点】 颈线公式

【解析】 条件（1）与（2）显然单独不充分，两条件联合起来根据梯形颈线公式 $MN=\dfrac{2}{\dfrac{1}{a}+\dfrac{1}{b}}$，

其中 a,b 为梯形的上底与下底，可以推出结果. 选 C.

24.【答案】 A

【考点】 韦达定理

【解析】 函数 $f(x)=x^2+ax+b$ 的图像与 x 轴有两个交点的横坐标为 x_1,x_2，根据韦达定理有

$\begin{cases} x_1+x_2=-a, \\ x_1x_2=b. \end{cases}$ 由条件（1）可得 $|x_1+x_2|+|x_1x_2|<1$，则一方面，

$$1>|x_1+x_2|+|x_1x_2| \geqslant |x_1|-|x_2|+|x_1x_2|,$$

所以 $|x_1|-|x_2|+|x_1x_2|-1=(|x_1|-1)(|x_2|+1)<0$，则 $|x_1|<1$. 另一方面，

$$1>|x_1+x_2|+|x_1x_2| \geqslant |x_2|-|x_1|+|x_1x_2|,$$

所以 $|x_2|-|x_1|+|x_1x_2|-1=(|x_1|+1)(|x_2|-1)<0$，则 $|x_2|<1$.

对于条件（2）可以举出反例：$x_1=-1.2, x_2=0.6$.

25.【答案】 B

【考点】 解析几何中的最值

【解析】

对于（1），$x^2+y^2=1$（如下图所示）与直线相交，

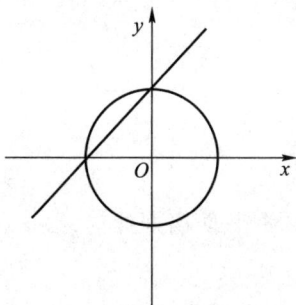

所以所求线段的最小值为 0，所以条件（1）不充分.

对于(2),如下图所示.研究 $\triangle ACP$ 即可,$CA \perp AP$,

$PA = \sqrt{CP^2-1}$(关于 CP 的增函数).

CP 越大,PA 越大;CP 越小,PA 越小.

当 CP 垂直于 $y=x+1$ 时,CP 最小,

此时 $CP = \dfrac{|3+2+1|}{\sqrt{2}} = \dfrac{6}{2}\sqrt{2} = 3\sqrt{2}$,

则 $PA = \sqrt{17}$,条件(2)充分,选 B.

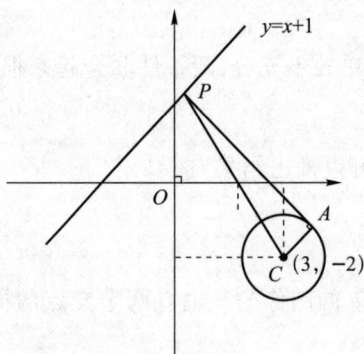

三、逻辑推理

26.【答案】 C

　　【考点】 假言命题　联言、选言命题

　　【命题方向】 形式逻辑　正向推理

　　【解析】 题干信息:

　　(1) 活力动力→多样性;

　　(2) 进步∨发展→融合→交流沟通 = ¬交流沟通→¬融合→¬进步∧¬发展;

　　(3) 发展有意义→为了人民而发展;

　　(4) 发展有动力→依靠人民而发展。

　　C 选项:¬交流沟通→¬进步,由(2)可以推出,正确。

　　A 选项:不符合规则,与(1)逻辑关系不一致,排除;B、D 选项:无中生有,题干中未出现"为了人民而发展文明的多样性""全球性问题"等信息,排除;E 选项:无中生有,多样性↔丰富多彩,题干中未出现此逻辑关系,排除。

　　故正确答案为 C 选项。

27.【答案】 C

　　【考点】 两大论证形式

　　【命题方向】 论证推理　削弱

　　【解析】 张先生:预制菜多与添加剂、防腐剂挂钩,给正在长身体的孩子吃就等于不健康、没营养;

　　李女士:不同意张先生的观点。

　　质疑李女士的观点,需肯定张先生的观点是正确的即可。

　　C 选项:这里指明预制菜营养流失多,同时为保证长时间存储,其脂肪和盐含量过高,这不利

于健康,肯定张先生的观点是正确的,可以质疑李女士的观点;

　　A 选项:无关选项,这里关注的问题是"孩子选择饭菜的权利",与题干论证无关;

　　B 选项:态度不明,这里在表明冷冻预制菜具备的某种特点,并未进一步说明对健康的影响,所以该项无法削弱李女士观点;

　　D 选项:态度不明,该项指明学校用餐要求本质是要保证营养健康卫生,并未指明李女士观点对错,无法削弱其观点;

　　E 选项:无关选项,该项指出"预制菜"说法的来源,与题干论证无关;

　　故正确答案为 C 选项。

28.【答案】　D

　　【考点】　两大论证形式

　　【命题方向】　论证推理　支持题型

　　【解析】　论据:收入不平等会导致患心理疾病的人数增加。

　　结论:A 国与 B 国的通胀会导致居民患心理疾病的人数增加。

　　D 选项:建立联系,表明通胀确实会导致收入不平等,从而建立论据与结论的联系,正确。

　　A 选项:态度错误,排除。

　　B 选项:相关性弱,只提及通胀对一部分居民的影响,并未表明通胀是否导致收入不平等,排除。

　　C 选项:相关性弱,只与论据有关,与结论无关,排除。

　　E 选项:相关性弱,无法建立论据与结论的联系,排除。

　　故正确答案为 D 选项。

29.【答案】　C

　　【考点】　稳赢分析法

　　【命题方向】　综合推理　分组

　　【解析】　结合问题补充信息《诗经》≠《孟子》以及(1)《诗经》≠《论语》,可得:《孟子》与《论语》由同一个小组研读。结合(2)如果乙组研读《论语》,则甲组研读《孟子》,与《孟子》=《论语》矛盾,所以乙组不能研读《论语》,《论语》由甲组研读,结合(1)可得《诗经》由乙组研读,结合问题补充信息可得:《孟子》由甲组研读,结合(2)可推知:乙组研读《庄子》。

　　故正确答案为 C 选项。

30.【答案】　C

　　【考点】　两大论证形式

　　【命题方向】　论证推理　支持、加强

　　【解析】　论据:完成登陆"火卫一"并开展科研工作所需的燃料,只是完成登陆火星并开展科研工作所需燃料的一半;

　　结论:对于出于科研目的的太空探索,下一个外太空的登陆目标应该是火星的卫星"火卫一"而不是火星。

　　C 选项:题干论证是"出于科研目的的太空探索",登陆"火卫一"所需燃料较少,所以登陆目标应为"火卫一",C 选项建立起联系,表明燃料少,重量小,就可以携带更多的科研设备,从而完成科学研究,支持题干论证,正确;

　　A、B 选项:无关选项,题干论证与地球到月球的距离、设备的要求无关,排除;

D 选项:题干论据中已经指出登陆火星所需燃料更多,此项只是在解释论据,对张教授的论证没有影响;

E 选项:无关选项,只是表明对"火卫一"的探测能够对"了解火星"有重要价值,但是无法建立起与"燃料"的关系,排除。

故正确答案为 C 选项。

31.【答案】 D

【考点】 稳赢分析法

【命题方向】 综合推理 分组

【解析】 题干中无确定信息,并且有数量限制"每人只能参加 1 个项目",故选择假设结合归谬思想进行推理。

若"冯和陈至多有 1 人参加跳水"为真,可推知郑参加跳水,说明郑不参加体操,结合(2)可推知蒋参加射箭,冯参加体操,此时蒋既参加跳水又参加射箭,不符合题干要求,故"冯和陈至多有 1 人参加跳水"为假,即冯和陈都参加跳水.

故正确答案为 D 选项。

32.【答案】 E

【考点】 稳赢分析法

【命题方向】 综合推理 分组

【解析】 5 艘舰艇分为 3 组,每个港口有 1~2 艘舰艇,那么数量组合应为:221。

结合"神州"与"长龙"停靠舰艇数量相同可得:"兴邦"的舰艇数量为 1。

因此,不可能丙和丁都停靠在"兴邦",所以(2)逆否可得:甲、乙、戊都不停靠在"神州",那么停靠在"神州"的两艘舰艇为丙和丁,排除 A、C、D。

由(1)可知,甲和乙分别停靠在"兴邦"和"长龙"中的一个,此时"兴邦"不能再停靠其他舰艇,那么剩下的戊一定停靠在"长龙"。

故正确答案为 E 选项。

33.【答案】 B

【考点】 稳赢分析法

【命题方向】 综合推理 分组

【解析】 由题干可知小王锻炼的天数为 7 选 4,有 3 天不锻炼。结合(1)可知,周一、周二、周三小王至多有 1 天锻炼,所以周四、周五、周六和周日中还需要至少锻炼 3 天。结合(2),如果周五、周六和周日至多有 1 天锻炼,则产生矛盾,所以由(2)逆否可得:周一和周四都锻炼,此时结合(1)可得:周二和周三不锻炼。

故正确答案为 B 选项。

34.【答案】 E

【考点】 两大论证形式

【命题方向】 论证推理 假设、前提

【解析】 论据:非洲鲫鱼被镜子中自己的影像吸引,美洲鲫鱼游过镜子前几乎无反应;

结论:非洲鲫鱼比美洲鲫鱼聪明。

E 选项:如果 E 选项的假设不成立,美洲鲫鱼视力比较差,根本就没有看到自己的影像,那么题干的论证就无法成立了,所以这是必须要假设的。

A 选项:假设过强,"唯一"过于绝对,只需要可以从好奇心判断是否聪明即可,不需要假设是"唯一"标准。而且 A 选项只与结论有关,与论据没有关系,排除。

故正确答案为 E 选项。

35.【答案】 E

【考点】 稳赢分析法

【命题方向】 综合推理 匹配

【解析】 根据题干信息分析可知,4 个人送出的纪念品数量是 1、2、3、4 个,结合(1)可推知,其中张收到的纪念品数量是 4 个,李收到的纪念品数量是 1 个,由(2)可推知王送出的纪念品是 3 个,他只能送给赵,那么王收到的纪念品数量就是 2 个;李送给张纪念品,赵送给李;具体分析结果如下表:

	张	王	李	赵
送出纪念品数量/个	2	3	4	1
收到纪念品数量/个	4	2	1	3

故正确答案为 E 选项。

36.【答案】 D

【考点】 两大论证形式

【命题方向】 论证推理 支持加强

【解析】 专家观点:文具行业的盲盒营销给青少年带来了诸多不利影响。

A 选项:支持专家,表明盲盒营销确实会给青少年带来不利影响。

B 选项:支持专家,表明盲盒营销确实会给青少年带来不利影响。

C 选项:支持专家,表明盲盒营销确实会给青少年带来不利影响。

D 选项:无关选项,主语错误,表明家长和学校面对盲盒营销应该采取的行为,并未涉及盲盒对青少年的影响。

E 选项:支持专家,表明盲盒营销确实会给青少年带来不利影响。

故正确答案为 D 选项。

37.【答案】 A

【考点】 两大论证形式

【命题方向】 论证推理 支持、加强

【解析】 论据:甲国吸烟人数多,如果不顾一切禁烟,对吸烟者、国家和各级地方的经济状况都会产生影响;

结论:控烟在甲国只能是一个渐进的过程。

A 选项:无关选项,表明吸烟对人造成的伤害和负面影响非常严重,与题干论证过程无关,无法支持;

B 选项:补充正面论据,说明戒烟需要慢慢引导,进而说明控烟应该是一个渐进的过程,可以支持,排除;

C 选项:补充正面论据,说明烟草税收占比大,即国家税收也部分依赖于烟草产业,可以支持,排除;

D 选项:补充正面论据,说明控烟只能是一个渐进的过程,可以支持,排除;

E 选项:补充正面论据,说明采取激进的戒烟行动效果不佳,进而说明控烟应该是渐进的过程,可以支持,排除。

故正确答案为 A 选项。

38.【答案】 D

【考点】 稳赢分析法

【命题方向】 综合推理 匹配

【解析】 (1)甲 数学∧乙 数学→甲 写作∧乙 写作;

(2)丙 数学→丙 逻辑;

(3)丙 逻辑∨丁 逻辑→丙 写作∧丁 写作;

根据题干知道每门课程选的人数以及每人选的课程数量分析可推出,4 人选的课程数量是 2、3、3、4,由于甲、乙、丙选的数量各不相同,可进一步推出丁选了 3 门课程;

由"每门课有 3 人选"可得"丙或丁选逻辑"为真,结合(3)可得:丙和丁都选写作,所以甲和乙不可能都选写作,结合(1)逆否可得:甲乙不都选数学,所以丙和丁一定选数学,结合(2)可推知:丙选逻辑。

正确答案为 D 选项。

39.【答案】 E

【考点】 稳赢分析法

【命题方向】 综合推理 匹配

【解析】 甲选的比丁多,可得甲选了 4 门课程,结合上题结论可知乙选了 2 门课程、丙选了 3 门课程,具体分析结果如下表所示:

	数学 3	逻辑 3	写作 3	英语 3
甲 4	√	√	√	√
乙 2	×	√	×	√
丙 3	√	√	√	×
丁 3	√	×	√	√

故正确答案为 E 选项。

40.【答案】 C

【考点】 概念、定义

【命题方向】 形式逻辑 加分题型

【解析】 kol:拥有准确的产品信息且对目标顾客的购买行为有较大的影响力。

VAVA 参与的营销,商品购买率达 76.5%,VAVA 没参与的营销,商品购买率只有 46.7%,由此得出 VAVA 是该品牌的 kol。要质疑这个结论,也就是要说明 VAVA 不符合 kol 的定义。从数据看,VAVA 对目标顾客的购买行为具备影响力,那么如果 VAVA 不能拥有准确的产品信息,就可以质疑该结论。

故正确答案为 C 选项。

41.【答案】 C

【考点】 假言命题

【命题方向】 形式逻辑 真假判定

【解析】 题干信息：“每与臣论此事，未尝不叹息痛恨于桓、灵也”的意思是“每逢跟我谈论这些事情，没有一次不对桓、灵二帝的做法感到痛心遗憾的”，“没有一次不”即“都”，显然与 C 选项为矛盾关系。

故正确答案为 C 选项。

42.【答案】 A

【考点】 稳赢分析法

【命题方向】 综合推理 匹配

【解析】 根据题干信息，丙可以看到甲和乙的帽子的颜色，但他猜不出自己帽子的颜色，说明甲和乙不可能都是红帽子（因为如果甲和乙都是红帽子，结合题干信息“两顶红帽子”，他就可以猜出自己是黄帽子）。所以甲和乙可能有 3 种情况：① 甲红乙黄；② 甲黄乙红；③ 甲黄乙黄。乙说“即使加上丙的话”，也就是在这 3 种情况中，他虽然看到了甲的帽子颜色，也还是无法猜出自己帽子的颜色。如果是情况①，乙看到甲戴红帽子，就可以猜出自己是黄帽子了，所以甲不是红帽子，而是黄帽子。也就是情况②和情况③，此时乙无法确定自己帽子的颜色。

故正确答案为 A 选项。

43.【答案】 C

【考点】 论证评价

【命题方向】 论证推理 论证方式及漏洞

【解析】 本题考查穆勒五法的相似推理方式，随着温度升高，灯泡越来越亮。题干的论证方式为共变法。

C 选项：共变法，随着太阳黑子数目增加，磁暴的强度增大，与题干相似，正确；

A 选项：无方法，“浇水”和“施肥”都是变量，无法得出结论，排除；

B 选项：求异法，两个实验进行左右对照，吹微风与不吹微风时，马铃薯产量不同，与题干不一致，排除；

D 选项：求异法，两块地的差异是是否施氮肥，结果在产量上有差异，与题干不一致，排除；

E 选项：求同法，在居住条件、饮食、年龄、健康状况等因素均不同，只有同饮一口井的水这一因素相同的情况下，出现同样的结果——呕吐、昏迷，说明井水是引起这些住户呕吐、昏迷的原因，与题干不一致，排除。

故正确答案为 C 选项。

44.【答案】 D

【考点】 排除法

【命题方向】 综合推理 匹配

【解析】 此题问“可能为真”，可使用排除法，将不可能的选项排除之后，剩下的便是正确答案。

A 选项:与(3)矛盾,排除。

B 选项:甲在周一和周二两天值班,戊在周日一天值班,乙不在周六值班,如果乙值班 3 天,那么乙在周三、周四和周五值班,此时丙没有位置可以值班,矛盾,所以乙不可能值班 3 天,排除。

C 选项:乙不在周六值班,结合(5)可得丙不在周四值班,排除。

E 选项:如果丁在周三值班,结合(4)可得丁不在周六值班,此时甲、乙、丙、丁、戊都不在周六值班,周六无人值班,与(1)矛盾,排除。

故正确答案为 D 选项。

45.【答案】 B

【考点】 确定信息推理

【命题方向】 综合推理 匹配

【解析】 由于丁只值班 1 天,所以乙和丙两人分别是值班 1 天和两天。如果丙值班两天,只能在周三和周五,此时无法满足题干信息,所以丙只能值班 1 天,乙值班两天。

如果丙在周三值班,则结合(4)可得:丁不在周六值班,此时周六无人值班,矛盾。所以丙在周五值班,乙不在周六值班,所以乙在周三和周四值班。

故正确答案为 B 选项。

46.【答案】 B

【考点】 确定信息推理

【命题方向】 综合推理 匹配

【解析】 由(2)(3)可得:李创作戏剧,周创作小说。结合(1)可得:王创作的作品形式与李的文学爱好相同,并且不是散文、不是戏剧、不是小说,因此只能是诗歌。所以丁创作散文,爱好小说,周爱好戏剧。

故正确答案为 B 选项。

47.【答案】 C

【考点】 十大论证模型

【命题方向】 论证推理 支持、加强

【解析】 方法:用中子束照射肿瘤部位;

目的:使肿瘤细胞内部发生核反应,肿瘤细胞随之死亡。

本题为方法目的模型。A 和 C 选项均表明中子束可以对肿瘤细胞起到作用,但 A 选项只是说有作用,未明确具体作用。C 选项更加明确,说明中子束确实会导致肿瘤细胞的死亡,并且不伤及其他细胞,可以支持。

故正确答案为 C 选项。

48.【答案】 C

【考点】 稳赢分析法

【命题方向】 综合推理 匹配

【解析】 由题干信息(1)可知,丙所有对决全胜,庚只输给了丙,对于其他对决是全胜的,所以可以排除 A、D;由(2)可知,己在第一局就输了,和他对决的是戊,所以己不可能和其他人再对决,所以排除 B、E。

故正确答案为 C 选项。

49.【答案】　E

　　【考点】　三段论

　　【命题方向】　形式逻辑　结构相似

　　【解析】　题干信息:有些 双子座(有些 C)→无理取闹(B),

　　　　　　　　　　　　无理取闹(B)→￢多愁善感(￢A),

　　　　　　　　　　　　所以,有些 多愁善感(有些 A)→￢双子座(￢C)。

　　E 选项:与题干推理结构相似,而且结论"有些女青年不是女性"荒谬,可以说明题干推理不成立,正确;

　　A、B、C、D 选项:与题干推理结构不相似,排除。

　　故正确答案为 E 选项。

50.【答案】　A

　　【考点】　稳赢分析法

　　【命题方向】　综合推理　分组

　　【解析】　题干信息:(0) 花生、甜菜、棉花、百合 4 选 2;

　　(1) 花生 ∨ 甜菜 ∨ 棉花;

　　(2) 花生 ∧ 棉花 ∧ ￢甜菜;

　　(3) 花生→￢棉花;

　　(4) 百合→棉花 ∨ 甜菜;

　　由(0)可知,任意 3 种农产品中至少会经营 1 种,所以甲的意见为真;由(0)4 选 2;结合(2)可知,(2)可简化为:花生 ∧ 棉花;因此(2)(3)矛盾,一真一假,所以(4)一定为假。由(4)为假可得:百合 ∧ ￢棉花 ∧ ￢甜菜。所以最终经营的两种农产品为:百合和花生。

　　故正确答案为 A 选项。

51.【答案】　B

　　【考点】　稳赢分析法

　　【命题方向】　综合推理　排序

　　【解析】　显然戊、己、甲在第四、五、六周值班;由于戊不在第五周值班,由条件(4),乙不能在第三周值班,只能在第一或者第二周值班,所以剩下的丙、丁之一在第三周值班。

　　故正确答案为 B 选项。

52.【答案】　C

　　【考点】　论证评价

　　【命题方向】　论证推理　解释

　　【解析】　解释对象:奢侈品品牌在亚洲市场定价最高。

　　此题一定要注意相关性,千万不要脱离题干靠想象。

　　题干中明确指出,奢侈品品牌在定价时最重要的因素通常是消费群体的市场期望值,所以亚洲市场定价高,也要从消费者期望值这方面来解释,物流、经营成本、消费者收入等因素均为无关信息。

　　故正确答案为 C 选项。

53.【答案】　E

【考点】 论证评价

【命题方向】 论证推理 焦点

【解析】 张教授:法律的制定和实施不应当排斥考虑道德因素。

李研究员:法律审判中如果顾及道德,会偏离法律标准、弱化法律功能,所以法律的制定和实施应当排斥道德因素。

由此可知,二人争论的焦点是在法律的实施中考虑道德因素是否会弱化法律的功能,E选项正确。其他选项均未涉及法律实施与道德的关系问题。

故正确答案为 E 选项。

54.【答案】 D

【考点】 稳赢分析法

【命题方向】 综合推理 分组

【解析】 "乙、辛、己、癸中至多3艘舰艇不停靠在东港口"即:乙、辛、己、癸中至少1艘舰艇停靠在东港口。

结合(1)(2)可得:甲、丙、戊、庚、壬这5艘舰艇之间有共同停靠的港口→乙东∧丁东→乙、辛、己、癸中至少1艘舰艇停靠在东港口→丁中∧癸中。

此时,"丁东"与"丁中"矛盾,所以"甲、丙、戊、庚、壬这5艘舰艇之间有共同停靠的港口"为假,可得:甲、丙、戊、庚、壬这5艘舰艇之间没有共同停靠的港口,即这5艘舰艇分别停靠在5个港口。

所以,"丁和癸2艘舰艇停靠在中港"为假,结合(2)逆否可得:"乙、辛、己、癸中至少1艘舰艇停靠在东港口"为假,即乙、辛、己、癸都不停靠在东港口。所以剩下的舰艇丁一定停靠在东港口。

55.【答案】 C

【考点】 稳赢分析法

【命题方向】 综合推理 分组

【解析】 如果己和辛停靠在西和南之间,此时西和南两个港口名额已满,剩下的乙和壬一定在北港口或中港口,因此乙不可能停靠在南港口。

故正确答案为 C 选项。

四、写作

56.论证有效性分析

【参考答案】

1. 条件不充分:项目安全性不仅包含设施安全,还包含保障用户押金、个人隐私等方面安全,所以不能仅以此认定项目安全性。

2. 概念界定不准/概念混淆:共享并不意味着拥有。原文对共享的含义阐释不够准确。此外,"共享"与"共有"概念不同。"共享"更侧重于产品的使用权,通常不含拥有的意思。而"共有"则侧重于产品的所有权。

3. 以偏概全:共享雨伞、共享篮球的部分案例并不能代表所有"共享产品",虽有不成功案例,亦有许多成功案例,不能以部分案例的失败,推断整个共享模式不能走向长远。

4. 滑坡谬误:共享健身房投入运营未必会极速扩张、无序发展,因为运营方可以有效管控,合理发展;同时也未必将从小区走向街头,因为是否会向街头发展,是否可走向街头,这是政府、运营商、市场共同决定的,尚有待观察。此外,更加未必给城市管理带来混乱。因为有关部门可以进行必要的规范和管理。这里的连续推断难以保证连续成立。

5. 论据不成立:并非所有迎合普遍需求的产品,都是有社会价值的产品,有很多有需求的产品是属于不合法或者违背社会公序良俗的,故该理由不成立。因此,看待共享经济,同样也不能以其需求认定其价值。(原论证照搬引用过长,故通常优化表述,缩短表达)

6. 推断不当:"国家已经明确对共享经济要持审慎包容的态度"不意味着"政府放开了对共享经济的监管"。"审慎包容"并非放手不管。

7. 自相矛盾:前文说需要政府监管部门权威发声,后文又说政府放开了监管,运营商变成了"加强自我监管",这显然自相矛盾。(6与7两点可以连击)

【参考范文】

共享健身房前景真的不容乐观吗?

上述材料通过一系列论证,试图证明"共享健身房前景不容乐观"这个论点。然而其在论证过程却存在诸多漏洞,具体分析如下:

首先,共享并不意味着拥有。原文对共享的含义阐释不够准确。此外,"共享"与"共有"概念不同。"共享"更侧重于产品的使用权,通常不含拥有的意思。而"共有"则侧重于产品的所有权。

其次,"共享雨伞、共享篮球"并不能推断"共享产品步履维艰,难以走向长远"。毕竟共享雨伞、共享篮球只是部分案例,并不能代表所有"共享产品"的发展可能。虽有不成功案例,亦有许多成功案例,不能以部分案例的失败,推断整个共享模式不能走向长远。

再次,将共享健身房"安置在小区内并开始运营"真的会导致"极速扩张、无序发展,从小区走向街头,给城市管理带来混乱"吗? 其实未必。运营方可以有效管控,合理发展;是否走向街头,这是政府、运营商、市场共同决定的,尚有待观察。而且,有关部门可以进行必要的规范和管理,未必带来城市管理混乱。这个连续推断难以保证连续成立。

此外,并非所有迎合普遍需求的产品,都是有社会价值的产品,有很多有需求的产品是属于不合法或者违背社会公序良俗的,故该理由不成立。因此,看待共享经济,同样也不能以其需求认定其价值。

最后,"国家持审慎包容态度"并不意味着"放开了监管"。"审慎包容"是监管原则,不能认为是放手不管。且这个判断跟前文说需要政府"权威发声"自相矛盾。同为作者看法,前后并不一致。

综上所述,材料中"共享健身房前景不容乐观"的论点难以被有效支持,仍需更加充分的论证。

57. 论说文

【参考范文】

防止平台垄断,维护公平竞争

在互联网飞速发展的今天,互联网平台经济发展中存在的问题也逐渐暴露出来,遏制资本无序扩张,维护市场公平竞争势在必行。

互联网平台因其以技术为关键生产要素和行业壁垒高、边际成本低的特性,如果不加以约束,容易形成行业无序扩张,甚至出现个别企业"垄断"的现象。近年来,互联网行业已不断出现类似的苗头,诸如强迫用户"二选一""掐尖并购"、烧钱抢占社区团购市场和实施"大数据杀熟"等行为,都是滥用市场支配地位,资本无序扩张的表现。

互联网平台上个别企业垄断的危害,首当其冲便是扰乱正常的市场经济秩序,侵害中小微企业和用户的利益。一旦少数互联网企业从行业"巨头"变为行业"寡头",掌控市场,操控价格,那么市场便会失去自由竞争环境。一方面,垄断企业会依靠垄断地位追求高额利润,忽视创新,失去发展动力;另一方面,失去竞争意味着消费者没有其他选择,权益难以得到保护。

因此,加大互联网平台经济的反垄断力度,对激发创新、维护市场公平自由竞争、保护中小企业和消费者利益具有重要影响。必须尽快通过完善立法、强化执法,建立有效的监管,在出现大规模的无序发展或垄断行为前及时遏止此类情形的发生。

不过互联网经济作为新兴经济模式,互联网平台反垄断实践还处于不断摸索期,尚无成熟经验借鉴。这为相关领域的反垄断工作带来一定困难。例如,如何界定互联网平台企业的"垄断"行为就并非易事,此外还有诸多类似的监管难题。

因此,既要做到打击低于成本销售、拒绝交易、限定交易等不正当竞争行为,维护社会公共利益;也要注意执法尺度和边界,保护互联网平台企业的正当权益。"反垄断"不是为了惩罚竞争中的优胜者,阻碍规模经济发展,而是为了倒逼企业技术升级,促进良性竞争。因此,升级反垄断监管应该避免从不监管、松监管,走向过度监管、过严监管的极端。

互联网企业强迫用户"二选一"的行为一度引发人们对"数据向善"的忧虑,这次的巨额罚单预示着反垄断"强监管"时代已经到来。

一、问题求解：第 1~15 小题，每小题 3 分，共 45 分。下列每题给出的 A、B、C、D、E 五个选项中，只有一个选项是最符合题目要求的。

1. 如图是一个边长 100 m 的正方形，甲、乙两人同时从 A 点出发，甲逆时针每分钟行 75 m，乙顺时针每分钟行 45 m. 两人第一次在 AB 边（不包括 A, B 两点）上相遇，是出发后的第（　　）次相遇.

  A. 2   B. 3   C. 4

  D. 5   E. 6

2. 等式 $|3x+5| = |2x-1| + |x+6|$ 成立，则实数 x 的取值范围是（　　）.

  A. $-6 \leqslant x \leqslant \dfrac{1}{2}$ B. $x \geqslant \dfrac{1}{2}$ 或 $x \leqslant -\dfrac{5}{3}$ C. $x \leqslant -\dfrac{1}{3}$ 或 $x \geqslant \dfrac{1}{2}$

  D. $x \geqslant -\dfrac{5}{3}$ 或 $x \leqslant -6$ E. $x \geqslant \dfrac{1}{2}$ 或 $x \leqslant -6$

3. 已知实数 a, b, c 满足 $a+b+c = 1$，$\dfrac{1}{a+b-c} + \dfrac{1}{b+c-a} + \dfrac{1}{a+c-b} = 1$，则 $abc = （\quad）$.

  A. 0   B. 1   C. 2

  D. 3   E. 4

4. 设实数 a, b, c 是三角形的三条边长，且 $a^3 + b^3 = a^2b + ab^2$，$a : c = 1 : \sqrt{2}$，则这个三角形是（　　）.

  A. 等边三角形   B. 等腰且非直角三角形   C. 等腰直角三角形

  D. 钝角三角形   E. 三边互不相等的三角形

5. 在 $\triangle ABC$ 中，$\angle C = 90°$，$AB = 4$ cm，$BC = 3$ cm，若 $\triangle ABC$ 绕直线 AC 旋转一周得到一个几何体，则此几何体的侧面积是（　　）cm^2.

  A. 6π B. 12π C. 18π

  D. 24π E. 以上都不是

6. 光明小学五年级课外活动有体育、音乐、书法三个小组，参加的人数分别是 54, 46, 36. 同时参加体育小组和音乐小组的有 4 人，同时参加体育小组和书法小组的有 7 人，同时参加音乐小组和书法小组的有 10 人，三组都参加的有 2 人. 光明小学五年级参加课外活动的一共有（　　）人.

  A. 130   B. 140   C. 150

  D. 180   E. 117

7. 使得不等式 $\dfrac{9}{17}<\dfrac{n}{n+k}<\dfrac{8}{15}$ 对唯一的整数 k 成立的最大正整数 n 为（　　）.

    A. 100 　　　　　　　　B. 144 　　　　　　　　C. 142

    D. 123 　　　　　　　　E. 140

8. 设 x 为正实数,则 $y=x^2-x+\dfrac{1}{x}-3$ 的最小值为（　　）.

    A. -1 　　　　　　　　B. 3 　　　　　　　　C. 4

    D. 5 　　　　　　　　E. -2

9. 某企业对应聘人员进行英语考试,试题由 50 道选择题组成,评分规则为:每道题的答案选对得 3 分,不选得 0 分,选错扣 1 分,已知某人有 5 道题未做,得了 103 分,则这人选错的题数为（　　）.

    A. 5 　　　　　　　　B. 6 　　　　　　　　C. 7

    D. 8 　　　　　　　　E. 9

10. 如图,在矩形 $ABCD$ 中,$AB=5$,$AD=3$,动点 P 满足 $S_{\triangle PAB}=\dfrac{1}{3}S_{矩形ABCD}$,则点 P 到 A、B 两点距离之和 $PA+PB$ 的最小值为（　　）.

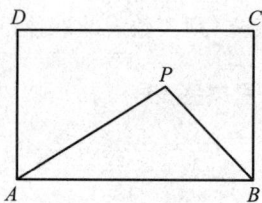

    A. $\sqrt{40}$ 　　　　　　　　B. $\sqrt{41}$ 　　　　　　　　C. 12

    D. 13 　　　　　　　　E. 14

11. 要将两种大小不同的钢板截成 A、B、C 三种规格,每张钢板可同时截得三种规格的小钢板,块数如下表所示:

	A 规格	B 规格	C 规格
第一种钢板	2	1	1
第二种钢板	1	2	3

    今需要 A、B、C 三种规格的成品各 15,18,27 块,则共截这两种钢板最少（　　）张.

    A. 10 　　　　　　　　B. 11 　　　　　　　　C. 12

    D. 13 　　　　　　　　E. 14

12. 某足球赛,共有 24 个队参加,它们先分成六个小组进行单循环赛,决出 16 强,这 16 个队按照确定的程序进行淘汰赛,最后决出冠、亚军和第三、四名.则总共需要安排（　　）场比赛.

    A. 48 　　　　　　　　B. 51 　　　　　　　　C. 52

    D. 54 　　　　　　　　E. 44

13. 数列 $\{a_n\}$ 的通项公式为 $a_n=2n-7(n\in\mathbf{N})$,则 $|a_1|+|a_2|+\cdots+|a_{15}|=$（　　）.

A. 127   B. 153   C. 164

D. 175   E. 183

14. 如图所示,正方形 $ABCD$ 边长为 8 cm,E 是 AD 的中点,F 是 CE 的中点,G 是 BF 的中点,则三角形 ABG 的面积是(　　)cm².

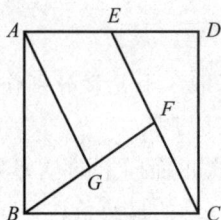

A. 12   B. 13   C. 14

D. 15   E. 16

15. 已知正三棱柱 $ABC\text{-}A_1B_1C_1$ 中,底面积为 $\dfrac{3\sqrt{3}}{4}$,一个侧面的周长为 $6\sqrt{3}$,则正三棱柱 $ABC\text{-}A_1B_1C_1$ 外接球的表面积为(　　).

A. 4π B. 8π C. 16π

D. 32π E. 48π

二、条件充分性判断:第 16~25 小题,每小题 3 分,共 30 分。 要求判断每题给出的条件(1)和条件(2)能否充分支持题干所陈述的结论。A、B、C、D、E 五个选项为判断结果,只有一个选项是最符合题目要求的。

A. 条件(1)充分,但条件(2)不充分

B. 条件(2)充分,但条件(1)不充分

C. 条件(1)和(2)单独都不充分,但条件(1)和(2)联合起来充分

D. 条件(1)充分,条件(2)也充分

E. 条件(1)和(2)单独都不充分,条件(1)和(2)联合起来也不充分

16. 现有男运动员 6 名,女运动员 4 名,其中男、女队长各 1 人,选派 5 人外出比赛,则共有 191 种选派方法.

(1) 队长至少有 1 人参加

(2) 既要有队长,又要有女运动员

17. 某人有一串钥匙,但忘记了开房门的是哪把,只好逐把试开,则此人不超过 3 次便能开房门的概率是 0.9.

(1) 共有 5 把钥匙,其中有 2 把房门钥匙

(2) 共有 8 把钥匙,其中有 3 把房门钥匙

18. 已知圆 $O_1:(x-a)^2+(y+1)^2=1$ 与圆 $O_2:(x-b)^2+(y+2)^2=r^2(r>0)$,则能确定 $a+b+r$ 的值.

(1) 圆 O_1 与圆 O_2 相切

(2) 圆 O_1 与圆 O_2 关于直线 $y=x$ 对称

19. 能确定圆 C 的半径.

(1) 圆 C 与直线 $x+y-2=0$ 相切

(2) 圆 C 与直线 $x+y+2=0$ 相切

20. 对任意正整数 n,数列 $\{a_n\}$ 满足 $(a_{n+1}+a_n)(a_{n+1}-a_n-3)=0$,则能确定数列 $\{a_n\}$.

    (1) 数列 $\{a_n\}$ 是一个等比数列

    (2) 数列 $\{a_n\}$ 的首项 $a_1=3$

21. $\dfrac{1}{3}\leq P\leq 1$.

    (1) 从集合 $\{0,1,2,3,5,7,11\}$ 中任取 3 个元素分别作为方程 $Ax+By+C=0$ 中的 A、B、C.所得直线恰好经过坐标原点的概率是 P

    (2) 抛一枚均匀硬币两次,至少一次正面向上的概率为 P

22. 已知 x,y,z 是实数,则能确定 $x^2+y^2+z^2$ 的最小值.

    (1) $x+2y-5z=3$

    (2) $x-2y-z=-5$

23. 某老师要将若干本书奖励给优秀学生,若每人 5 本,则有 1 本没有送出;若希望每人 7 本,则恰有一人所得的书多于 1 本但不够 7 本,则能确定优秀学生的人数.

    (1) 书的总数不到 20 本

    (2) 书的总数多于 10 本

24. 甲每天早上 7:00 出发步行 2 400 m 前往上班地点,按计划速度走了一半路程后,提高了速度,最后提前 150 s 走完,则甲原计划 7:30 走完.

    (1) 速度提高了 8 m/min

    (2) 速度提高了 16 m/min

25. 能确定直角三角形的个数为 31.

    (1) 三角形的两个直角边分别是整数 a,b,斜边为 $b+1$

    (2) $b<2011$

三、逻辑推理:第 26~55 小题,每小题 2 分,共 60 分。 下列每题给出的 **A、B、C、D、E** 五个选项中,只有一个选项是最符合题目要求的。

26. 在当前经济环境和减税降费大背景下,消费税改革将坚持总体税负基本稳定的原则有序推进。此次改革将消费税收入中的增量部分下划地方,可以在一定程度上缓解地方的财政压力。无法保证税负的稳定,就无法支持消费市场,从而影响经济发展和产业升级。要保证税负的稳定,就必须完善消费税相关制度,建立健全地方税收体系。

    如果题干断定为真,则可以推出以下哪项?

    A. 不可能既保证了税负稳定,又支持了消费市场。

    B. 只有保证税负稳定,才会影响经济发展和产业升级。

    C. 如果不能完善消费税相关制度,建立健全地方税收体系,就会影响经济发展和产业升级。

    D. 要处理好税收立法和税制改革的关系,做到在法治轨道上改革,于法有据。

    E. 要想影响经济发展和产业升级,就必须保证税负稳定。

27. 氢燃料电池就是采用氢气作为燃料的电池。它可以理解为水电解成氢气和氧气的逆反应,因此反应过程既清洁,又高效。不少研究者认为应大力发展氢燃料电池。

    以下除哪项外,都能够支持上述结论?

A. 氢燃料电池只会产生水和热，对环境无污染。

B. 氢燃料电池运行安静，噪声大约只有 55 dB，相当于人们正常交谈的水平。这使得氢燃料电池适合于室内安装，或用于在室外对噪声有限制的地方。

C. 氢燃料电池使用过程中不可或缺的反应催化剂——铂，属于稀有贵金属，成本极高。

D. 氢燃料电池的发电效率可以达到 50% 以上，高于目前的传统电池。

E. 氢燃料电池可以在 3~5 min 快速给电池灌满燃料，用于汽车时续航里程更远。

28. AI 系统是解开自然界中存在的复杂模式的绝佳工具，研究人员利用 AI 系统自动读取视网膜扫描数据，并识别那些在接下来的一年中可能会得心脏病的人，可将患病风险高的人转诊至专科进行治疗。研究人员认为这项技术为心脏疾病筛查开辟了革命性的可能。

以下哪项如果为真，最可能是研究人员上述论证的假设？

A. 早期识别和预防性治疗将有助于降低心血管疾病流行率。

B. 目前，病人患心血管疾病的风险是通过年龄、性别、吸烟状况、家族史以及冠状动脉 CT、超声心动图和心血管核磁共振等医学成像来估计的。

C. 研究人员发现该算法预测心肌梗死的能力受视网膜图像的中老年黄斑变性情况的影响。

D. 视网膜扫描数据反映的微小血管变化是预测心脏疾病较为灵敏的指标。

E. 研究人员建议在眼科诊所和眼镜店应用这项技术，来评估患者心脏病发作的可能性，推荐他们做进一步的心血管体检。

29~30 题基于以下题干：

某公司开半年业绩总结会，关于上半年的业绩达标情况，有如下信息：
(1) 一月、二月中仅有 1 个月业绩达标；
(2) 三月和四月的业绩要么都达标，要么都不达标；
(3) 一月、二月、四月 3 个月中至少两个月业绩达标；
(4) 二月和五月中至少 1 个月业绩达标。

29. 如果一月业绩达标了，则以下哪项一定为真？

A. 二月业绩达标。

B. 三月业绩不达标。

C. 五月业绩达标。

D. 前半年中恰有 5 个月业绩达标。

E. 前半年中恰有 4 个月业绩达标。

30. 若前半年中恰有 3 个月业绩达标，则以下哪项一定为真？

A. 一月业绩达标。　　　　B. 二月业绩不达标。　　　　C. 三月业绩不达标。

D. 五月业绩达标。　　　　E. 六月业绩不达标。

31. 很长一段时间，营养学家普遍认为青少年发育迟缓是因为摄入的食品中缺乏维生素 B。在神经系统、大脑细胞形成过程中缺乏维生素 B 可能会留下一些缺陷，例如幼儿发烧时容易导致高热惊厥、抽筋、缺钙等身体的不适。因此青少年成长计划署将保证青少年维生素 B 的摄入作为重要事务进行推进。但是王教授通过深入研究发现，营养学家的认识存在错误。

以下除哪项外，均能支持上述王教授的观点？

A. 有些孩子发育迟缓并不是由缺乏维生素导致的，而是由缺乏蛋白质导致的。

B. 维生素 B 是所有人体组织必不可少的营养素,是食物释放能量促进生长发育的关键。

C. 有调查表明,有些生长发育正常的青少年摄入的食品中并没有维生素 B。

D. 营养学家对人类维生素 B 需求的研究是基于动物实验,而对动物研究会夸大人类对维生素 B 的需求。

E. 全身性营养不良、缺钙才是导致发育迟缓的决定性因素。

32. 研究发现,接触绿地有助于减轻孤独感。一项调查显示,对居住地附近有至少 30% 的土地是公园、保护区和林地的成年人而言,他们感到孤独的概率比居住地附近绿地面积不足 10% 的成年人要低 26%。对于独居者而言,关联性甚至更大——在绿地面积达到或超过 30% 的地区,居民感到孤独的可能性降低了一半。

以下哪项如果为真,最能支持上述观点?

A. 越来越多的证据表明,孤独感与罹患抑郁症、心脏病、阿尔茨海默病和死亡风险增加有关。

B. 城市重新造林可能有助于降低心理困扰、睡眠不足、患心血管代谢疾病、主观记忆减退甚至患阿尔茨海默病的风险。

C. 在绿地以何种方式减轻孤独感的问题上,证据仍然有限。

D. 绿地面积大小与社交互动频率正相关,经常与他人在绿地环境中交流有助于改善情绪和消除孤独感。

E. 保护自然对于支持人口健康和减少气候变化具有重要意义。

33. 通常,气象学家会把卫星图像中云的形状和运动作为预测主要风暴类型的指标。最近,某研究小组分析了 50 000 多张气象卫星历史图像后,开发出一种基于人工智能的计算模型,用以检测云的旋转运动,用逗点状云系的形态和运动,帮助专家更高效地在海量的天气数据中及时发现恶劣天气的"端倪"。

以下除哪项外,都能支持上述论证?

A. 该计算模型可以有效探测逗点状云系,准确率非常高。

B. 逗点状云系与闭合环流有关,是造成恶劣天气的重要原因。

C. 该计算模型可以自动识别和探测卫星图像中的逗点状云系。

D. 该计算模型可以在一些逗点状云系还未完全形成之前就探测到它们,探测速度非常快。

E. 这项研究还属于早期尝试,将这种方法与其他天气预报模型相结合,将有可能使天气预报更准确。

34. 何、金、魏、唐 4 人商量毕业旅行。何说:金去,我就肯定去;金说:魏去我就不去;魏说:无论唐去不去,我都去;唐说:何和金中至少有一人去,我就去。

如果 4 人所说均为真话,则以下哪项可能是正确的?

A. 金和魏两个人去了。　　B. 何一个人去了。　　C. 何、魏和唐 3 个人去了。

D. 4 个人都去了。　　E. 何、金和魏 3 个人去了。

35. 赵、钱、孙、李、周、吴、郑、王共 8 人参加"百米飞人"短跑决赛,最终名次满足如下条件:

(1) 如果赵的名次在孙之前,则钱的名次在吴之前;

(2) 如果周的名次在孙之后、在吴之前,则李的名次在郑之后、在王之前;

若前 3 名依次为赵、王、孙,则以下除哪项外,均可能是排名第 7 的人?

A. 钱　　　　　　B. 郑　　　　　　C. 周

D. 李　　　　　　　E. 吴

36. 甲醛是无色易溶的刺激性气体,可经呼吸道吸收,其水溶液"福尔马林"可经消化道吸收。长期接触低剂量甲醛可引起慢性呼吸道疾病、女性月经紊乱、妊娠综合征,引起新生儿体质降低、染色体异常,甚至引起血癌。某一基因在吸入甲醛时会被化学物质所刺激,并使细胞在新陈代谢这些化学物质时产生癌变。然而,那些该基因还未被刺激的甲醛吸入者患血癌的风险却与其他的甲醛吸入者一样高。

如果以上的论述为真,最有可能得出以下哪项结论?

A. 甲醛吸入时化学物质对基因的刺激并非是导致甲醛吸入者患血癌的唯一原因。

B. 不吸入甲醛的人与这一基因未被刺激的甲醛吸入者患血癌的风险一样大。

C. 该基因被刺激的甲醛吸入者患血癌的危险大于其他的甲醛吸入者。

D. 该基因更容易被甲醛中的化学物质而非其他化学物质所刺激。

E. 没有这个基因的甲醛吸入者患血癌的风险较小。

37. 尼莫软件股份有限公司由甲、乙、丙、丁 4 个子公司组成。在总公司的利润方案下,每个子公司承担的利润份额与每年该子公司员工数量所占尼莫软件股份有限公司总员工数的份额相等。但是去年该公司的财务报告却显示,甲公司在员工数量增加的同时向总公司上缴利润的比例却下降了。

如果上述陈述为真,财务报告还能够说明以下哪项?

A. 在 4 个子公司中,甲公司的员工数量最少。

B. 甲公司员工增长的比例比前一年小。

C. 乙、丙、丁三个公司员工增长的比例都超过了甲公司员工增长的比例。

D. 甲公司员工增长的比例至少比其他 3 个子公司中的 1 个小。

E. 在 4 个子公司中,甲公司的员工增长数是最小的。

38. 普通感冒是免疫力较低造成的,一般无需治疗可以自愈。暴发性心肌炎也具有胸闷、乏力等感冒的症状,但病情恶化快,死亡率高。由于暴发性心肌炎的症状和普通感冒相似,因此,在就诊治疗时,暴发性心肌炎这种病特别危险。

以下哪项最可能是上述论证所假设的?

A. 暴发性心肌炎是心肌炎中最严重和最特殊的类型,主要特点是发病急骤,病情进展极为迅速。

B. 暴发性心肌炎患者的心肌细胞被病毒攻击后,会导致心肌变性、坏死,从而丧失收缩功能,无法泵血,其后果比普通感冒严重得多。

C. 暴发性心肌炎可以发生于任何年龄、任何季节,男女发病率没有差异。

D. 专业医生表示,如果感冒症状出现后 3 周内,病情不见好转,要立刻到医院诊治。

E. 普通感冒和暴发性心肌炎的治疗方案是不同的。

39~40 题基于以下题干信息:

甲、乙、丙、丁、戊、己、庚 7 人参加某单位招聘,他们分别应聘市场部、人事部和外联部 3 个岗位,已知其中有 1 人应聘市场部,有 3 人应聘人事部,另外 3 人应聘外联部。另外,还知道:

（1）丙和庚应聘同一岗位;

（2）甲和乙没有应聘同一岗位;

（3）如果已应聘外联部,则戊应聘人事部;

（4）甲应聘人事部。

39. 如果以下哪项陈述为真,能使 7 名雇员的分配得到完全的确定?

A. 丁和戊应聘外联部。　　B. 乙和庚应聘外联部。　　C. 丙和庚应聘外联部。

D. 甲和戊应聘人事部。　　E. 丁和戊应聘人事部。

40. 以下哪项列出的应聘者不可能一同应聘外联部?

A. 乙和丙　　　　　　　B. 乙和己　　　　　　　C. 乙和庚

D. 丙和戊　　　　　　　E. 丙和庚

41. 青少年的身体素质决定其学习能力。在 A 市举行的中学生运动会上,各校学生在长跑、游泳和乒乓球等运动项目中充分展示自己,释放着青春的活力。比赛结果是新亚中学在各项比赛中都包揽前三名。李教授认为,该结果意味着新亚中学的学生在学习方面会有更加优异的表现。

以下哪项如果为真,最能支持李教授的观点?

A. 新亚中学特别注意对学生全方位的培养,该校学生在各个方面都会有更出色的表现。

B. 在其他运动会中,A 市学生总体成绩最好,而新亚中学的学生又是 A 市最好的。

C. 学习能力的核心驱动力是好奇心,新亚中学非常重视对学生好奇心的培养。

D. 这次运动会项目设置合理,能很好地反映该校学生的身体素质。

E. 新亚中学的学生在各项比赛中均包揽前五名。

42. 某公司甲、乙、丙、丁、戊、己、庚 7 名员工参与联欢会的 4 个节目,每个节目的人数为 1~3 人,每人只参加 1 个节目。已知:

（1）有 2 个节目人数相同,最后一个节目人数最多;

（2）丙、丁、戊是同一个部门的,他们参加同一个节目,而且甲参加的节目在他们的前一个;

（3）如果甲、乙、己至多 1 个人参加第二个节目,则戊和己参加同一个节目。

根据上述信息,可以得出以下哪项?

A. 庚参加第一个节目。　　B. 庚参加第二个节目。　　C. 乙参加第三个节目。

D. 己参加第一个节目。　　E. 甲参加第二个节目。

43. 孙大宝和孟大宝去饭店就餐,该饭店点餐有如下要求:

（1）牛排和烤肉至少点一种;

（2）比萨饼、牛排和黑森林蛋糕至多点两种;

（3）烤肉、黑森林蛋糕、咖啡至少点两种;

（4）烤肉和比萨饼至多点一种。

根据上述要求,可以得出以下哪项?

A. 黑森林蛋糕、比萨饼至多点一种。

B. 上述 5 种餐品至多点 3 种。

C. 上述 5 种餐品至少点 3 种。

D. 黑森林蛋糕和牛排至少点一种。

E. 一定要点咖啡。

44. 今年,东方外语学院某班同学需要选修小语种,已知:

（1）如果超过 50% 的学生选修了德语，则 $\frac{1}{4}$ 以上的学生会选修意大利语；

（2）所有选修希腊语的学生都选修了波兰语；

（3）如果有些选修希腊语的学生也选修了葡萄牙语，则有超过 $\frac{2}{3}$ 的学生会选修德语；

（4）由于师资问题，瑞典语和意大利语在今年无人可以选修，但该班有一些人选修了希腊语。

根据以上信息，以下哪项一定为假？

A. 该班 20% 的学生选修了德语。

B. 该班 30% 的学生选修了希腊语。

C. 该班 20% 的学生选修了葡萄牙语。

D. 该班所有选修了葡萄牙语的同学都选修了波兰语。

E. 该班所有选修了波兰语的同学都选修了葡萄牙语。

45. 进入冬季以后，呼吸道疾病越来越多。肺炎支原体会破坏咽部、气管或肺部，之后出现咽炎，支气管炎或肺炎相关的症状。有 1 至 4 周的潜伏期，多数人发病症状相对温和，但少数重症可以导致肺炎、脑炎、哮喘发作，甚至肾衰等。有专家指出，感染过支原体肺炎的人群患脑炎的概率会增大。

以下哪项如果为真，最能质疑上述专家的观点？

A. 支原体肺炎表现为反复高热、寒战、持续剧烈咳嗽，疲倦乏力，重症的会有一些缺氧的表现。

B. 据统计，很多感染过支原体肺炎的人并没有患脑炎。

C. 脑炎是由病毒、细菌、螺旋体、寄生虫、立克次体和朊蛋白等侵入脑实质及脑其他部位，而引发的急性或慢性炎症性疾病。

D. 一项统计研究显示，感染过支原体肺炎的人群患脑炎的几率并不比所有人群总体的几率高。

E. 感染支原体肺炎后只要及时进行有效治疗，7 至 10 天便可痊愈。

46. 由于临近考试，甲、乙、丙、丁、戊 5 个学员群里的同学们通宵学习，共有张、王、李、赵、刘 5 位老师值班答疑，每个群恰好有 3 位老师值班。已知：

（1）张和王不在同一个群值班，而且没有人同时在 5 个群值班；

（2）如果王和李至少有 1 人在丁群值班，那么他们会一起在甲群值班；

（3）如果赵在丁群值班，那么李、赵、刘都会在戊群值班；

（4）如果张、王、李中至少有 2 人在甲群值班，那么他们 3 人也会在乙群值班。

根据上述信息，可以得出以下哪项？

A. 张在丙群值班。　　　　B. 王在甲群值班。　　　　C. 李在乙群值班。

D. 赵在丙群值班。　　　　E. 刘在乙群值班。

47~48 题基于以下题干：

某食堂采购蔬菜、水果、肉类三类共 6 种食材，每类食材采购 2 种用于早餐、午餐和晚餐。并且已知以下信息：

（1）每餐使用的食材数量在 1~3 之间；

（2）如果某餐有水果，那么这餐至少有 1 种蔬菜；

（3）晚餐中水果的种类、数量与早餐中肉类的种类、数量相同。

（4）午餐没有肉类。

47. 如果两种水果都用于晚餐，那么下列哪种说法一定为真？

　　A. 早餐使用了 1 种食材。　　B. 早餐使用了 3 种食材。　　C. 午餐使用了 1 种食材。

　　D. 午餐使用了两种食材。　　E. 晚餐使用了两种食材。

48. 三类食材中，如果有一类的两种食材都用于午餐，那么以下哪项可能为真？

　　A. 两种水果都用于晚餐。

　　B. 两种水果分别用于早餐和晚餐。

　　C. 两种蔬菜都用于早餐。

　　D. 两种蔬菜分别用于午餐和晚餐。

　　E. 两种肉类都用于晚餐。

49. 研究人员把受试者分成两组：第一组做半个小时自己的事情，但不从事会导致说谎行为的事；第二组被要求偷溜出去再回来，并且在测试时说谎。之后，研究人员会让受试者戴上特制电极，以记录被询问时的眨眼频率。结果发现，第一组眨眼频率会微微上升，但第二组的眨眼频率先是下降，然后大幅上升至一般频率的 10 倍。由此可见：通过观察一个人的眨眼频率，可判断他是否在说谎。

对以下哪项问题的回答，几乎不会对此项研究的结论构成质疑？

　　A. 第一组和第二组受试者在心理素质方面有很大差异吗？

　　B. 第二组受试者是被授意说假话，而不是自己要说假话，由此得出的说假话与眨眼之间的关联可靠吗？

　　C. 用于第一组和第二组的仪器设备是否存在差异？

　　D. 说假话和说真话是否会导致心跳加速、血压升高？

　　E. 第一组和第二组除了上述提到的差异外，还有别的什么差异吗？

50. 每年秋、冬季，心梗猝死的新闻屡见不鲜，不少人是因为急性心梗而猝然离世，鲜活的生命戛然而止，实在是令人唏嘘不已。对于心梗，治疗原则为尽快使心脏正常供血，恢复心肌血液灌注，但难点在于当心肌梗死灶的微循环障碍发生时，血液灌注已经不能到达梗死灶的心肌细胞，使患者处于危险境地。最近，李教授团队首次发现人体组织液循环网络的解剖学结构，有望为心梗诊治提供新视角。有专家由此断言，人体组织液循环网络的发现能提升心梗治疗成功率，让更多患者脱离危险，恢复健康。

以下哪项如果为真，最能支持上述专家所做出的论断？

　　A. 绘制出人体组织液循环网络可以实现针对特定器官的靶向药物治疗，从而避免全身给药对其他组织器官的不利影响。

　　B. 组织液不仅在局部扩散，而且能够像血液、淋巴液一样全身流动。

　　C. 组织液可以通过组织液循环网络参与心肌细胞的新陈代谢，携带着药物到达处于各种状态的所有细胞，以恢复供血。

　　D. 李教授团队发现，通过心外按压的方法可以让组织液在死亡后的人体中重新开始流动。

E. 硝酸甘油为血管扩张剂，是常用的治疗药物，主要用来扩张冠状动脉，增加冠状动脉血流量以及增加静脉容量，降低回心血量，使左室舒张末压和肺血管压降低。

51. 在一个猜数字游戏中，大宝需要猜一个三位数。第一次猜：173，他获得了一个提示：有一个数码对，且位置（即个位、十位、百位）也对；他又猜：736，这时又获得了一个提示：有两个数码对，但位置都不对；然后他猜：183，这次的提示是：有一个数码对，但位置不对。

根据以上信息，该三位数的最后一位数字是以下哪项？

A. 6   B. 3   C. 7

D. 8   E. 1

52. 妈妈对小宝说："如果你不好好学习，就上不了好高中，上不了好大学，找不到好工作，难道你想这辈子一事无成吗？"

以下哪项论证中的错误和上述最为相似？

A. 赵大宝对孟大宝说："如果你怀疑'地心说'那就不对了，因为亚里士多德就是这么认为的。"

B. 一个瘦子问胖子："你为什么长得胖？"胖子回答："因为我吃得多。"瘦子又问胖子："你为什么吃得多？"胖子回答："因为我长得胖。"

C. 刘大宝对孙大宝说："如果还没有观测到外星生物的记录，就没有观测到外星人的记录，无法证明有外星人，所以没有外星人。"

D. 姜大宝认为："动物实验有损对生命的尊重，如果不尊重生命，就会纵容暴力，社会将沦为战场，这将是文明的末日。"

E. 王大宝不认为自己可能会考上，也不认为自己一定考不上。

53. 因某种原因，甲、乙两人现面临A、B两种方案的选择。如果两人都选择A方案，则甲得到5万元奖金，而乙得到2万元奖金；如果甲选择A方案，乙选择B方案，则甲、乙均得到4万元奖金；如果甲选择B方案，乙选择A方案，则甲得到6万元奖金，乙得到1万元奖金；如果甲、乙均选择B方案，则各得到3万元奖金。假定甲、乙两人都按照自己得到最多奖金这一利益最大化标准来进行算计和行动，都明白上述的利益得失情况，两人的选择不分先后。

根据上述信息，可以得出以下哪项？

A. 甲选择B方案，乙选择B方案。

B. 甲选择A方案，乙选择B方案。

C. 甲选择A方案，乙选择A方案。

D. 甲选择B方案，乙选择A方案。

E. 以上答案都不对。

54~55题基于以下题干信息：

张、王、李、赵、刘5人是好朋友，快考试了，他们需要《数学》《逻辑》《写作》《单词》《阅读》这5本参考书，但是都买回来有些浪费，于是他们决定每人买1本，读完之后相互交换。这5本书的厚度和他们阅读的速度差不多，因此5人总是同时换书。经数次交换后，5个人每人都读完了这5本参考书。

现已知：

（1）张最后读的书是王读的第2本书；

（2）李最后读的书是王读的第4本书；

（3）李读的第2本书张在一开始就读了；

（4）赵最后读的书是李读的第3本书；

（5）王读的第4本书是刘读的第3本书。

54. 根据以上信息,如果张读书的顺序是《单词》《阅读》《数学》《逻辑》《写作》,那么以下哪项是李阅读的第3本书?

A.《单词》   B.《阅读》   C.《数学》

D.《逻辑》   E.《写作》

55. 如果赵读的第3本书是李一开始读的那一本,那么以下哪项为真?

A. 张读的第1本书是赵读的第3本书。

B. 王读的第1本书是刘读的第3本书。

C. 李读的第1本书是刘读的第4本书。

D. 赵读的第1本书是王读的第5本书。

E. 刘读的第1本书是赵读的第4本书。

四、写作:第56~57小题,共65分。其中论证有效性分析30分,论说文35分。

56. 论证有效性分析:分析下述论证中存在的缺陷和漏洞,选择若干要点,写一篇600字左右的文章,对该论证的有效性进行分析和评论。（论证有效性分析的一般要点是:概念特别是核心概念的界定和使用是否准确并前后一致,有无明显的逻辑错误,论证的论据是否成立并支持结论,结论成立的条件是否充分,等等。）

　　以武汉、西安和长沙为代表的二线城市,纷纷向高校毕业人才抛出绣球,有的开启"落户零门槛""先落户后就业"通道,有的推出"租房补贴""创业补贴"等资金激励扶持措施,一时间轰轰烈烈、热闹非常,甚至有人为这场"大战"发明了一个新词,称城市发展步入"高维竞争"。

　　这里所说的"高维竞争",大致包括两个方面含义:一是"大战"争夺的对象是高水平的人才。作为最重要的经济要素,在劳动力成本红利消失后,拥有了智力资本无疑将有助于建立新的竞争优势。二是对高水平人才的需求,意味着城市发展目标向"高维"跃进,而这背后是经济结构的深刻转型。只要有了高水平人才,二线城市的发展就能进入快车道。

　　既然人才是竞争的核心,那么二线城市的政策制定者就应该努力吸引高水平人才。深圳本来只是一个小渔村,就是靠着四面八方人才的汇集,才成为现在的一线城市。既然有了深圳的成功经验,那么二线城市也应该坚定不移地坚持人才战略。

　　当然,二线城市争夺人才也不是那么容易的。因为,这些人才必须在国际都市才能发挥其才干。另外,还有生活质量问题。前几年一度讨论得沸沸扬扬的"逃回北上广",就是因为"小地方"教育投入严重不足,医疗水平跟不上等问题备受诟病。因此,二线城市在"抢人大战"中,只要解决上述问题,吸引人才便不再是难题。

　　作为一种会理性思考的资源,人才总是随着需求和机遇流动的。面对一线城市的高房价、落户难等压力,不难预见,毕业生将会松动"北上广情结",二线城市的抢人大战也将获得胜利。

57. 论说文:根据下述材料,写一篇700字左右的论说文,题目自拟。

　　中国正在进入改革发展的深水区。发展既要"稳",稳才能有基础;又要"进",进才能有发展。国家如此,企业、个人通常也是如此。

全真模拟8套卷（二）答案及解析

一、问题求解

1. 【答案】 B

【考点】 追及问题

【解析】 $100×4=400(m)$，$400÷(75+45)=400÷120=\frac{10}{3}(min)$，则 $45×\frac{10}{3}=150(m)$，$150×2=300(m)$，$150×3=450(m)$，第一次相遇在 BC 边，第二次相遇在 D 点，第三次相遇在 AB 边.

2. 【答案】 E

【考点】 绝对值

【解析】 $|3x+5|=|2x-1+x+6|$，

根据三角不等式有 $|a|-|b|\leqslant|a+b|\leqslant|a|+|b|$，

则 $|3x+5|\leqslant|2x-1|+|x+6|$.

而根据题干中 $|3x+5|=|2x-1|+|x+6|$，即三角不等式中取到等号，则应满足

$$(2x-1)·(x+6)\geqslant0\Rightarrow x\geqslant\frac{1}{2} 或 x\leqslant-6.$$

3. 【答案】 A

【考点】 表达式化简

【解析】 将 $a+b+c=1$ 代入 $\frac{1}{a+b-c}+\frac{1}{b+c-a}+\frac{1}{c+a-b}=1$，得

$$\frac{1}{1-2c}+\frac{1}{1-2a}+\frac{1}{1-2b}=1,$$

通分化简，得

$$3-4(a+b+c)+4(ab+bc+ac)=1-2(a+b+c)+4(ab+bc+ac)-8abc,$$

故 $abc=0$.

故答案为 A.

4. 【答案】 C

【考点】 判断三角形形状

【解析】 $a^3+b^3=a^2b+ab^2$，即 $(a+b)(a^2+b^2-ab)=ab(a+b)$，则 $a^2+b^2-2ab=0$，故 $a=b$，$a:b:c=1:1:\sqrt{2}$，从而这是一个等腰直角三角形，选 C.

5. 【答案】 B

【考点】 圆锥

【解析】 由题意可知，旋转后的几何体为以 AC 为高，AB 为母线，BC 为底面半径的圆锥，所以 $S_侧=\frac{1}{2}2\pi·BC·AB=\frac{1}{2}2\pi·3·4=12\pi$，所以选 B.

6. 【答案】 E

【考点】 集合问题

【解析】 根据容斥原理,参加课外活动的共有 $54+46+36-(4+7+10)+2=117$(人).

7.【答案】 B

【考点】 不等式放缩

【解析】 由题意知,$\dfrac{9}{17}<\dfrac{n}{n+k}<\dfrac{8}{15}$,则 $\dfrac{15}{8}<\dfrac{n+k}{n}<\dfrac{17}{9}$,所以 $\dfrac{7}{8}<\dfrac{k}{n}<\dfrac{8}{9}$,所以 $\dfrac{7}{8}n<k<\dfrac{8}{9}n$,由于 k 为整数对于给定的 n 来说 k 是唯一的,所以 $\dfrac{8}{9}n-\dfrac{7}{8}n\leqslant 2$,所以 $n\leqslant 144$,当 $n=144$ 时,$k=127$,所以 n 的最大值是 144.

8.【答案】 E

【考点】 最值问题

【解析】 由于此函数只有一个未知数,容易想到配方法,但要注意只有一个完全平方式完不成,因此要考虑用两个平方完全平方式,并使两个完全平方式中的 x 取值相同. 由于 $y=x^2-2x+1+x+\dfrac{1}{x}-2-2=(x-1)^2+\left(\sqrt{x}-\dfrac{1}{\sqrt{x}}\right)^2-2$,要求 y 的最小值,必须有 $x-1=0$,且 $\sqrt{x}-\dfrac{1}{\sqrt{x}}=0$,解得 $x=1$.

于是当 $x=1$ 时,$y=x^2-x+\dfrac{1}{x}-3$ 的最小值是 -2.

9.【答案】 D

【考点】 不定方程

【解析】 设选对 x 题,选错 y 题,则有 $\begin{cases} x+y=45, \\ 3x+(-1)\cdot y=103 \end{cases} \Rightarrow x=37,y=8$,所以应选 D.

10.【答案】 B

【考点】 最值问题

【解析】 设 $\triangle ABP$ 中 AB 边上的高是 h.

因为 $S_{\triangle PAB}=\dfrac{1}{3}S_{矩形ABCD}$,

所以 $\dfrac{1}{2}AB\cdot h=\dfrac{1}{3}AB\cdot AD$,

所以 $h=\dfrac{2}{3}AD=2$,

所以动点 P 在与 AB 平行且与 AB 的距离是 2 的直线 l 上,如图,作 A 关于直线 l 的对称点 E,连接 AE,连接 BE,则 BE 的长就是所求的最短距离.

在 $Rt\triangle ABE$ 中,因为 $AB=5$,$AE=2+2=4$,所以

$$BE=\sqrt{AB^2+AE^2}=\sqrt{5^2+4^2}=\sqrt{41},$$

即 $PA+PB$ 的最小值为 $\sqrt{41}$.

故本题答案为 B.

11.【答案】 C

【考点】 线性规划

【解析】 设需截第一种钢板 x 张,第二种钢板 y 张.

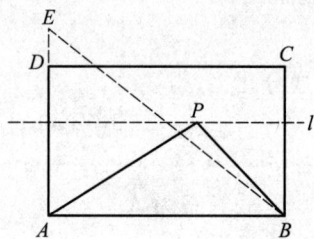

$$\begin{cases} 2x+y \geqslant 15, \\ x+2y \geqslant 18, \\ x+3y \geqslant 27, \\ x \geqslant 0, y \geqslant 0, \end{cases}$$

作出可行域（如图中阴影部分）

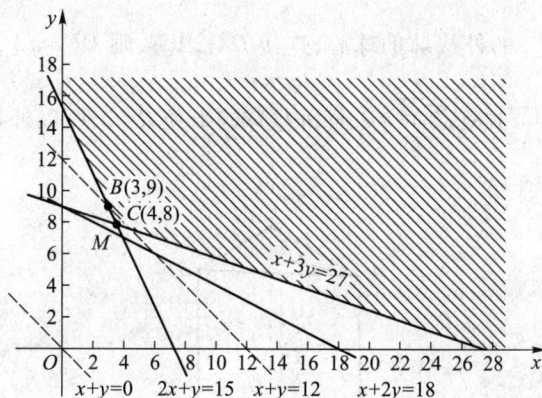

目标函数为 $z = x+y$.

作出一组平行直线 $x+y = t$，其中经过可行域内的点且和原点距离最近的直线，经过直线 $x+3y = 27$ 和直线 $2x+y = 15$ 的交点 $A\left(\dfrac{18}{5}, \dfrac{39}{5}\right)$，直线方程为 $x+y = \dfrac{57}{5}$. 由于 $\dfrac{18}{5}$ 和 $\dfrac{39}{5}$ 都不是整数，而最优解 (x, y) 中，x, y 必须都是整数，所以可行域内点 $\left(\dfrac{18}{5}, \dfrac{39}{5}\right)$ 不是最优解.

经过可行域内的坐标为整数的点且与原点距离最近的直线是 $x+y = 12$，经过的坐标为整数的点是 $B(3, 9)$ 和 $C(4, 8)$，它们都是最优解. 故选 C.

12.【答案】 C

【考点】 循环赛

【解析】 分成六个小组，每组 4 个队单循环需要 $6C_4^2 = 36$（场）比赛；16 强的队伍决出冠、亚军和第三、四名需要 16 场比赛，共 $36+16 = 52$（场）比赛，选 C.

13.【答案】 B

【考点】 一般数列

【解析】 $a_1 = -5, a_n - a_{n-1} = 2n-7-[2(n-1)-7] = 2(n \geqslant 2)$，所以 $\{a_n\}$ 是首项为 -5，公差为 2 的等差数列. $|a_1| + |a_2| + \cdots + |a_{15}| = -a_1 - a_2 - a_3 + a_4 + \cdots + a_{15} = 153$.

14.【答案】 A

【考点】 正方形

【解析】 连接 AF, EG.

因为 $S_{\triangle BCF} = S_{\triangle CDE} = \dfrac{1}{4} \times 8^2 = 16$（cm²），根据"当两个三角形有一个角相等或互补时，这两个三角形的面积比等于夹这个角的两边长度的乘积比"得 $S_{\triangle AEF} = 8$ cm², $S_{\triangle EFG} = 8$ cm², 因此 $S_{ABFE} = 32$ cm², $S_{\triangle ABF} = 24$ cm²，所以 $S_{\triangle ABG} = 12$ cm².

15.【答案】 C

　　【考点】 正三棱柱

　　【解析】 如图所示,设底面边长为 a,则底面面积为 $\dfrac{\sqrt{3}}{4}a^2 = \dfrac{3\sqrt{3}}{4}$,所以 $a = \sqrt{3}$. 又一个侧面的周长为 $6\sqrt{3}$,所以 $AA_1 = 2\sqrt{3}$. 设 E,D 分别为上、下底面的中心,连接 DE,设 DE 的中点为 O,则点 O 即为正三棱柱 ABC-$A_1B_1C_1$ 的外接球的球心,连接 OA_1,A_1E,则 $OE = \sqrt{3}$,$A_1E = \sqrt{3} \times \dfrac{\sqrt{3}}{2} \times \dfrac{2}{3} = 1$. 在直角三角形 OEA_1 中,$OA_1 = \sqrt{1^2 + (\sqrt{3})^2} = 2$,即外接球的半径 $R = 2$,所以外接球的表面积 $S = 4\pi R^2 = 16\pi$,故选 C.

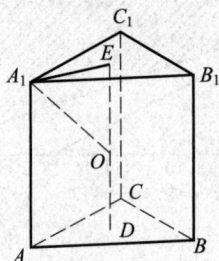

二、条件充分性判断

16.【答案】 B

　　【考点】 加法原理

　　【解析】 按照含不含女队长分类进行.

第一类:含女队长. 从剩余 9 人中任取 4 人,有 $C_9^4 = 126$(种)方法.

第二类:不含女队长. 则男队长必选,然后按照含女队员的个数分类:

(1) 恰含 1 个女队员:$C_3^1 C_5^3 = 30$;

(2) 恰含 2 个女队员:$C_3^2 C_5^2 = 30$;

(3) 恰含 3 个女队员:$C_3^3 C_5^1 = 5$.

最终方法为 $126 + 65 = 191$(种).

17.【答案】 A

　　【考点】 独立事件

　　【解析】 条件(1),分以下 3 种情况进行讨论:

(1) 1 次便能开房门:$P_1 = \dfrac{2}{5}$;

(2) 2 次才能开房门:$P_2 = \dfrac{3}{5} \times \dfrac{2}{4} = \dfrac{3}{10}$;

(3) 3 次才能开房门:$P_3 = \dfrac{3}{5} \times \dfrac{2}{4} \times \dfrac{2}{3} = \dfrac{1}{5}$.

故此人不超过 3 次便能开房门的概率为 $P = P_1 + P_2 + P_3 = \dfrac{2}{5} + \dfrac{3}{10} + \dfrac{1}{5} = 0.9$. 所以条件(1)充分.

条件(2),分以下 3 种情况进行讨论:

(1) 1 次便能开房门:$P_1 = \dfrac{3}{8}$;

(2) 2 次才能开房门:$P_2 = \dfrac{5}{8} \times \dfrac{3}{7} = \dfrac{15}{56}$;

(3) 3 次才能开房门:$P_3 = \dfrac{5}{8} \times \dfrac{4}{7} \times \dfrac{3}{6} = \dfrac{5}{28}$.

故此人不超过 3 次便能开房门的概率为 $P = P_1 + P_2 + P_3 = \dfrac{3}{8} + \dfrac{15}{56} + \dfrac{5}{28} = \dfrac{23}{28}$. 所以条件(2)不充分.

综上,答案为 A.

18.【答案】 B

【考点】 两圆位置关系、对称

【解析】 对于条件(1),两圆相切,可以是外切也可以是内切两种情况,无法确定 $a+b+r$ 的值,故条件(1)不充分.

对于条件(2),圆 O_1 与圆 O_2 关于直线 $y=x$ 对称,则两圆的圆心关于直线 $y=x$ 对称得到 $a=-2, b=-1$,两圆的半径相等得到 $r=1$,能确定 $a+b+r$ 的值,故条件(2)充分.

19.【答案】 C

【考点】 直线与圆的位置关系

【解析】 条件(1)和条件(2)单独不充分,考虑两条件联合,则圆 C 是介于平行直线 $x+y-2=0$ 和 $x+y+2=0$ 的相切圆,圆 C 的位置不是固定的,但是可以确定圆 C 的大小,从而能确定圆 C 的半径,即两条件联合充分.

20.【答案】 C

【考点】 等比数列

【解析】 对于条件(1),$a_n = (-1)^n$ 满足题意,$a_n = (-2)^n$ 也满足题意,故数列 $\{a_n\}$ 不能确定. 对于条件(2),则可能是 $a_{n+1} + a_n = 0$(此时为等比数列),也可能是 $a_{n+1} - a_n - 3 = 0$(此时为等差数列),所以单独也不充分.

考虑联合,$(a_{n+1} + a_n)(a_{n+1} - a_n - 3) = 0$ 知 $a_{n+1} + a_n = 0$ 或 $a_{n+1} - a_n - 3 = 0$.

(1) 若 $a_{n+1} + a_n = 0$,则 $a_1 q^n + a_1 q^{n-1} = 0$,即 $a_1 q^{n-1}(q+1) = 0 \Rightarrow q = -1$,则 $a_n = 3 \cdot (-1)^n$;

(2) 若 $a_{n+1} - a_n - 3 = 0$,则 $a_{n+1} - a_n = 3$;从而 $\{a_n\}$ 既是等差数列,又是等比数列,而既成等差数列又成等比数列只有非零常数列,与 $a_{n+1} - a_n = 3$(公差为 3)矛盾;

从而满足题意的数列只有一个($a_n = 3 \cdot (-1)^n, n = 1, 2, 3, \cdots$),可见联合充分,故选 C.

21.【答案】 B

【考点】 古典概率

【解析】 对于条件(1)若直线方程 $Ax+By+C=0$ 经过坐标原点,则 $C=0$,那么 A, B 任意取两个即可,有 $P_6^2 = 30$,$P = \dfrac{P_6^2}{P_7^3} = \dfrac{1}{7}$,所以条件(1)不充分;对于条件(2)$P = 1 - \left(1 - \dfrac{1}{2}\right)^2 = \dfrac{3}{4}$,条件(2)充分. 选 B.

22.【答案】 C

【考点】 二次函数

【解析】 单独考虑条件(1)和条件(2)信息量不够,显然均单独不充分,考虑两条件联合,则

$$\begin{cases} x+2y-5z=3, \\ x-2y-z=-5, \end{cases} \Rightarrow \begin{cases} x=3z-1, \\ y=z+2, \end{cases}$$

于是 $x^2+y^2+z^2=11z^2-2z+5$.

因此,当 $z=\dfrac{1}{11}$ 时,$x^2+y^2+z^2$ 的最小值为 $\dfrac{54}{11}$.

所以选 C.

23.【答案】 E

【考点】 不等式

【解析】 设有优秀学生 x 人,则共有 $5x+1$ 本书,根据题意有 $7(x-1)<5x+1<7x$,则 $1\leqslant x\leqslant 3$,由条件(1),$5x+1<20$,则 $x\leqslant 3$,不能确定 x 的值,由条件(2),$5x+1>10$,则 $x\geqslant 2$,不能确定 x 的值.

两条件联合,可以得到 $2\leqslant x\leqslant 3$,则也不能确定 x 的值.

24.【答案】 B

【考点】 路程问题

【解析】 提前 2.5 min 走完的原因是后 1 200 m 提高了速度,设原速度是 v(m/min),提速 x(m/min),则 $\dfrac{1\ 200}{v}-\dfrac{1\ 200}{v+x}=2.5$;甲计划 7:30 走完,等价于原速度是 $v=\dfrac{2\ 400}{30}=80$(m/min).

25.【答案】 C

【考点】 勾股定理

【解析】 条件(2)显然不充分,条件(1)单独考虑,根据勾股定理 $a^2=(b+1)^2-b^2=2b+1$,这个条件缺少 b 的范围限制,所以有无穷多种情况,所以条件(1)不充分.

考虑两条件联合,$a^2=(b+1)^2-b^2=2b+1<4\ 023$,所以 a^2 是 1 到 4 023 之间的奇数,并且是完全平方数,这样的完全平方数有 31 个,即:$3^2,5^2,\cdots,63^2$,因此 a 一定是 3,5,$\cdots$,63,所以满足条件的直角三角形的个数为 31.

三、逻辑推理

26.【答案】 C

【考点】 假言命题 联言、选言命题

【命题方向】 形式逻辑 正向推理

【解析】 题干信息:

(1)¬保证税负稳定→¬支持消费市场 → 影响经济发展和产业升级;

(2)保证税负稳定 → 完善制度∧建立健全体系。

传递可得:

(3)¬(完善制度∧建立健全体系) → ¬保证税负稳定 → ¬支持消费市场 → 影响经济发展和产业升级。

C 选项:符合规则,¬(完善制度∧建立健全体系)→影响经济发展和产业升级,符合逻辑关系(3),正确;

A 选项:不符合规则,¬(保证税负稳定∧支持消费市场)=¬保证税负稳定∨¬支持消费市场=保证税负稳定→¬支持消费市场,与(1)逻辑关系不一致,排除;

B 选项:不符合规则,影响经济发展和产业升级→税负稳定,不符合逻辑关系(3),排除;

D 选项:与题干内容无关,排除;

E 选项:不符合规则,影响经济发展和产业升级 → 保证税负稳定,不符合逻辑关系(3),排除。

故正确答案为 C 选项。

27.【答案】 C

【考点】 两大论证形式

【命题方向】 论证推理 支持、加强

【解析】 论据:氢燃料电池既清洁,又高效;

结论:应大力发展氢燃料电池。

C 选项:提出反面论据,说明氢燃料电池使用成本高,无法支持;

A 选项:补充正面论据,说明氢燃料电池环保无污染,可以支持;

B 选项:补充正面论据,说明氢燃料电池噪声小,可以支持;

D 选项:补充正面论据,说明氢燃料电池发电效率高,可以支持;

E 选项:补充正面论据,说明氢燃料电池充电快,续航远,可以支持。

故正确答案为 C 选项。

28.【答案】 D

【考点】 两大论证形式

【命题方向】 论证推理 假设

【解析】 论据:研究人员利用视网膜扫描数据识别可能会得心脏病的人。

结论:这项技术为心脏疾病筛查开辟了革命性的可能。

A 选项:无关选项,与题干中的技术无关,排除;

B 选项:无关选项,目前估计心血管疾病风险的方法与题干的技术无关,排除;

C 选项:态度错误,削弱论证,表明题干技术不可靠,会有干扰因素,排除;

D 选项:建立联系,表明视网膜数据与心脏疾病确实有联系,正确;

E 选项:无关选项,研究人员的建议与题干论证无关,排除。

故正确答案为 D 选项。

29.【答案】 C

【考点】 确定信息推理

【命题方向】 综合推理 分组

【解析】 由"一月达标"结合(1)可得:二月没达标;结合(3)可得:四月达标了;结合(2)可得:三月达标了;结合(4)可得:五月达标了。

故正确答案为 C 选项。

30.【答案】 E

【考点】 确定信息推理

【命题方向】 综合推理 分组

【解析】 由(1)可知,一月、二月中仅有 1 个月达标,结合(1)(3)可知,四月达标了,所以三月和四月都达标,那么五月和六月都没达标,此时可得出符合题干条件的情况:二月、三月、四月达标,一月、五月、六月没达标。

故正确答案为 E 选项。

31. 【答案】 B

【考点】 两大论证形式

【命题方向】 论证推理 支持、加强

【解析】 营养学家:要保证青少年维生素 B 的摄入。

王教授:不需要保证青少年维生素 B 的摄入。

B 选项:表明维生素 B 对于生长发育确实非常重要,要保证摄入,无法支持王教授的观点。

A、C、D、E 选项:未体现出摄入维生素 B 的必要性,支持了王教授的观点。

故正确答案为 B 选项。

32. 【答案】 D

【考点】 两大论证形式

【命题方向】 论证推理 支持加强

【解析】 题干观点:绿地面积与孤独感相关,接触绿地有助于减轻孤独感。

A 选项:无关选项,与绿地无关,排除;

B 选项:相关性弱,重新造林与绿地面积不一致;力度较弱,"可能"力度弱,排除;

C 选项:态度错误,削弱观点,表明绿地与减轻孤独感关系不明,排除;

D 选项:建立联系,表明绿地面积与消除孤独感确实存在关联,正确;

E 选项:无关选项,与题干中绿地和孤独感的关系无关,排除。

故正确答案为 D 选项。

33. 【答案】 E

【考点】 两大论证形式

【命题方向】 论证推理 支持假设

【解析】 题干论证:用人工智能计算模型检测云的运动,及时发现恶劣天气。

A 选项:可以支持,建立联系,表明该模型能够准确探测逗点状云系;

B 选项:可以支持,建立联系,表明逗点状云系与恶劣天气有关;

C 选项:可以支持,建立联系,表明该模型能够识别和探测逗点状云系;

D 选项:可以支持,建立联系,表明该模型能够快速探测逗点状云系;

E 选项:无法支持,情况未知,"有可能"力度较弱。

故正确答案为 E 选项。

34. 【答案】 C

【考点】 排除法

【命题方向】 综合推理 分组

【解析】 题干信息:(1) 何:金→何;(2) 金:魏→¬金;(3) 魏:魏;(4) 唐:何∨金→唐;

C 选项:符合题干信息,正确;A 选项:与(2)不符,排除;B 选项:与(3)(4)不符,排除;D 选项:与(2)不符,排除;E 选项:与(2)不符,排除;

故正确答案为 C 选项。

35.【答案】 A

【考点】 确定信息推理

【命题方向】 综合推理 排序

【解析】 (0) 赵1，王2，孙3；

(1) 赵孙→钱吴；

(2) 孙周∧周吴→郑李∧李王。

结合(0)(1)可得：钱吴。

由(0)可知，王的前面只有赵1个人，"李王"不可能为真，结合(2)逆否可得：周孙∨吴周，由(0)可知，"周孙"为假，所以可得：吴周。

综上可得：钱吴周。所以"钱"后面至少有2个人，不可能是第7名。

故正确答案为A选项。

36.【答案】 A

【考点】 论证评价

【命题方向】 论证推理 结论

【解析】 根据题干的论述，某一基因在吸入甲醛时若被刺激就有可能使甲醛吸入者产生癌变，可是该基因未被刺激的甲醛吸入者并未因此而降低癌变的危险性。因此根据题干的论述可以得出结论：导致甲醛吸入者产生癌变的不只是某一基因受到刺激这一个因素。

故正确答案为A选项。

37.【答案】 D

【考点】 论证评价

【命题方向】 论证推理 结论

【解析】 题干信息：子公司承担的利润份额与子公司员工占总员工数的份额相等。甲公司员工数量增加，但是甲公司上缴利润的比例却下降了。

D选项：可以推出，如果甲公司员工增长的比例比其他3个子公司都大，那么其占总员工数的份额应该上升，现在所占份额下降，就说明甲公司员工增长的比例不比其他3个子公司都大，也就是至少比其他3个子公司中的一个小，正确；

A选项：无法推出，题干探讨的是"份额""比例"，与甲公司员工数这一"绝对数量"无关，排除；

B选项：无法推出，题干信息是将甲公司与总公司的人数进行比较，而不是甲公司自身前后两年的比较，排除；

C选项：无法推出，从题干信息只能得出总公司的员工数量增长比例大于甲公司，但无法得出乙、丙、丁3个子公司的增长比例都超过甲公司，排除；

E选项：无法推出，从题干信息无法得出甲公司的员工增长数最小，只能得出其增长比例小于总公司。

故正确答案为D选项。

38.【答案】 E

【考点】 两大论证形式

【命题方向】 论证推理 假设、前提

【解析】 论据:普通感冒和暴发性心肌炎都具有感冒的病征,二者症状相似;

结论:就诊治疗时,暴发性心肌炎这种病特别危险。

E 选项:表明暴发性心肌炎和普通感冒在临床表现上虽然相似,但是两者的治疗方案是不同的。由于临床表现相似,将暴发性心肌炎误诊为普通感冒的情况对于患者来说可能是致命的,因此在就诊治疗时对于暴发性心肌炎患者来说是很危险的,该项是必须假设的条件。

A 选项:表明暴发性心肌炎的病理特点,支持论据的信息,但无法由此得出结论,排除;

B 选项:表明暴发性心肌炎患者的后果相比普通感冒程度更为严重,不是题干必须假设的,排除;

C 选项:表明暴发性心肌炎在患病的人群分布、季节性、年龄这些方面不存在差异,不是题干必须假设的,排除;

D 选项:与题干论证无关,排除。

故正确答案为 E 选项。

39.【答案】 A

【考点】 稳赢分析法

【命题方向】 综合推理 综合题组(分组)

【解析】 已知甲应聘人事部。若 A 为真,则丙和庚只能去人事部;戊没去人事部,结合条件(3)逆否可得己不能去外联部则只能去市场部,所以乙只能去外联部。

故正确答案为 A 选项。

40.【答案】 B

【考点】 稳赢分析法

【命题方向】 综合推理 综合题组(分组)

【解析】 假设乙和己都应聘外联部,由条件(4),戊应聘人事部,这样外联部有两人(乙和己),人事部有两人(甲和戊),则丙和庚无法应聘同一个岗位,所以上述假设不可能为真。

故正确答案为 B 选项。

41.【答案】 D

【考点】 两大论证形式

【命题方向】 论证推理 支持、加强

【解析】 论据:青少年的身体素质决定其学习能力;新亚中学在运动会上的比赛结果很好。

结论:新亚中学的学生在学习方面会有更加优异的表现。

D 选项:建立联系,表明新亚中学的学生在运动会上表现优秀,则身体素质好,从而学习能力优,正确。

A、B、E 选项:相关性弱,无法建立起论据与结论之间的关系。

C 选项:相关性弱,与论据中新亚中学在运动会上的成绩很好无关,排除。

故正确答案为 D 选项。

42.【答案】 A

【考点】 稳赢分析法

【命题方向】 综合推理 分组

【解析】 由(1)和题干信息可得:4个节目的人数分别为:1、1、2、3。最后一个节目人数为3。

结合（2）可得：丙、丁、戊是第四个节目，甲是第三个节目。

结合（3）逆否可得：甲、乙、已至少 2 个人参加第二个节目，又因为甲参加的是第三个节目，所以乙和已参加了第二个节目。因此剩下的庚参加的是第一个节目。

故正确答案为 A 选项。

43.【答案】 A

【考点】 无确定信息破解法

【命题方向】 综合推理 分组

【解析】 题干信息：观察发现，题干无确定信息，并且无数量限制；再观察发现，烤肉出现频率最高，故从此假设。假设选择烤肉，根据（4）可推知不选择比萨饼；若不选烤肉，根据（3）可推知选择黑森林蛋糕、咖啡，根据（1）可推知选择牛排，再根据（2）推知不选比萨饼。综上，烤肉→¬比萨饼，¬烤肉→¬比萨饼，可推知一定不选比萨饼。

故正确答案为 A 选项。

44.【答案】 E

【考点】 假言命题 直言命题

【命题方向】 形式逻辑 真假判定

【解析】 （1）选德语>50% →选意大利语>25%；

（2）选希腊语→选波兰语；

（3）（有些选希腊语→葡萄牙语）→选德语>$\frac{2}{3}$；

（4）¬选瑞典语∧¬选意大利语；

（5）有些人→选希腊语。

由（1）（4）结合可推出：选德语≤50%，再根据（3）可推出选希腊语→¬选葡萄牙语，结合（2）（5）可推出，有些选波兰语→¬选葡萄牙语，与选项 E 选波兰语→选葡萄牙语构成矛盾关系。

故正确答案为 E 选项。

45.【答案】 D

【考点】 两大论证形式

【命题方向】 论证推理 削弱、质疑、反驳

【解析】 专家观点：感染过支原体肺炎的人群患脑炎的几率会增大。

A 选项：无关选项，只提及支原体肺炎的症状，与脑炎无关，排除；

B 选项：相关度弱，比较对象错误，题干结论为感染过支原体肺炎的人比没有感染过支原体肺炎的人患脑炎的概率大，B 选项没有进行这两类人群的比较，排除；

C 选项：无关选项，只提及脑炎的原因，并未涉及与支原体肺炎的关系，排除；

D 选项：提供反面论据，用数据表明感染过支原体肺炎的人群并不比没有患支原体肺炎的人群患脑炎的概率高，说明感染过支原体肺炎并不会增加患脑炎的概率，可以削弱；

E 选项：无关选项。

故正确答案为 D 选项。

46.【答案】 C

【考点】 确定信息推理

【命题方向】 综合推理 匹配

【解析】 根据题干条件(1)可知:张和王不可能都在乙群值班,所以结合(4)逆否可知张、王、李至多有 1 人在甲群值班。由王和李不可能一起在甲群值班,结合(2)可知:王和李都不在丁群值班。又因为每个群有 3 位老师值班,所以可知在丁群值班的老师是张、赵、刘。

再结合(3)可知,李、赵、刘在戊群值班,根据(1)可知,没有人会同时在 5 个群值班,且张、王不在同一个群值班,所以可推知李一定在乙群、丙群值班。

故正确答案为 C 选项。

47.【答案】 C

【考点】 确定信息推理

【命题方向】 综合推理 综合题组

【解析】 两种水果都用于晚餐,根据条件(1)可知,晚餐最多再使用 1 种食材;再根据条件(2)可知,晚餐有 1 种蔬菜;结合条件(3)可知,早餐有 2 种肉类;根据条件(1)可知,剩下的 1 种蔬菜必然在午餐。

故正确答案为 C 选项。

48.【答案】 E

【考点】 确定信息推理

【命题方向】 综合推理 综合题组

【解析】 两种蔬菜都用于午餐,则其他餐必定会有水果,根据条件(2),则蔬菜会至少有 3 种,与题干信息不符,所以不可能两种蔬菜都用于午餐;结合(4)可知,两种水果都用于午餐;结合(2)和(1)可得:有 1 种蔬菜在午餐;结合(3)可得:晚餐没有水果,所以早餐没有肉类,早餐只能有 1 种蔬菜,因此两种肉类都在晚餐。

故正确答案为 E 选项。

49.【答案】 D

【考点】 论证评价

【命题方向】 论证推理 论证方式及漏洞

【解析】 题干是对照实验,第一组未说谎,眨眼频率微微上升;第二组说谎,眨眼频率先下降,然后大幅上升。于是得出结论:观察一个人的眨眼频率可以判断是否说谎。

D 选项:无关信息,心跳加速、血压升高都不是题干论证的相关现象;

A 选项:是否有他差,如果两组受试者在心理素质方面差异很大,那么实验结果就会出现偏差;

B 选项:提出他因,如果是被授意说假话,那么实验结果就会出现偏差;

C 选项:是否有他差,如果两组实验的仪器设备不同,那么实验结果就会出现偏差;

E 选项:是否有他差,如果两个组还有其他差异,那么眨眼可能并不是说谎的判定依据。

故正确答案为 D 选项。

50.【答案】 C

【考点】 十大论证模型

【命题方向】 论证推理 支持、加强

【解析】 问题:血液灌注已经不能到达梗死灶的心肌细胞,使患者处于危险境地。方法:可以利用人体组织液循环网络。

支持思路:方法可以解决问题,即组织液可以带着药物达到梗死灶的心肌细胞,从而恢复供血使患者脱离危险。

A、B、D、E 选项均与人体组织液循环网络和解决血液无法达到梗阻细胞的问题无关。

故正确答案为 C 选项。

51.【答案】 D

【考点】 稳赢分析法

【命题方向】 综合推理 数字相关

【解析】 结合第一次和第二次的情况,如果第二次猜对的两个数码是 7 和 3,那么第一次不可能只猜对一个数码,所以第二次猜对的数码中一定有 6。如果第一次猜对数字和位置的是 1 或 3,那么第三次不可能只猜对数字没猜对位置,所以第一次猜对数字和位置的是 7。由此可知第三次猜对的数字是 8。综上可得:第一次猜对数字和位置的是 7,第二次猜对的数字是 7 和 6,但位置都不对,所以 6 不在第三位也不在第二位,那么 6 一定在第一位。第三次猜对的数字是 8,位置是剩下的第三位。因此,该三位数是 678。

故正确答案为 D 选项。

52.【答案】 D

【考点】 论证评价

【命题方向】 论证推理 论证方式及漏洞

【解析】 题干漏洞:滑坡谬误(将一系列"可能性"说成"必然性",从而出现一个不可接受的后果,以此进行论证)。

A 选项:诉诸权威,亚里士多德的观点并不一定为真,排除;

B 选项:循环论证,长得胖是因为吃得多,吃得多是因为长得胖,排除;

C 选项:诉诸无知,无法证明有外星人,不代表就没有外星人,排除;

D 选项:滑坡谬误,从"动物实验"到"文明的末日",将一系列"可能性"推理为"必然性",进而得到不可接受的结论,排除;

E 选项:模棱两可,"可能"和"一定不"是矛盾关系,必须二选一,不可以两个都不选,排除。

故正确答案为 D 选项。

53.【答案】 B

【考点】 稳赢分析法

【命题方向】 综合推理 数字相关

【解析】 如果甲选择 A 方案,那么乙选择 B 方案利益最大(甲 A 乙 A 时,乙得到 2 万元;甲 A 乙 B 时,乙得到 4 万元)。如果甲选择 B 方案,乙仍然是选择 B 方案利益最大(甲 B 乙 A 时,乙得到 1 万元;甲 B 乙 B 时,乙得到 3 万元)。所以乙一定会选择 B 方案。

如果乙选择 B 方案,则甲选择 A 方案利益最大(乙 B 甲 A 时,甲得到 4 万元;乙 B 甲 B 时,甲得到 3 万元)。

故正确答案为 B 选项。

54.【答案】 D

【考点】 稳赢分析法

【命题方向】 综合推理 综合题组(匹配)

【解析】 由题干信息可得以下表格：

	第1本	第2本	第3本	第4本	第5本
张	《单词》	《阅读》	《数学》	《逻辑》	《写作》
王		《写作》①		▲《阅读》	
李		《单词》②	●《逻辑》		▲《阅读》
赵					●《逻辑》
刘			▲《阅读》		

① 由条件（1），张最后读的书是王读的第2本书，因此，王读的第2本书为《写作》。

② 由条件（3），李读的第2本书张在一开始就读了，因此，李读的第2本书为《单词》。

③ 条件（2）和条件（5）同时提到了王读的第4本书：李最后读的书是王读的第4本书，王读的第4本书是刘读的第3本书，因此，三个▲代表同一本书。刘的▲不能是《数学》，王的▲不能是《逻辑》和《写作》，李的▲不能是《单词》和《写作》，因此，▲只能是《阅读》。

④ 由条件（4），赵最后读的书是李读的第3本书，因此，两个●代表同一本书。李的●不能是《单词》《阅读》和《数学》，赵的●不能是《写作》，因此，●只能是《逻辑》。

故正确答案为 D 选项。

55.【答案】 C

【考点】 稳赢分析法

【命题方向】 综合推理 综合题组（匹配）

【解析】 由上一问可得如下表格信息：

	第1本	第2本	第3本	第4本	第5本
张	《单词》	《阅读》	《数学》	《逻辑》	《写作》
王		《写作》		《阅读》	
李	■	《单词》	《逻辑》		《阅读》
赵			■		《逻辑》
刘			《阅读》		

已知赵读的第3本书是李一开始读的那一本，假设为■，由李可知■不可能是《单词》《逻辑》《阅读》，由赵可知■不可能是《数学》，所以■是《写作》。

根据数独思想可将表中所有信息推出，结果如下：

	第1本	第2本	第3本	第4本	第5本
张	《单词》	《阅读》	《数学》	《逻辑》	《写作》
王	《逻辑》	《写作》	《单词》	《阅读》	《数学》
李	《写作》	《单词》	《逻辑》	《数学》	《阅读》

	第1本	第2本	第3本	第4本	第5本
赵	《阅读》	《数学》	《写作》	《单词》	《逻辑》
刘	《数学》	《逻辑》	《阅读》	《写作》	《单词》

验证选项：

A 选项：张读的第1本书是《单词》，赵读的第3本书是《写作》，排除；

B 选项：王读的第1本书是《逻辑》，刘读的第3本书是《阅读》，排除；

C 选项：李读的第1本书是《写作》，刘读的第4本书也是《写作》，正确；

D 选项：赵读的第1本书是《阅读》，王读的第5本书是《数学》，排除；

E 选项：刘读的第1本书是《数学》，赵读的第4本书是《单词》，排除。

故正确答案为 C 选项。

四、写作

56. 论证有效性分析

【参考答案】

1. 条件不充分：高水平人才是二线城市进入发展快车道的必要条件，但显然还需要其他条件，例如产业政策、发展思路等。

2. 类比不当：坚持人才战略虽然不错，但当年的深圳与现在的二线城市相比，在产业扶持政策、经济发展阶段等方面都有着本质的不同（例如深圳有改革开放的特区政策），这些是无法比拟的，不宜用深圳经验类比当下。

3. 论据不成立：这些人才（高校毕业生）并非"只有在国际大都市才能发挥其才干"，该理由不成立。即使少量顶尖人才如此，也不能代表所有"高校毕业人才"都如此。所以以此为依据说二线城市吸引人才难显然不合适。

4. 混淆概念："小地方"与二线城市概念不同。"小地方"教育、医疗饱受诟病不能代表二线城市同样跟一线城市有如此大的差距。

5. 条件不充分：教育、医疗是重中之重，但还应该重视文化认同、城市基础设施等诸多方面的建设，并非解决以上问题就解决了人才引进的难题。（4与5两点可以连击）

6. 推断不出：一线城市遇到问题，不能推断出松动情结和二线城市能够抢人成功，这个推断缺乏必要保证，推理有过度之处。

【参考范文】

二线城市"抢人大战"真能获得成功吗？

论证者在对二线城市"抢人大战"这一社会现象进行剖析的过程中，有诸多的论证有效性不足之处，影响了整个论证的效力，具体分析如下：

首先，高水平人才是二线城市进入发展快车道的必要条件，但不能就此判断"只要有了高水平人才，就能进入发展快车道"。作者显然忽视了二线城市发展的其他条件，如产业政策、发展思路等诸多方面都必不可少。

其次，坚持人才战略虽然不错，但当年的深圳与现在的二线城市在产业扶持政策、经济发展阶段等方面都有着明显的不同之处，无法简单比拟，不宜用深圳经验类比当下。

再次，高校毕业生并非"只有在国际大都市才能发挥其才干"，该理由不成立。即使少量顶尖人才如此，也不能代表所有"高校毕业人才"都如此。所以，以此为依据说二线城市吸引人才难显然不合适。

接着，在"抢人大战"中只要提高医疗、教育水平，吸引人才便不再是难题吗？作者显然忽视了其他条件。教育、医疗虽是重中之重，但还应该重视文化认同、城市基础设施等诸多方面的建设，只有各方面均大幅提升，才能筑巢引凤。

最后，一线城市遇到房价高、落户难等问题，不能推出毕业生就会有"松动情结"和二线城市能够抢人成功，这个推断有过度之处。这些对于毕业生虽然确实是潜在困难，但能否逆转其就业观念尚不能轻易推断。

综上所述，上述材料关于二线城市"抢人大战"的论证存在诸多漏洞，仍需进一步完善，不能仅就此下乐观判断。

57. 论说文

【参考范文】

稳中求进，行稳致远

"稳中求进"，是一种很好的状态：不急不躁、冷静理智，不停不顿、步步为营；默默积攒优势，牢牢掌握主动，稳稳赢得成功。稳中求进，行稳才能致远。

"稳"是"进"的基础。我国经济面临转型升级，也有矛盾和风险，"稳"是保障"进"的前提，也是保障前期发展成果的应有之策。有了"稳"做根基，才能徐图前进。基础不牢，地动山摇。如果基础的"稳"都没有，那么"进"也就成为无源之水、无本之木。

"进"是"稳"的保障。当然，以稳为先并不是唯稳为重。很多国家发展的前车之鉴证明，恰是因为一味求稳，错过了经济调整和转型的时机，陷入了"中等收入陷阱"。很多企业经验也说明，一味固守原有成功或经验，反而会使企业缺乏进取和创新，从而落后于趋势和产业的发展。这就像骑自行车，一定速度的进，恰是保证始终的稳。没有进，单纯的稳也持久不了。

"稳"与"进"有着内在联系。"稳"不是消极等待、无所作为，一味求稳未必得，进攻有时就是有效防守。"进"也不是蒙眼狂奔、不管不顾，盲目进击有时不进反退。稳是必要前提，稳则改革发展有序推进；进是应有状态，不能见着矛盾绕开，进必争先，迎难而上，抓住机遇不放过。总之，稳得有道理，进得有章法。

国家如此，企业亦如此。小米靠手机起家，手机业务达到领先后，又逐渐开拓其他相关业务，乃至品质生活的方方面面。有序的多元布局，既未丢失原有的优势，又步步为营，使得小米不仅是一个手机厂商，而成为一个品质和科技的代表品牌。可见，事物发展都有其规律，稳中求进，方能良性发展。

"纷繁世事多元应，击鼓催征稳驭舟"。无论国家、企业、还是个人，都应当通晓"稳"与"进"的关系，以"稳中求进"谋求长远发展。

一、问题求解：第 1～15 小题，每小题 3 分，共 45 分。下列每题给出的 A、B、C、D、E 五个选项
  中，只有一个选项是最符合题目要求的。

1. 一枚质地均匀的正方体骰子的六个面上的数字分别是 $1,2,2,3,3,4$，另一枚质地均匀的正方
   体骰子的六个面上的数字分别是 $1,3,4,5,6,8$，同时抛掷这两枚骰子，则其朝上的面两数之和
   为 7 的概率为（　　）.

   A. $\dfrac{1}{6}$　　　　　　　　B. $\dfrac{1}{5}$　　　　　　　　C. $\dfrac{1}{4}$

   D. $\dfrac{1}{3}$　　　　　　　　E. $\dfrac{2}{5}$

2. a,b 是均小于 10 的自然数，且 a 与 b 之比 $\dfrac{a}{b}$ 是一个既约真分数，而 b 的倒数等于 $\dfrac{b+1}{9a+2}$，则 $\dfrac{a}{b}$ 是
   （　　）.

   A. $\dfrac{6}{7}$　　　　　　　　B. $\dfrac{7}{8}$　　　　　　　　C. $\dfrac{5}{7}$

   D. $\dfrac{5}{6}$　　　　　　　　E. $\dfrac{5}{8}$

3. 某公司搞了一次募捐活动，他们用募捐所得的钱购买了甲、乙、丙三种商品，这三种商品的单
   价分别为 30 元，15 元和 10 元，已知购得的甲商品与乙商品的数量之比为 5∶6，乙商品与丙
   商品的数量之比为 4∶11，且购买丙商品比购买甲商品多花了 210 元，则三种商品的总数为
   （　　）.

   A. 300　　　　　　　　B. 420　　　　　　　　C. 385

   D. 450　　　　　　　　E. 600

4. $y=\dfrac{6x^{2}-12x+10}{x^{2}-2x+2}$ 的最小值为（　　）.

   A. 4　　　　　　　　　B. 5　　　　　　　　　C. 6

   D. 7　　　　　　　　　E. 8

5. 某公共汽车线路上共有 15 个站（包括起点站和终点站），在每个站上车的人中，恰好在以后各
   站分别下车一位乘客，使行驶过程中每位乘客均有座位，则车上至少备有（　　）个座位供乘
   客使用.

   A. 56　　　　　　　　　B. 54　　　　　　　　　C. 55

   D. 58　　　　　　　　　E. 51

6. $\left(2+\dfrac{1}{x^{2}}\right)(x+1)^{6}$ 的展开式中含 x^{2} 项的系数为（　　）.

   A. 40　　　　　　　　　B. 41　　　　　　　　　C. 42

D. 43   E. 45

7. 在平面直角坐标系中,$Q(3,4)$,点 P 是以 Q 为圆心、2 为半径的 $\odot Q$ 上一动点,$A(1,0)$,$B(-1,0)$,连接 PA、PB,则 PA^2+PB^2 的最小值是( ).

A. 10   B. 20

C. 30   D. 40

E. 25

8. 有一群小孩,他们中任意 5 个孩子年龄之和比 50 少,所有孩子的年龄之和是 202,则这群孩子至少有( )个.

A. 18   B. 19   C. 21

D. 22   E. 23

9. 如图,有一个水平放置的透明无盖的正方体容器,容器高 8 cm,将一个球放在容器口,再向容器注水,当球面恰好接触水面时测得水深为 6 cm,如不计容器的厚度,则球的体积为( ).

A. $\dfrac{500\pi}{3}$ cm³   B. $\dfrac{866\pi}{3}$ cm³

C. $\dfrac{1\,372\pi}{3}$ cm³   D. $\dfrac{2\,048\pi}{3}$ cm³

E. 以上都不是

10. 若 $y=\sqrt{1-x}+\sqrt{x-\dfrac{1}{2}}$ 的最大值为 a,最小值为 b,则 a^2+b^2 为( ).

A. $\dfrac{3}{2}$ B. $\dfrac{1}{5}$ C. $\dfrac{1}{4}$

D. $\dfrac{1}{3}$ E. $\dfrac{2}{5}$

11. $\{a_n\}$ 是等差数列,$S_{10}>0$,$S_{11}<0$,则使 $a_n<0$ 的最小的 $n=$( ).

A. 5   B. 6   C. 7

D. 8   E. 9

12. 如图,在 △ABC 中,延长 AB 至 D,使 $BD=AB$,延长 BC 至 E,使 $CE=\dfrac{1}{2}BC$,F 是 AC 的中点,若 △ABC 的面积是 2,则 △DEF 的面积是( ).

A. 4   B. 4.1

C. 2.5   D. 3.5

E. 4.5

13. 老师在黑板上写了从 1 开始的若干个连续自然数,1,2,3,…,后来擦掉其中一个数,剩下的数的平均数是 $25\dfrac{11}{24}$,则擦掉的自然数是( ).

A. 3   B. 4   C. 5

D. 6   E. 7

14. 在 $1,2,3,\cdots,40$ 这些自然数中任取两个不同的数,使得取出的两数之和是 4 的倍数,则有( )种不同的取法.

A. 180   B. 190   C. 200

D. 100   E. 160

15. 两对夫妇各带一个小孩乘坐有 6 个座位的游览车,游览车每排只有 1 个座位,为安全起见,车的首尾两座一定要坐两位爸爸;两个小孩一定要排在一起,那么,这 6 人的排座方法有( )种.

A. 18   B. 24   C. 20

D. 10   E. 16

二、**条件充分性判断**:第 16~25 小题,每小题 3 分,共 30 分。要求判断每题给出的条件(1)和条件(2)能否充分支持题干所陈述的结论。A、B、C、D、E 五个选项为判断结果,只有一个选项是最符合题目要求的。

  A. 条件(1)充分,但条件(2)不充分

  B. 条件(2)充分,但条件(1)不充分

  C. 条件(1)和(2)单独都不充分,但条件(1)和(2)联合起来充分

  D. 条件(1)充分,条件(2)也充分

  E. 条件(1)和(2)单独都不充分,条件(1)和(2)联合起来也不充分

16. 甲、乙两种农药共 1 000 g,其中甲种农药的浓度是乙种农药浓度的 2 倍,则将甲、乙两种农药混合后,容器中农药的浓度为 28%.

  (1) 乙种农药 600 g   (2) 甲种农药的浓度是 40%

17. 若 x,y 为正偶数,则可以确定 x^2+y^2 的值.

  (1) $x^2-y^2=12$

  (2) $x^2y+xy^2=96$

18. 设 S_n 是等差数列 $\{a_n\}$ 的前 n 项和,则等差数列 $\{a_n\}$ 的公差 $d=0$.

  (1) $\dfrac{S_3}{3}$ 与 $\dfrac{S_5}{5}$ 的等比中项为 $\dfrac{S_4}{4}$

  (2) $\dfrac{1}{3}S_3$ 与 $\dfrac{1}{4}S_4$ 的等差中项为 1

19. 已知二次函数 $f(x)=x^2+px+q$,则能确定 $\dfrac{q}{p^2}$ 的值.

  (1) 方程 $f(x)=0$ 与 $f(2x)=0$ 有相同的非零实数根

  (2) 方程 $f(x)=0$ 与 $f(3x)=0$ 有相同的非零实数根

20. 方程 $x^2-(m-1)x+\dfrac{m^2}{4}=2$ 的两根之差的绝对值大于 3.

  (1) $1<m<2$

  (2) $-5<m<-2$

21. $k=6$.

 (1) 在小于 100 的合数中，可以写成 m 个质数的乘积，则 m 的最大值是 k

 (2) 已知数列 $\{a_n\}$ 的前 n 项和 $S_n=n^2-9n$，第 k 项满足 $1<a_k<3$

22. $|x-2|-|2x+4|>1$.

 (1) $-4<x<-3$

 (2) $-3<x<-2$

23. 如图所示，四边形 $ABCD$ 被 AC 和 BD 分成了 4 个小三角形，记它们的面积分别为 S_1,S_2,S_3,S_4，则可以确定 $\dfrac{S_1+S_4}{S_2+S_3}$ 的值.

 (1) $AO=30,CO=90$

 (2) $BO=80,DO=40$

24. 已知圆 $A:x^2+y^2+4x+2y+1=0$，则圆 B 和圆 A 相切.

 (1) 圆 $B:x^2+y^2-2x-6y+1=0$

 (2) 圆 $B:x^2+y^2-6x=0$

25. $3,-1,x,-3,1$ 这五个数的方差可以确定.

 (1) 实数 x 满足 $x^2-2\,018=0$

 (2) 实数 x 满足 $\dfrac{(x-1)x}{x^2-1}=0$

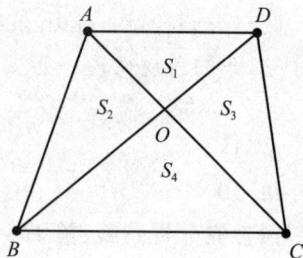

三、逻辑推理：第 26~55 小题，每小题 2 分，共 60 分。下列每题给出的 A、B、C、D、E 五个选项中，只有一个选项是最符合题目要求的。

26. 作为新时代青年，我们必须怀抱梦想又脚踏实地，敢想敢为又善作善成。只有不忘初心、牢记使命，才能让青春在全面建设社会主义现代化国家的火热实践中绽放绚丽之花，才能为全面建设社会主义现代化国家、全面推进中华民族伟大复兴而团结奋斗。在新的征程上，要锚定既定奋斗目标，心往一处想，劲往一处使，团结奋斗，不断赢得更多光荣，实现更大梦想。
根据以上信息，以下哪项一定为真？

 A. 只要心往一处想，劲往一处使，团结奋斗，就能不断赢得更多光荣，实现更大梦想。

 B. 除非不忘初心，否则无法为全面建设社会主义现代化国家、全面推进中华民族伟大复兴而团结奋斗。

 C. 只有不忘初心、牢记使命，才能成为新时代青年。

 D. 只要怀抱梦想又脚踏实地，敢想敢为又善作善成，就能把人民对美好生活的向往变为现实。

 E. 除非让青春在全面建设社会主义现代化国家的火热实践中绽放绚丽之花，才能不忘初心、牢记使命。

27. 《流浪火星》等影片刚一上映，网上就出现高清盗版资源，叫卖者甚至低至 1 元出售，而正在热映的多部影片打包出售也不超过 2 元。经过全力攻坚，公安机关迅速侦破了这一电影盗版案。在审理这起盗版案件时，原告律师提出：现在已经证明，正版电影每次播放利润为 30 元。被告实施盗版且播放量为 10 万次，所以我方当事人应至少获偿利润损失 300 万元。
被告律师表示：我们不反对对方的数据，但不能接受对方的要求。
接着，被告律师指出下面哪一项最可能获得法庭的支持？

A. 我方当事人出售电影资源价格低廉,并未获得大额收益。

B. 由于售价低廉,盗版产品的销量一般为无盗版时相应正版产品的 5 倍。

C. 盗版并非我方一家所为,不应由我方当事人独自承担赔偿责任。

D. 盗版中,我们并未删除相关的著作权信息。

E. 正方的上述数据仅为估计,并非十分可靠。

28. 一般而言,帕金森病多是因人类大脑中产生多巴胺的细胞死亡而发病的。华盛顿大学的研究人员用一些改造过基因的果蝇来做实验,这些果蝇在迈入老年时,多巴胺细胞会逐渐死亡。科学家惊奇地发现,当他们将烟草、咖啡榨成汁,喂给这些果蝇以后,果蝇们的多巴胺细胞又增多了,而且这些果蝇又变得生龙活虎起来。因此研究者指出,有烟瘾和嗜好咖啡的人,得帕金森病的概率更低。

如果以下各项为真,则哪项不能质疑上述推测?

A. 人类与果蝇大脑产生多巴胺细胞的机制存在差异。

B. 实验的 4 个小组当中,其中 1 组得出了相反结果。

C. 人类大脑中的多巴胺细胞过量分泌容易导致暴力犯罪。

D. 多数双翅目昆虫在获得新食物种类后均会产生多巴胺细胞分泌增多现象。

E. 人类和果蝇的消化系统存在差异。

29. 如下图所示,在美食博览会上,6 个展厅组成一个展区,6 个展厅中有 4 个肉类厂家,2 个饮品厂家,2 个面食厂家,每个厂家只在一个展厅,展厅 3 有一个面食厂家,展厅 6 有一个饮品厂家。并且它们的位置符合如下条件:

1	3	5
2	4	6

（1）没有一个展厅有两个饮品厂家,也没有一个展厅中既有饮品厂家又有面食厂家;

（2）展厅中只要有饮品厂家就会有肉类厂家;

（3）有面食厂家的两个展厅没有共同的边界;

如果每个展厅都至少有 1 个厂家,则以下哪项一定为真?

A. 展厅 1 有 1 个饮品厂家。

B. 展厅 2 有 1 个肉类厂家。

C. 展厅 3 有 1 个肉类厂家。

D. 展厅 3 有 1 个饮品厂家。

E. 展厅 4 有 1 个肉类厂家。

30. 一段时间以来,气温升高、极端天气现象以及海平面升高正在成为全球所面临的迫在眉睫的问题。某专家对气候变化与野生动物患病风险之间的关系进行了探究。该研究指出,生活在炎热地带的物种将面临更高的寄生风险,气候变化将加剧野生动物中传染病的暴发。

以下哪项如果为真,最能支持上述专家的观点?

A. 与宿主相比,病原体对异常气温的耐受度更高。因此,气候变化对宿主的影响将大于对感染宿主的病原体的影响。

B. 气候变化正在改变传染病的传播模式,这给人类和生物多样性都带来了风险。

C. 很多传染病都是需要传播媒介的,气候变化可以帮助媒介动物们熬过冬天,扩大传染病传播媒介的地理分布范围,让已经存在的传染病扩大分布区域。

D. 新冠肺炎疫情再次证实了自然平衡的脆弱性,人畜共患疾病已成为全世界的最新担忧。

E. 每一次气候变化引起的风暴和山火,都可能是一场瘟疫的开始,我们要靠科技、医药和每个人对抗疾病的决心来抵御疾病。

31. 人工智能时代已经到来,现阶段人工智能产业正经历从高速增长向高质量发展的转变,不断上升的产业期待让金融、医疗等更复杂的高价值场景的应用需求不断增加,对安全性的重视程度也不断提升。但由于传统技术范式存在天然的算法漏洞和缺陷,难以支撑人工智能的长久高质量发展,人工智能可能对人类造成威胁,并可能最终战胜人类。

以下各项如果为真,最不能支持上述论证的是哪项?

A. 人工智能的数据强依赖会带来隐私泄漏与数据投毒等隐患。

B. 会思考的人工智能机器可能会不断进化,发展出与人类完全冲突的自我意识。

C. 以人工智能为基础的机器人可代替人类从事探测、排爆等危险工作。

D. 无成本的复制和持续的演化能力是人工智能相对于人类智能的优势,可以以此摆脱人类控制。

E. 人工智能的出现将打破一部分人的"铁饭碗",从而导致他们越来越难以维持生活。

32~33 题基于以下题干信息:

宋、李、王、吴 4 人均订阅了《人民日报》《光明日报》《参考消息》《文汇报》中的两种报纸,每种报纸均有两人订阅,且各人订阅的均不完全相同。另外,还知道:

(1) 如果宋至少订阅了《人民日报》《参考消息》《文汇报》中的 1 种,则宋和李都订阅《光明日报》。

(2) 如果王或吴不订阅《文汇报》,那么宋和李都订阅《人民日报》。

32. 如果吴订阅《参考消息》,则可以得出以下哪项?

A. 宋订阅《参考消息》。　　B. 王订阅《人民日报》。　　C. 李订阅《人民日报》。

D. 吴订阅《光明日报》。　　E. 李订阅《文汇报》。

33. 如果宋和吴订阅的报纸中有相同的,则以下哪项不一定为真?

A. 宋和李订阅的报纸中有相同的。

B. 王和吴订阅的报纸中有相同的。

C. 宋和王订阅的报纸中有相同的。

D. 李和王订阅的报纸中有相同的。

E. 李和吴订阅的报纸没有相同的。

34. 最近,一项全国国民阅读调查显示,我国成年国民人均纸质图书阅读量为 4.78 本,人均电子书阅读量为 3.33 本,数字阅读让我们获取信息的种类和数量更多了,正日益成为全民阅读的重要方式。

以下各项如果为真,都能支持上述论证,除了?

A. 一些人在上班通勤或午休等碎片化时间会进行电子书的阅读。

B. 电子书不仅方便,而且查阅起来非常快捷。

C. 很多书在阅读一次之后就不会再看了,出于购买成本和储藏的考虑,一些人会阅读电子书。

　　D. 有些人认为纸质书能让人沉浸下来,安安静静地去感受文字的美。

　　E. 欧阳修说:"立身以立学为先,立学以读书为本",在数字时代,培养主动阅读的习惯和能力,才能过上更充实、有效的阅读生活。

35. 某电影院要在周六和周日两天放映四部影片,分别为科幻片、爱情片、动作片和悬疑片,四部影片均需要放映,并且每部影片只放映一天。已知:

　　（1）爱情片和动作片不能在同一天放映;

　　（2）如果科幻片和悬疑片至多有一部不在周日放映,那么动作片必须在周日放映;

　　（3）除非爱情片在周日放映,否则悬疑片在周日放映,并且科幻片在周六放映。

　　根据以上信息,以下哪项一定为真?

　　A. 科幻片在周六放映。　　　B. 爱情片在周六放映。　　　C. 爱情片在周日放映。

　　D. 动作片在周六放映。　　　E. 动作片在周日放映。

36. 《大宝帮忙》这一民生栏目经常为群众排忧解难,解决一些实际问题,自 2018 年创办以来,因其节目形式独特、服务性强而备受观众好评。这个栏目如果要保持目前强有力的社会影响力,就不能接受任何外来的资助。因为资助方不论是单位还是个人,都代表着社会强势方面的某种利益和关系。《大宝帮忙》如果接受这样的资助,就很难保持目前对社会事件的公正态度。

　　以下哪项是上述论证所假设的?

　　A.《大宝帮忙》如果能保持对社会事件的公正态度,就能保持强有力的社会影响力。

　　B.《大宝帮忙》要保持强有力的社会影响力,就必须保持对社会事件的公正态度。

　　C. 任何人都不可能时刻保持对社会事件的公正态度。

　　D.《大宝帮忙》可以接受外来资助,但不受资助者对节目内容的影响。

　　E. 电视节目接受外界资助,已成为一种普遍现象。

37. 交强险全名为机动车交通事故责任强制保险,于 2006 年 7 月 1 日正式实施,是首个由国家法律规定实行的强制保险制度。实施以来,交强险一直坚持不以营利为目的。近日,保险行业协会公布承保交强险的数据。2021 年前 10 个月,保险公司承保交强险亏损已经超过 20 亿元。尽管如此,这仍是各个保险公司不愿意放弃的业务。

　　以下哪项如果为真,最有助于解释这些保险公司的行为?

　　A. 从目前来看,行业内部对于交强险的纯风险保费定价,已经完成了从纯核保人经验定价,到建立内部广义线性模型对风险进行定量化分析的转变。

　　B. 有些保险企业会拒保那些赔付风险较大的业务。

　　C. 通常车主为避免日后不必要的麻烦,不会将交强险和商业车险分开投保两家公司,而商业车险的利润非常丰厚。

　　D. 虽有很多车辆在交强险的赔付中赔付的数额远超过车主缴纳交强险时缴纳的金额,但也有很多车辆保险未用到赔付。

　　E. 有业内人士分析称,导致交强险承保端亏损的原因多为定价机制不完善、区域经营失衡等因素,希望能推动交强险采取市场化的经营模式,完善费率调整机制。

38. 《刑法》第四十九条规定:"犯罪的时候不满十八周岁的人和审判的时候怀孕的妇女,不适用死刑。审判的时候已满七十五周岁的人,不适用死刑,但以特别残忍手段致人死亡的除外。"对审判的时候怀孕的妇女不适用死刑,这一修改引起了不小的争论。有人说,如果这样规定,一些犯罪集团可能会专门雇用怀孕的妇女去犯罪。某法学家认为这种说法不能成立。因为如果按照这种逻辑,根据《刑法》的规定,凡是不满 18 岁的人都不判处死刑,那么一些犯罪集团也会专门雇用不满 18 岁的人去犯罪,那是否应当判处不满 18 岁的人的死刑呢?

上述法学家的论证使用了以下哪一种论证技巧?

A. 通过假设一个观点正确会导致明显荒谬的结论,来论证这个观点是错误的。

B. 通过证明一个观点缺乏事实的支持,来论证这个观点不能成立。

C. 通过表明一个观点不符合已知的事实,来论证这个观点是错误的。

D. 通过表明一个观点违反公认的一般性准则,来论证这个观点是错误的。

E. 通过证明与已知观点相矛盾的观点是成立的,来论证这个观点是错误的。

39. 郝大爷过马路时不幸摔倒昏迷,所幸有小伙子及时将他送往医院救治。郝大爷病情稳定后,有 4 位陌生小伙陈安、李康、张幸、汪福来医院看望他。郝大爷问他们中究竟是谁送他来医院,他们回答如下:

陈安:如果我送您来医院,那么李康也送您来医院了;

李康:陈安送您来医院了;

张幸:汪福送您来医院了;

汪福:除非陈安送您来医院,否则张幸一定送您来医院了。

通过证实,上述 4 人中只有 1 人说真话。

根据以上信息,以下哪项是一定正确的?

A. 陈安、李康、张幸、汪福都送您来医院了。

B. 陈安是送您来医院者,别人不是。

C. 李康是送您来医院者,别人不是。

D. 张幸是送您来医院者,别人不是。

E. 汪福是送您来医院者,别人不是。

40. 某宿舍有赵琴、钱棋、孙书、李画 4 名同学,他们擅长的分别是古琴、围棋、书法、国画之一。但有趣的事,他们擅长的均不含其名字中含有的字。元旦晚会正在准备节目,4 个人每人表演 1 个节目,并且表演的节目都不是他们擅长的。已知如下信息:

(1) 赵琴擅长的不是围棋;

(2) 除非孙书表演古琴,否则赵琴擅长的既不是书法也不是国画;

(3) 如果钱棋或者李画擅长的是古琴,那么赵琴和李画中一人擅长的是书法,另一人表演的是书法。

根据以上信息,以下哪项一定为真?

A. 孙书擅长的是古琴或者书法。　　　B. 李画擅长的是古琴或者国画。

C. 钱棋表演围棋或者国画。　　　　　D. 钱棋表演古琴或者书法。

E. 李画表演围棋或者国画。

41. 丙酸是一种无色、有腐蚀性的液体,经常被当作一种抑制霉菌生长的添加剂使用。人体产生丙酸是通过人体中的微生物在结肠中发酵未完全消化的碳水化合物得到的,这些是对人体有益的。但某大学的研究人员通过研究发现,外源性摄入和自体产生的丙酸作用并不一样,长期摄入外源性丙酸会导致人体出现胰岛素偏高、胰岛素抵抗等现象。由此,某食品专家建议,应该禁止在食品中添加丙酸,以避免引起疾病。

以下哪项如果为真,最能支持上述食品专家的建议?

A. 将丙酸作为防腐剂使用只是食品行业的惯常做法,并未得到政府有关部门的确认。

B. 人体一旦出现胰岛素偏高、胰岛素抵抗等现象,就容易导致糖尿病等影响正常新陈代谢的疾病。

C. 从外界摄入的丙酸会出现在人体的各个部位,而自体产生的丙酸只存在结肠部分。

D. 大量口服丙酸会出现恶心、呕吐和腹痛等症状,也可能诱发自闭症。

E. 尽管从理论上讲食品添加剂不过量摄入不会有危害,但不管是什么类型的添加剂都可能对人有危害。

42～43 题基于以下题干信息:

某社区安排甲、乙、丙、丁、戊、己、庚 7 名志愿者值班,每周 7 天,每人值一天班,每天有一个人值班。值班安排如下:

(1) 除非甲星期二值班,否则乙星期一值班;

(2) 如果丙或己星期四值班,则丁星期日值班;

(3) 乙星期一值班,或者丙星期四值班;

(4) 只有庚或戊星期二值班,丁星期六才不值班。

42. 根据上述信息,可以得出以下哪项?

A. 甲星期二值班。　　　B. 乙星期一值班。　　　C. 丙星期四值班。

D. 丁星期日值班。　　　E. 戊星期六值班。

43. 若甲星期二值班,庚星期五值班,则可以得出以下哪项?

A. 丙星期三值班。　　　B. 丙星期日值班。　　　C. 丁星期三值班。

D. 戊星期四值班。　　　E. 戊星期六值班。

44～45 题基于以下题干信息:

由于驾驶和赛车设计技术的提高,在赛车场跑道上受伤的事故率已明显下降——从 2000 年的 1.7%下降到 2020 年的 1.1%。而其他与赛车相关的事故率,即发生在赛车场而不在跑道上的事故率,却从 2000 年的 2%上升到 2020 年的 5%,这些事故,如撞倒等,随着赛车手睡眠不足程度的上升而上升。

44. 以下哪项与上文所提供的信息相抵触?

A. 2020 年发生在跑道上的事故总量多于 2000 年。

B. 2000 年赛车手在跑道上受伤的可能性小于 2020 年。

C. 从 2000 年到 2020 年,有关赛车事故的报告越来越准确。

D. 从 2000 年到 2020 年,赛车手的总人数在下降。

E. 在 2020 年,某些与赛车相关的伤害事故发生在没有赛车的人身上。

45. 如果以上论述为真,则以下哪项不可能为假?

A. 从 2000 年到 2020 年,随着赛车场跑道上事故的减少,其他与赛车相关的事故数量有所上升。

B. 从 2000 年到 2020 年,平均每位赛车手的睡眠不足程度增加了。

C. 驾驶和赛车设计技术与和赛车相关的各种事故的发生率都密切相关。

D. 如果驾驶和赛车设计技术继续提高,与赛车相关的事故将继续减少。

E. 2020 年发生在跑道上的事故占全部与赛车相关的事故的比例小于 2000 年的比例。

46. 王大宝拟在 1—5 号 5 个车位上停放奥迪、奔驰、布加迪、兰博基尼和保时捷 5 辆车,每个车位仅停放一辆车,每辆车仅停放在一个车位。已知:
    (1) 如果 3 号车位停放兰博基尼、奔驰或保时捷,则 1 号车位停放奥迪;
    (2) 如果 4 号车位停放奔驰或保时捷,则 2 号或 5 号车位停放布加迪;
    (3) 1 号车位停放布加迪。
    根据以上信息,可以得出以下哪项?
    A. 2 号车位停放奔驰。　　　B. 3 号车位停放保时捷。　　　C. 4 号车位停放兰博基尼。
    D. 5 号车位停放奥迪。　　　E. 5 号车位停放奔驰。

47. DNA 甲基化是一种最基本的表观遗传学现象,即在基因的 DNA 序列不发生改变的情况下,基因表达发生了改变,是正常发育过程所必需的。研究者分析了 2 800 个肿瘤样本之后得出结论:DNA 甲基化标记作为一种全新的微创检测方式,只需检测少量组织即可获得足量的 DNA 用于分析,且至少可以有效识别结/直肠癌、肺癌、乳腺癌和肝癌 4 种常见恶性肿瘤。
    以下哪项如果为真,最能支持上述研究者的观点?
    A. 与传统的肿瘤标志物相比,DNA 甲基化标志物具有更早期、更无创、更精准等优点。
    B. DNA 出错且甲基化缺失是导致癌症的一个重要成因,几乎所有的人类肿瘤中都存在肿瘤相关基因的异常甲基化。
    C. 有研究人员预测,DNA 甲基化检测技术不仅适用于结/直肠癌、肺癌、乳腺癌和肝癌 4 种常见恶性肿瘤,也可以很容易地扩展到更多常见肿瘤的诊断。
    D. DNA 甲基化检测方法只需要少量的组织即可获得足量的 DNA 用于分析,这将减少组织活检造成的损伤。
    E. 利用结/直肠癌特异性的 DNA 甲基化标记,可准确识别 97% 的结/直肠癌肝转移病灶和 94% 的结/直肠癌肺转移病灶。

48. 某法学院学生王大宝要在宪法、刑法、民法、国际法四门课程中选择一门作为主修课,另一门作为辅修课。另外,选课时有如下规则:
    (1) 如果选宪法作为主修课,那么选刑法或国际法作为辅修课;
    (2) 如果选刑法作为主修课,那么选宪法或民法作为辅修课;
    (3) 只有选宪法作为辅修课,才选国际法作为主修课;
    (4) 只有选国际法或宪法作为辅修课,才选民法作为主修课。
    根据以上信息,关于王大宝选课的组合,以下哪项是不可能的?
    A. 宪法、国际法　　　　　　B. 宪法、民法　　　　　　　C. 刑法、国际法
    D. 民法、刑法　　　　　　　E. 国际法、民法

49. 孙老师要从 7 名队员中挑选两名中锋和两名后卫参加全市大学生篮球赛,这 7 名队员中有 4 名中锋:张、王、李、赵,另 3 人是后卫:甲、乙、丙。挑选时需要遵循的条件如下:
    (1) 张和乙不能同时入选;
    (2) 赵和丙不能同时入选;
    (3) 要么王入选,要么丙入选。
    根据以上信息,以下哪项一定为真?

A. 甲入选。   B. 乙入选。   C. 乙没有入选。

D. 张入选。   E. 赵没有入选。

50. 古埃及是四大文明古国之一,位于非洲东北部尼罗河中下游(今中东地区),距今约 7 400 多年。古埃及到底发生了怎样的灾难使得一个文明就此毁灭,史书中没有记载,专家只能从考古的零星文物中寻找古埃及毁灭的线索。一具古埃及棺材上的树木年轮样本显示,受气候变化影响,古埃及出现食物资源和社会基础设施变化,进而导致古埃及文明的逐渐衰落。许多专家由此认为,气候变化或许正是古埃及文明消亡的原因。

以下哪项如果为真,最能支持上述专家的观点?

A. 通过对棺材上树木年轮样本中放射性碳同位素的分析,表明古埃及确实经历了气候的快速变化。

B. 和所有大型农耕文明一样,古埃及的社会很大程度上依赖于农作物,气候变化导致的干旱使农产品减少,严重影响古埃及人的生存。

C. 另一项研究表明,在澳大利亚一个早于现今原住民的史前文明的消失,是源于当时快速的气候变化及其灾难性的影响。

D. 当游客们沉醉在斐济岛迷人的海滩风光时,也许不会想到,这些来自太平洋岛国的美景美食可能都会因为残酷的气候变化、持续上涨的海平面而消失。

E. 马其顿王国亚历山大大帝侵入埃及,灭波斯王朝,结束了延续 3 000 年之久的法老时代。

51. M 公司有员工 1 500 人,中秋节组织大家去鸽子山团建,但是有四五百人因工作原因无法参加。人事部统计了一下人数,如果分为 3 人一组,会多出 2 名员工;如果分为 5 人一组,会多出 3 名员工;如果分为 7 人一组,会多出 2 名员工。

根据以上信息,以下哪种分组结果是正确的?

A. 若分为 4 人一组,则多出 1 名员工。

B. 若分为 6 人一组,则多出 2 名员工。

C. 若分为 8 人一组,则多出 3 名员工。

D. 若分为 9 人一组,则多出 4 名员工。

E. 若分为 10 人一组,则多出 5 名员工。

52. 某博物馆在设计展台,有甲、乙、丙、丁、戊 5 座展品,其中两座是唐朝的,两座是宋朝的,一座是清朝的。已知相同朝代的展品要摆放在相邻的位置,甲与丁是同一个朝代,丙摆放在乙和一个宋朝的文物之间,乙和戊不相邻,甲和丙不相邻。

根据上述信息,可以得出以下哪项?

A. 甲是宋朝的。   B. 乙是唐朝的。   C. 丙是宋朝的。

D. 戊是清朝的。   E. 丁是清朝的。

53. 某项目组中,张、王、李、赵四人分别是技术、商务、工程、财务四项工作的专家之一。他们分别参与了上述四项工作中的两项,而每项工作也恰有两人参加。已知他们每人都参与了自己是专家的工作项目,另外还知道如下信息:

(1) 除非李是工程专家,否则王参加工程和财务工作;

(2) 如果张是商务或者财务专家,那么赵参加了技术和商务工作。

如果王是技术专家,则以下哪项一定为真?

A. 张是工程专家。　　　　　B. 张参加了财务工作。　　　　　C. 王参加了工程工作。

D. 李参加了财务工作。　　　　E. 赵是工程专家。

54~55 题基于以下题干信息：

一位导演要在一场晚会中安排 7 位嘉宾的出场顺序，这 7 位嘉宾分别是：赤大宝、橙大宝、黄大宝、绿大宝、青大宝、蓝大宝、紫大宝。已知出场顺序条件如下：

(1) 赤大宝要么在橙大宝之前出场，要么在黄大宝之前出场；

(2) 只有绿大宝在青大宝和蓝大宝之前出场，黄大宝才会在橙大宝之后出场；

(3) 如果黄大宝在橙大宝之前出场，那么绿大宝和蓝大宝在青大宝之后出场。

54. 根据上述信息，以下哪位嘉宾不可能第一个出场？

A. 赤大宝　　　　　　　　　B. 橙大宝　　　　　　　　　C. 黄大宝

D. 绿大宝　　　　　　　　　E. 青大宝

55. 如果橙大宝在第二位出场，则以下哪项可能为真？

A. 青大宝在赤大宝之前出场。

B. 青大宝在绿大宝之前出场。

C. 黄大宝在赤大宝之前出场。

D. 黄大宝在橙大宝之前出场。

E. 蓝大宝在绿大宝之前出场。

四、写作：第 56~57 小题，共 65 分。其中论证有效性分析 30 分，论说文 35 分。

56. 论证有效性分析：分析下述论证中存在的缺陷和漏洞，选择若干要点，写一篇 600 字左右的文章，对该论证的有效性进行分析和评论。（论证有效性分析的一般要点是：概念特别是核心概念的界定和使用是否准确并前后一致，有无明显的逻辑错误，论证的论据是否成立并支持结论，结论成立的条件是否充分，等等。）

近日，陕西省富县县委书记李志锋署名文章被指与新华社一篇时评大面积雷同，1 500 余字文章雷同部分为 800 余字。对此，富县县委宣传部回应称，此事件系"县委办公室工作方面的重大失误"，"李志锋同志'被署名'"。

这真是一个"整词儿"的时代，有关方面又"整"了一个新名词：被署名。现在，很多人的注意力放在这里：这篇领导署名文章，到底是"被署名"，还是"真署名"？如果是"被署名"，领导干部就可以免责。

一篇文章被署名，说到底，是领导干部文风出现了问题。从这件事情就可以看出，秘书代笔已经成为官场的普遍现象。其实人们也应当理解这种现象，因为领导肩负着改革发展的重任，而需要领导发言的场合很多，所以，领导完全没有精力亲自撰写文章。只要领导事前给想法、事后动笔改，这种"被署名"的抄袭现象就会自动消失。

从现有信息判断，这篇文章如果不是李志锋亲笔撰写的，那么就是手下人在他不知情的情况下私自抄袭的。如果李志锋毫不知情，那么也要反思，文章"被署名"的领导真的无辜吗？政风必须清，否则无法得到百姓的信任。无论是不是"被署名"，恐怕都不能说领导无责。

57. 论说文：根据下述材料，写一篇 700 字左右的论说文，题目自拟。

共享单车是一个新兴的骑行方式，近年来，在解决出行"最后一公里"、缓解城市交通压力等方面发挥了重要作用，但也出现了诸多新问题，如加剧交通混乱、占用公共空间、押金监管真空等，都与不规则生长的共享单车脱不开关系。

一、问题求解

1. 【答案】 A

   【考点】 古典概型

   【解析】 在 36 对可能出现的结果中，有 6 对：$(1,6),(2,5),(2,5),(3,4),(3,4),(4,3)$ 的和为 7，所以朝上的面两数字之和为 7 的概率是 $\frac{6}{36}=\frac{1}{6}$.

   所以选 A.

2. 【答案】 A

   【考点】 不定方程

   【解析】 $\frac{b+1}{9a+2}=\frac{1}{b}$ 可以得到 $9a+2=b(b+1)$，由于 $b(b+1)$ 是偶数，所以 $9a+2$ 也是偶数，从而 a 是偶数，a 只能取 $0,2,4,6,8$，经过验证 a 只能取 6，其他情况均不存在，所以答案选 A.

3. 【答案】 C

   【考点】 比与比例

   【解析】 由于甲商品的数量：乙商品的数量 $=5：6=10：12$，

   乙商品的数量：丙商品的数量 $=4：11=12：33$，

   所以甲商品的数量：乙商品的数量：丙商品的数量 $=10：12：33$.

   设甲商品买了 $10k$ 个，乙商品买了 $12k$ 个，丙商品买了 $33k$ 个，所以 $210=330k-300k$，从而 $k=7$，所以总数量是 385 个.

4. 【答案】 A

   【考点】 分式函数求最值

   【解析】 去分母可以整理出关于 x 的一元二次方程，
   $$(y-6)x^2-(2y-12)x+(2y-10)=0,$$
   因为 x 为实数，所以 $\Delta \geqslant 0$，得 $4 \leqslant y \leqslant 6$，解得，故 y 的最小值是 4.

5. 【答案】 A

   【考点】 穷举法

   【解析】 第一站有 $14 \times 1=14$（人），第二站有 $13 \times 2=26$（人），

   第三站有 $12 \times 3=36$（人），第四站有 $11 \times 4=44$（人），

   第五站有 $10 \times 5=50$（人），第六站有 $9 \times 6=54$（人），

   第七站有 $8 \times 7=56$（人），第八站有 $7 \times 8=56$（人），

   第九站有 $6 \times 9=54$（人），第十站有 $5 \times 10=50$（人），

   ……

   所以应该准备 56 个座位.

6. 【答案】 E

【考点】 二项式定理

【解析】 由二项式定理可得 $(x+1)^6$ 的通项为 $T_{r+1}=C_6^r x^{6-r}$,所以 $(x+1)^6$ 的展开式中含 x^2 项的系数为 $C_6^4=15$,含 x^4 项的系数为 $C_6^2=15$,故 $\left(2+\dfrac{1}{x^2}\right)(x+1)^6$ 的展开式中含 x^2 项的系数为 $15+15\times 2=45$.

7.【答案】 B

【考点】 最值

【解析】 设 $P(x,y)$,

因为 $PA^2=(x-1)^2+y^2$,$PB^2=(x+1)^2+y^2$,

所以 $PA^2+PB^2=2x^2+2y^2+2=2(x^2+y^2)+2$,

因为 $OP^2=x^2+y^2$,

所以 $PA^2+PB^2=2\cdot OP^2+2$,

当点 P 处于 OQ 与圆的交点上时,OP 取得最小值,

此时 OP 的最小值为 $OQ-PQ=5-2=3$,

因此 PA^2+PB^2 的最小值为 20.

故答案为 B.

点睛:设点 $P(x,y)$,表示出 PA^2+PB^2 的值,从而转化为求 OP 的最值,画出图形后可直观得出 OP 的最值,代入求解即可.

点 $A(x_1,y_1)$,$B(x_2,y_2)$ 两点之间的距离公式:
$$AB=\sqrt{(x_2-x_1)^2+(y_2-y_1)^2}.$$

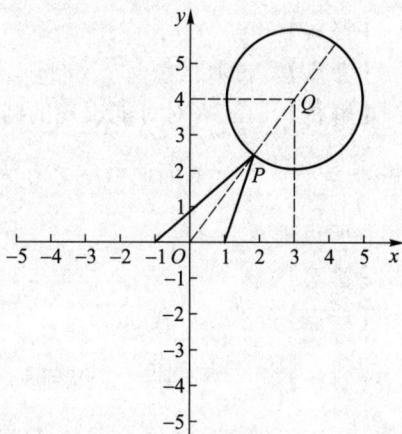

8.【答案】 D

【考点】 抽屉原理

【解析】 根据题意,最多有 4 个孩子为 10 岁,其余孩子是 9 岁,根据所有年龄和是 202,得到 9 岁的孩子为 18 个,共有 22 个孩子.

9.【答案】 A

【考点】 球体

【解析】 设正方体上底面所在平面截球得小圆 M,则圆心 M 为正方体上底面正方形的中心. 设球的半径为 R,根据题意得球心到上底面的距离等于 $(R-2)$ cm,而圆 M 的半径为 4,由球的截面圆性质,得 $R^2=(R-2)^2+4^2$,解出 $R=5$,根据球的体积公式,该球的体积 $V=\dfrac{4\pi}{3}R^3=\dfrac{4\pi}{3}\times 5^3=\dfrac{500\pi}{3}$(cm³). 故选 A.

10.【答案】 A

【考点】 二次函数

【解析】 由 $1-x\geqslant 0$,且 $x-\dfrac{1}{2}\geqslant 0$,得 $\dfrac{1}{2}\leqslant x\leqslant 1$.

$$y^2=\dfrac{1}{2}+2\sqrt{-x^2+\dfrac{3}{2}x-\dfrac{1}{2}}=\dfrac{1}{2}+2\sqrt{-\left(x-\dfrac{3}{4}\right)^2+\dfrac{1}{16}}.$$

由于 $\frac{1}{2}<\frac{3}{4}<1$,所以当 $x=\frac{3}{4}$ 时,y^2 取到最大值 1,故 $a=1$.

当 $x=\frac{1}{2}$ 或 1 时,y^2 取到最小值 $\frac{1}{2}$,故 $b=\frac{\sqrt{2}}{2}$.所以,$a^2+b^2=\frac{3}{2}$.

11.【答案】 B

【考点】 等差数列

【解析】 由 $S_{10}>0,S_{11}<0$ 可知,$S_{10}=\frac{10(a_1+a_{10})}{2}>0\Rightarrow 5(a_5+a_6)>0\Rightarrow a_5+a_6>0$,

$$S_{11}=\frac{11(a_1+a_{11})}{2}=11a_6<0\Rightarrow a_6<0,$$

则 $a_5>0,a_6<0$,则使 $a_n<0$ 最小的 $n=6$.

综上所述,答案选择 B.

12.【答案】 D

【考点】 三角形

【解析】 因为在 $\triangle ABC$ 和 $\triangle CFE$ 中,$\angle ACB$ 与 $\angle FCE$ 互补,所以

$$\frac{S_{\triangle ABC}}{S_{\triangle FCE}}=\frac{AC\cdot BC}{FC\cdot CE}=\frac{2\times2}{1\times1}=\frac{4}{1}.$$

又 $S_{\triangle ABC}=2$,所以 $S_{\triangle FCE}=0.5$.

同理可得 $S_{\triangle ADF}=2,S_{\triangle BDE}=3$.

所以 $S_{\triangle DEF}=S_{\triangle ABC}+S_{\triangle CEF}+S_{\triangle DEB}-S_{\triangle ADF}=2+0.5+3-2=3.5$.

13.【答案】 A

【考点】 平均数

【解析】 $1,2,3,\cdots,n$ 的平均数为 $\frac{n+1}{2}$.

现在擦掉一个数之后,剩下的数,平均值为 $25\frac{11}{24}$,估算有 $\frac{n+1}{2}=25$,n 的值在 50 左右.

又去掉一个数之后平均值有一个分母是"24",所以 $(n-1)$ 应该是 24 的倍数,由上可知 n 是 49.

$1+2+3+\cdots+49=1\ 225$;而现在的总和是 $48\times25\frac{11}{24}=1\ 222$,所以 $1\ 225-1\ 222=3$.

擦去的数是 3.

14.【答案】 B

【考点】 排列组合

【解析】 根据题意 $C_{10}^1 C_{10}^1+2C_{10}^2=190$,所以选 B.

15.【答案】 B

【考点】 打包问题

【解析】 根据题意,先在车的首尾安排两位爸爸,有 A_2^2 种方法;再将两个小孩进行捆绑排在一起,有 A_2^2 种方法;最后将两个小孩作为一个主体和两个妈妈排在一起,有 A_3^3 种方法.分步用乘法,共 $A_2^2\times A_2^2\times A_3^3=24$(种)方法.

二、条件充分性判断

16.【答案】 C

【考点】 十字交叉法

【解析】 条件(1)和(2)单独显然不充分,考虑联合,根据浓度采取十字交叉法,设混合后浓度为 x,

$$
\begin{array}{ccc}
甲\ 40\% & \diagdown & \diagup\ x-20\% \\
& x & \quad \dfrac{x-20\%}{40\%-x}=\dfrac{400}{600}, \\
乙\ 20\% & \diagup & \diagdown\ 40\%-x
\end{array}
$$

则 $x=28\%$,所以选 C.

17.【答案】 D

【考点】 奇数与偶数

【解析】 条件(1):$x^2-y^2=(x+y)(x-y)=12=1\times12=2\times6=3\times4$,

x,y 均为偶数,故 $x+y$ 与 $x-y$ 均为偶数.

即 $\begin{cases}x+y=6,\\x-y=2\end{cases}\Rightarrow\begin{cases}x=4,\\y=2,\end{cases}$ 故 $x^2+y^2=16+4=20$,条件(1)充分.

条件(2):$xy(x+y)=96$,x,y 为正偶数,故 $xy\geq4$,$x+y\geq4$.

即 $xy(x+y)=96=4\times24=6\times16=8\times12$.

若 $xy(x+y)=4\times24$ 或 6×16 时,x,y 无解.

若 $xy(x+y)=8\times12$,则 $\begin{cases}x=2,\\y=6\end{cases}$ 或 $\begin{cases}x=6,\\y=2,\end{cases}$

故 $x^2+y^2=36+4=40$,条件(2)充分.

综上所述,答案选择 D.

18.【答案】 A

【考点】 等差数列

【解析】 对于条件(1)$S_n=\dfrac{d}{2}n^2+\left(a_1-\dfrac{d}{2}\right)n$,从而 $\dfrac{S_n}{n}=\dfrac{d}{2}n+\left(a_1-\dfrac{d}{2}\right)$,所以 $\left\{\dfrac{S_n}{n}\right\}$ 一定是等差数列,而 $\dfrac{S_3}{3}$ 与 $\dfrac{S_5}{5}$ 的等比中项为 $\dfrac{S_4}{4}$,所以 $\left\{\dfrac{S_n}{n}\right\}$ 是常数数列,所以 $\left\{\dfrac{S_n}{n}\right\}$ 的公差为 $\dfrac{d}{2}=0$,所以 $d=0$,条件(1)充分,条件(2)显然不充分,所以选 A.

19.【答案】 D

【考点】 二次函数

【解析】 对于条件(1),设 $f(x)=0$ 的两根为 x_1,x_2,则 $f(x)=(x-x_1)(x-x_2)$,

$f(2x)=(2x-x_1)(2x-x_2)$ 的两个根是 $\dfrac{x_1}{2},\dfrac{x_2}{2}$,所以设 $\dfrac{x_1}{2}=x_2$.

根据韦达定理有 $\dfrac{q}{p^2}=\dfrac{x_1x_2}{(x_1+x_2)^2}=\dfrac{2x_2^2}{(3x_2)^2}=\dfrac{2}{9}$,所以条件(1)充分.

同理条件(2)也是充分的,选 D.

20.【答案】 B

【考点】 韦达定理、不等式

【解析】 方程有两根,要求 $\Delta=(m-1)^2-4\times\dfrac{m^2-8}{4}=9-2m>0$,这里条件(1)和条件(2)都能保

证方程有两根,二次方程 $ax^2+bx+c=0$ 的两根之差的绝对值 $|x_2-x_1|=\dfrac{\sqrt{\Delta}}{|a|}$,则原方程的两根之差

的绝对值是 $|x_2-x_1|=\sqrt{9-2m}$.

对于条件(1),$1<m<2\Rightarrow5<9-2m<7\Rightarrow\sqrt{5}<\sqrt{9-2m}<\sqrt{7}$,则两根之差的绝对值小于 3.

对于条件(2),$-5<m<-2\Rightarrow13<9-2m<19\Rightarrow\sqrt{13}<\sqrt{9-2m}<\sqrt{19}$,则两根之差的绝对值大于 3.

21.【答案】 D

【考点】 质数与数列

【解析】 由条件(1),最小的质数是 2,所以 $2^6<100$,所以 $k=6$.

由条件(2),$S_n=n^2-9n\Rightarrow a_n=2n-10\Rightarrow1<2k-10<3$,得 $k=6$,所以选 D.

22.【答案】 D

【考点】 绝对值不等式

【解析】 条件(1):$-4<x<-3\Rightarrow|x-2|-|2x+4|=2-x+2x+4=x+6$,

又 $-4<x<-3\Rightarrow2<x+6<3\Rightarrow|x-2|-|2x+4|>1$,则条件(1)充分.

条件(2):$-3<x<-2\Rightarrow|x-2|-|2x+4|=2-x+2x+4=x+6$,

又 $-3<x<-2\Rightarrow3<x+6<4\Rightarrow|x-2|-|2x+4|>1$,则条件(2)充分.

综上所述,答案选择 D.

23.【答案】 C

【考点】 四边形,三角形

【解析】 条件(1)中,因为 $\dfrac{AO}{CO}=\dfrac{S_1}{S_3}=\dfrac{S_2}{S_4}=\dfrac{1}{3}$,$S_3=3S_1$,$S_4=3S_2$,所求 $\dfrac{S_1+S_4}{S_2+S_3}=\dfrac{S_1+3S_2}{S_2+3S_1}$ 无法确定它

们的值.

条件(2)中,因为 $\dfrac{BO}{DO}=\dfrac{S_2}{S_1}=\dfrac{S_4}{S_3}=\dfrac{80}{40}=\dfrac{2}{1}$,$S_4=2S_3$,$S_2=2S_1$,所求 $\dfrac{S_1+S_4}{S_2+S_3}=\dfrac{S_1+2S_3}{2S_1+S_3}$ 无法确定它们

的值.

两条件联合后,$\dfrac{S_1+S_4}{S_2+S_3}=\dfrac{S_1+2S_3}{2S_1+S_3}=\dfrac{7S_1}{5S_1}=\dfrac{7}{5}$,可以确定数值,联合充分.

24.【答案】 A

【考点】 解析几何

【解析】 圆 $A:(x+2)^2+(y+1)^2=4$,所以圆心为 $A(-2,-1)$,半径为 2. 由条件(1),圆 $B:$ $(x-1)^2+(y-3)^2=9$,圆心为 $B(1,3)$,半径为 3,圆心距为 5,充分;由条件(2),圆 $B:(x-3)^2+y^2=9$,圆心为 $B(3,0)$,半径为 3,圆心距为 $\sqrt{26}$,不充分.

25.【答案】 D

【考点】 方差、方程

【解析】 五个数的平均值是 $\bar{x}=\dfrac{3+(-1)+x+(-3)+1}{5}=\dfrac{x}{5}$,

方差为 $S^2=\dfrac{(3-\bar{x})^2+(-3-\bar{x})^2+(1-\bar{x})^2+(-1-\bar{x})^2+(x-\bar{x})^2}{5}$.

对于条件(1), $x^2-2\,018=0\Rightarrow x=\pm\sqrt{2\,018}$.

当 $x=\sqrt{2\,018}$ 时,

$$S_1^2=\frac{1}{5}\left[\left(3-\frac{\sqrt{2\,018}}{5}\right)^2+\left(-3-\frac{\sqrt{2\,018}}{5}\right)^2+\left(1-\frac{\sqrt{2\,018}}{5}\right)^2+\left(-1-\frac{\sqrt{2\,018}}{5}\right)^2+\left(\sqrt{2\,018}-\frac{\sqrt{2\,018}}{5}\right)^2\right]$$

$$=\frac{1}{5}\left[\left(3-\frac{\sqrt{2\,018}}{5}\right)^2+\left(3+\frac{\sqrt{2\,018}}{5}\right)^2+\left(1-\frac{\sqrt{2\,018}}{5}\right)^2+\left(1+\frac{\sqrt{2\,018}}{5}\right)^2+\left(\sqrt{2\,018}-\frac{\sqrt{2\,018}}{5}\right)^2\right];$$

当 $x=-\sqrt{2\,018}$ 时,方差

$$S_2^2=\frac{1}{5}\left\{\left[3-\left(-\frac{\sqrt{2\,018}}{5}\right)\right]^2+\left[-3-\left(-\frac{\sqrt{2\,018}}{5}\right)\right]^2+\left[1-\left(-\frac{\sqrt{2\,018}}{5}\right)\right]^2+\left[-1-\left(-\frac{\sqrt{2\,018}}{5}\right)\right]^2+\left[-\sqrt{2\,018}-\left(-\frac{\sqrt{2\,018}}{5}\right)\right]^2\right\}$$

$$=\frac{1}{5}\left[\left(3+\frac{\sqrt{2\,018}}{5}\right)^2+\left(3-\frac{\sqrt{2\,018}}{5}\right)^2+\left(1+\frac{\sqrt{2\,018}}{5}\right)^2+\left(1-\frac{\sqrt{2\,018}}{5}\right)^2+\left(\sqrt{2\,018}-\frac{\sqrt{2\,018}}{5}\right)^2\right],$$

得知 $S_1^2=S_2^2$,故五个数的方差存在且唯一,从而是可以确定的,条件(1)充分.

对于条件(2),$\dfrac{(x-1)x}{x^2-1}=0\Rightarrow x=0$,将 $x=0$ 代入方差公式,便可求出五个数的方差,故条件(2)充分.

三、逻辑推理

26.【答案】 B

【考点】 假言命题、联言命题

【命题方向】 形式逻辑 正向推理

【解析】 题干信息:(1)新时代青年→怀抱梦想脚踏实地∧敢想敢为善作善成;(2)团结奋斗→绽放绚丽之花→不忘初心、牢记使命;(3)新征程→锚定 心劲 赢得。

B选项:¬不忘初心→¬团结奋斗,是(2)的逆否命题,正确;

A选项:无中生有,"心往一处想,劲往一处使"和"赢得更多光荣,实现更大梦想"之间是"且"的关系,不是"推出"的关系,排除;C选项:移花接木,"新时代青年"在逻辑关系(1)中,"不忘初心、牢记使命"在逻辑关系(2)中,排除;D选项:无中生有,题干中未涉及把"向往变为现实"的信息,排除;E选项:不合规则,不忘初心、牢记使命→绽放绚丽之花,与(2)逻辑关系不一致,排除。

故正确答案为B选项。

27.【答案】 B

【考点】 两大论证形式

【命题方向】 论证推理 支持、加强

【解析】 论据:正版电影每次播放利润为30元,被告实施盗版且播放量为10万次;

结论:我方当事人应至少获偿利润损失300万元。

B选项:表明盗版实际造成的损失并不是300万元,可以支持;

A、D选项:与题干论证过程无关,排除;

C选项:对象不一致,题干论证与其他盗版商无关,排除;

E 选项：与题干信息不符,被告律师已经表明不反对原告的数据,排除。

故正确答案为 B 选项。

28.【答案】 C

【考点】 十大论证模型

【命题方向】 论证推理 削弱、质疑、反驳

【解析】 论据:将烟草、咖啡榨成汁喂给老年果蝇以后,果蝇们的多巴胺细胞增多了;

结论:有烟瘾和嗜好咖啡的人,得帕金森病的概率更低。

C 选项:无关选项,与帕金森病没有任何关系,无法削弱;

A、E 选项:类比不当,说明果蝇的结论不能应用于人身上,可以削弱;

B 选项:提出反面论据,说明实验中有反例,结果不一定可靠,可以削弱;

D 选项:他因削弱,说明不一定是烟草和咖啡的效果,可以削弱。

故正确答案为 C 选项。

29.【答案】 E

【考点】 确定信息推理

【命题方向】 综合推理 匹配

【解析】 由"展厅 6 有 1 个饮品厂家"结合(2)可得:展厅 6 还有 1 个肉类厂家。由"展厅 3 有 1 个面食厂家"结合(3)(1)可得:展厅 2 有 1 个面食厂家。此时,剩下的展厅 145 还有 3 个肉类厂家和 1 个饮品厂家。结合(2)可得 3 个展厅的情况为:肉类+饮品、肉类、肉类,所以 145 三个展厅都有 1 个肉类厂家。

故正确答案为 E 选项。

30.【答案】 C

【考点】 两大论证形式

【命题方向】 论证推理 支持加强

【解析】 专家观点:气候变化将加剧野生动物中传染病的暴发。

A 选项:相关性弱,无效比较,题干中未出现宿主与病原体之间的比较,无法建立气候变化与传染病暴发的关系,排除。

B 选项:态度不明,无法说明气候变化如何影响传染病,排除。

C 选项:建立联系,表明气候变化导致传播传染病的媒介活动范围扩大,从而有利于传染病的暴发,正确。

D 选项:无关选项,题干论证与人畜共患疾病无关,排除。

E 选项:力度较弱,并未建立气候变化与传染病之间的关系,排除。

故正确答案为 C 选项。

31.【答案】 C

【考点】 两大论证形式

【命题方向】 论证推理 支持、加强

【解析】 题干信息:人工智能会对人类造成威胁,并可能最终战胜人类。

C 选项:提出反面论据,说明人工智能对于人类的好处,可以替代人类完成危险工作,但不能说明人工智能对人类有威胁,不能支持,正确;

A 选项:补充正面论据,说明人工智能会带来隐私泄漏与数据投毒等隐患,支持题干论证,排除;

B 选项:补充正面论据,说明人工智能可能会不断进化,从而对人类造成威胁,支持题干论证,排除;

D 选项:补充正面论据,说明人工智能相对于人类而言有优势,可能对人类造成威胁,支持题干论证,排除;

E 选项:补充正面论据,说明人工智能会影响一部分人赖以生活的"铁饭碗",支持题干论证,排除。

故正确答案为 C 选项。

32.【答案】 B

【考点】 确定信息推理

【命题方向】 综合推理 匹配

【解析】 题干信息:(0) 4 个人 4 种报纸,每人订阅 2 种报纸,每种报纸有 2 个人订阅,各人订阅的均不完全相同。

(1) 宋订阅《人民日报》∨《参考消息》∨《文汇报》→宋《光明日报》∧李《光明日报》。

(2) ¬王《文汇报》∨¬吴《文汇报》→宋《人民日报》∧李《人民日报》。

(3) 吴《参考消息》

由(0)可知,任意的 3 种报纸中至少订阅 1 种,所以"宋至少订阅了《人民日报》《参考消息》《文汇报》中的 1 种"为真,结合(1)可得:宋和李都订阅《光明日报》。

因为"各人订阅的均不完全相同",所以"宋和李都订阅《人民日报》"为假,结合(2)逆否可得:王和吴都订阅《文汇报》。综上可得:吴订阅《参考消息》和《文汇报》,不订阅《人民日报》和《光明日报》,宋和李订阅《光明日报》,所以王和吴都不订阅《光明日报》,结合"各人订阅的均不完全相同"可知,王没有订阅《参考消息》,所以王一定订阅了《人民日报》。

故正确答案为 B 选项。

33.【答案】 C

【考点】 确定信息推理

【命题方向】 综合推理 匹配

【解析】 由题干信息可得:① 宋《光明日报》∧李《光明日报》;② 王《文汇报》∧吴《文汇报》。画表如下:

如果宋和吴订阅的报纸有相同的,假设二人都订阅《人民日报》③;结合"每人订阅 2 种报纸,每种报纸有 2 个人订阅""各人订阅的均不完全相同"可得④;

	宋	李	王	吴
《人民日报》	√③	×④	×④	√③
《光明日报》	√①	√①	×④	×④
《参考消息》	×④	√④	√④	×④
《文汇报》	×④	×④	√②	√②

观察发现,宋和王订阅的报纸中没有相同的。

故正确答案为 C 选项。

34.【答案】 D

【考点】 两大论证形式

【命题方向】 论证推理 支持

【解析】 题干观点:数字阅读正日益成为全民阅读的重要方式。

支持上述论证,除了:① 不能支持上述论证的选项,即不支持数字阅读。② 无关选项。如果两类选项都有,优先选择①。

A、B、C 选项:态度错误,支持数字阅读,表明电子书的优势,排除。

D 选项:正确,支持纸质阅读,即不支持数字阅读,虽然"有些"力度较弱,但是本题中只有这个选项是正确答案需要的态度。

E 选项:无关项,表明培养阅读习惯的重要性,并未涉及电子书与纸质图书的比较,排除。

故正确答案为 D 选项。

35.【答案】 A

【考点】 无确定信息破解法

【命题方向】 综合推理 分组

【解析】 题干信息:(1)爱情片 ≠ 动作片;(2)科幻片 周日 ∨ 悬疑片 周日 → 动作片 周日;(3)¬爱情片 周日 → 悬疑片 周日 ∧ 科幻片 周六。

由(2)可知,如果科幻片在周日放映,那么动作片也在周日放映,结合(1)可知,爱情片在周六放映,再结合(3)可知,科幻片在周六放映。与假设的"科幻片在周日放映"矛盾,所以科幻片不在周日放映,一定在周六放映。

故正确答案为 A 选项。

36.【答案】 B

【考点】 假言命题 三段论

【命题方向】 形式逻辑 假设支持

【解析】 论据:(1)资助→¬保持公正;

结论:(2)保持社会影响力→¬资助 = 资助→¬保持社会影响力。

要使题干论证成立,即从论据可以推出结论,就要建立起论据与结论的关系。

B 选项:保持社会影响力→保持公正,由(1)传递可得:资助→¬保持公正→¬保持社会影响力,可以使(2)成立,正确;

其他选项与题干论证过程无关,或无法从论据得出结论,排除。

故正确答案为 B 选项。

37.【答案】 C

【考点】 论证评价

【命题方向】 论证推理 解释

【解析】 解释对象:交强险是亏损的,但是各个保险公司不愿意放弃这项业务。

C 选项:可以解释,说明保险公司可以在商业车险中得到利润,所以整体还是赚钱的,正确;

A、B、E 选项:无法解释,未涉及该项业务的利润问题,排除;

D 选项:力度较弱,用到赔付和未用到赔付的保险,哪种更多呢? 未知,排除。

故正确答案为 C 选项。

38.【答案】 A

【考点】 论证评价

【命题方向】 论证推理 论证方式及漏洞

【解析】 该法学家论证中"如果按照这种逻辑",是一个非常明显的论证结构词,假设该观点成立,进行推理,会出现谬误,以此得出该观点不成立的结论。

故正确答案为 A 选项。

39.【答案】 C

【考点】 稳赢分析法

【命题方向】 综合推理 真话假话题

【解析】

第一步: 无真假	(1) 陈→李 =￢陈∨李;(2) 陈;(3) 汪;(4) ￢陈→张 =陈∨张; 未出现矛盾或反对关系,转换思路,进行假设+归谬
第二步: 假设归谬	若"陈"为真,那么(2)和(4)都真,不符合只有一真,所以真实情况为"￢陈"
第三步: 选出答案	由"￢陈"为真,可知(1)为真,所以(2)(3)(4)为假,真实情况为:￢陈、李、￢汪、 ￢张;故正确答案为 C 选项

40.【答案】 C

【考点】 无确定信息破解法

【命题方向】 综合推理 匹配

【解析】 题干信息:(1)￢赵琴擅长围棋;(2)￢孙书表演古琴→￢赵琴擅长书法∧￢赵琴擅长国画;(3)钱棋擅长古琴∨李画擅长古琴→(赵琴∨李画)(擅长书法∨表演书法)。

由题干信息和(1)可知:赵琴不擅长围棋,也不擅长古琴,所以赵琴擅长书法或国画,结合(2)逆否可得:孙书表演古琴,所以孙书不擅长古琴,那么钱棋或李画一定擅长古琴,结合(3)可得:(赵琴∨李画)(擅长书法∨表演书法),此时钱棋只能表演围棋或国画。

故正确答案为 C 选项。

41.【答案】 B

【考点】 两大论证形式

【命题方向】 论证推理 支持、加强

【解析】 论据:长期摄入外源性丙酸会导致人体出现胰岛素偏高、胰岛素抵抗等现象;

结论:应该禁止在食品中添加丙酸,以避免引起疾病。

B 选项:建立联系。论据指出外源性丙酸会导致胰岛素偏高等现象,结论指出外源性丙酸会引起疾病,所以要建立"胰岛素偏高"和"疾病"之间的联系,正确。

A 选项:无关选项,与政府部门的确认无关,排除;C 选项:未涉及与结论中"疾病"的联系,排除;D 选项:与论据中对丙酸的描述无关,排除;E 选项:与题干论证过程无关,排除。

故正确答案为 B 选项。

42.【答案】 B

【考点】 无确定信息破解法

【命题方向】 综合推理 匹配

【解析】 由(3)出发结合题干信息可得:¬乙星期一→丙星期四→丁星期日→庚星期二∨戊星期二→¬甲星期二→乙星期一,矛盾,所以真实情况是:乙星期一值班。

故正确答案为 B 选项。

43.【答案】 D

【考点】 确定信息推理

【命题方向】 综合推理 匹配

【解析】 由乙星期一值班,甲星期二值班,庚星期五值班,结合(4)可得:丁星期六值班,结合(2)可得:丙和己都不是星期四值班,推知:戊是星期四值班。

故正确答案为 D 选项。

44.【答案】 B

【考点】 论证评价

【命题方向】 论证推理 结论

【解析】 题干信息:跑道上事故率下降,非跑道上事故率上升。

B 选项:与题干信息抵触,受伤的可能性与事故率是正相关的,所以事故率下降了的同时受伤的可能性不可能增长;

A 选项:无法推出,题干中"事故率"是相对数,而"事故总量"是绝对数,无法得知,排除;

C 选项:无法推出,报告准确度与题干论证无关,排除;

D 选项:无法推出,"总人数"在题干中无法得知,排除;

E 选项:无法推出,与题干信息无关,排除。

故正确答案为 B 选项。

45.【答案】 E

【考点】 论证评价

【命题方向】 论证推理 结论

【解析】 题干信息:跑道上事故率下降,非跑道上事故率上升。

E 选项:可以推出,跑道上事故率下降,非跑道上事故率上升,所以跑道上的事故占总事故的比例应该是 2020 年比 2000 年小,正确;

A、D 选项:无法推出,事故数与赛车的总数密切相关,如果总数大量增加,即使事故率下降,事故数还是可能增多;

B 选项:无法推出,睡眠不足程度从题干中无法明确得到;

C 选项:无法推出,从题干中只能看出驾驶和赛车设计技术与赛车场跑道上受伤的事故率密切相关。

故正确答案为 E 选项。

46.【答案】 C

【考点】 确定信息推理

【命题方向】 综合推理 匹配

【解析】 题干信息:

(1) 3 号 兰博基尼 ∨ 3 号 奔驰 ∨ 3 号 保时捷→1 号 奥迪;

(2) 4 号 奔驰 ∨ 4 号 保时捷→2 号 布加迪 ∨ 5 号 布加迪;

(3) 1 号 布加迪。

由(3)结合(1)逆否可得:¬3 号 兰博基尼 ∧¬3 号 奔驰 ∧¬3 号 保时捷,所以 3 号车位停放奥迪;

由(3)结合(2)逆否可得:¬4 号 奔驰 ∧¬4 号 保时捷,所以 4 号车位停放兰博基尼。

故正确答案为 C 选项。

47. 【答案】 B

【考点】 两大论证形式

【命题方向】 论证推理 支持加强

【解析】 研究者观点:DNA 甲基化标记可以有效识别 4 种常见恶性肿瘤。

A 选项:相关性弱,无效比较,题干中未出现与传统肿瘤标志物的比较,排除;

B 选项:建立联系,表明 DNA 甲基化与肿瘤相关,正确;

C 选项:力度较弱,研究人员的预测不一定可靠,排除;

D 选项:相关性弱,只是表明 DNA 甲基化检测的优势,但并未表明 DNA 甲基化与肿瘤的关系,排除;

E 选项:力度较弱,只提及 DNA 甲基化与结/直肠癌的相关性,并未涉及其他癌症,排除;

故正确答案为 B 选项。

48. 【答案】 C

【考点】 假言命题 选言命题

【命题方向】 形式逻辑 真假判定

【解析】 题干信息:

(1) 宪法 主→刑法 辅 ∨ 国际法 辅;

(2) 刑法 主→宪法 辅 ∨ 民法 辅;

(3) 国际法 主→宪法 辅;

(4) 民法 主→国际法 辅 ∨ 宪法 辅。

选"不可能"即是找矛盾关系。

C 选项:若刑法为主修课,国际法为辅修课,结合条件(2),刑法 主→宪法 辅∨民法 辅,即不可能以国际法为辅修课;若刑法为辅修课,国际法为主修课,结合条件(3),国际法 主→宪法辅,即不可能以刑法为辅修课。所以 C 不可能。

其他选项均与题干信息不矛盾。

故正确答案是 C 选项。

49. 【答案】 A

【考点】 稳赢分析法

【命题方向】 综合推理 综合题组(分组)

【解析】 题干信息:中锋(4 选 2):张、王、李、赵;后卫(3 选 2):甲、乙、丙;

(1) 张和乙不能同时入选;(2) 赵和丙不能同时入选;(3) 王、丙二选一。

题干中没有确定信息,但关于"丙"的限制条件较多,可以从其入手分析:

假设丙入选,则赵不入选,王不入选,所以张和李入选;乙不入选,甲入选;

假设丙不入选,则王入选,甲和乙不入选;所以张不入选。

从上述分析可知,无论丙是否入选,甲都入选。

分析结果如下表所示:

	张	王	李	赵	甲	乙	丙
丙入选	√	×	√	×	√	×	√
丙不入选	×	√			√	√	×

故正确答案为 A 选项。

50.【答案】 B

【考点】 两大论证形式

【命题方向】 论证推理 支持、加强

【解析】 论据:一具古埃及棺材样本显示古埃及出现过气候变化;

论点:气候变化或许正是古埃及文明消亡的原因。

B 选项:建立联系,表明气候变化导致干旱,从而使农产品减少,严重影响古埃及人的生存,解释了为什么气候变化会导致古埃及消亡,正确;

A 选项:支持论据,表明树木年轮这一论据为真,但支持力度较弱;

C、D 选项:对象不一致,澳大利亚与斐济岛都不是题干论证的对象,排除;

E 选项:他因削弱,表明是其他原因导致古埃及灭亡,与气候变化无关,排除。

故正确答案为 B 选项。

51.【答案】 A

【考点】 稳赢分析法

【命题方向】 综合推理 数字相关

【解析】 题干信息:参加团建的人数需满足以下几个条件:

（1）1 000~1 100 人;

（2）有 $3x+2$ 人;

（3）有 $5y+3$ 人;

（4）有 $7z+2$ 人。

由（2）（4）可知,参加团建的人数是 $21a+2$,由（3）可知,参加团建的人数的尾数是 3 或 8,再结合条件（1）,通过计算可知,参加团建的人数为 1 073。

A 选项:1 073＝4×268+1,所以分为 4 人一组时,会多出 1 名员工,正确;

其他选项均无法满足,排除。

故正确答案为 A 选项。

52.【答案】 C

【考点】 无确定信息破解法

【命题方向】 综合推理 排序

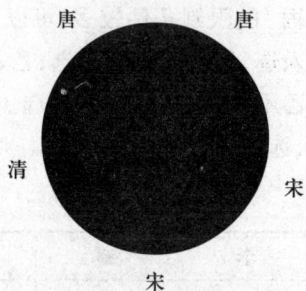

由相同朝代的展品摆放在一起,可以得出上图,清朝展品可以在圆桌左边或右边,下面以左边为例进行分析:

根据丙摆放在乙和一个宋朝的文物之间,假设乙是清朝的,那么丙是宋朝的,又因为甲和丁是同一个朝代,所以甲和丁都是唐朝的,戊是另一个宋朝的。于是可得下图:

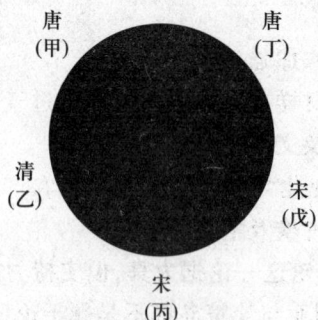

此时完全符合题干信息,并且答案唯一,只有 C 选项正确。

故正确答案为 C 选项。

53.【答案】 B

【考点】 无确定信息破解法

【命题方向】 综合推理 匹配

【解析】 由王是技术专家,所以一定参与了技术工作,结合每人参与了两项工作,可知王不可能既参加工程工作又参加财务工作,所以结合(1)逆否可得:李是工程专家,那么李一定参与了工程工作。此时技术和工程专家已经确定,那么张一定是商务或财务专家,所以结合(2)可推知:赵一定参加了技术和商务工作。赵肯定不是技术专家,所以赵一定是商务专家,那么张一定是财务专家,参加财务工作。

故正确答案为 B 选项。

54.【答案】 A

【考点】 无确定信息破解法

【命题方向】 综合推理 综合题组(排序)

【解析】 如果赤大宝第一个出场,那么他既在橙大宝之前出场,也在黄大宝之前出场,与条件(1)矛盾,所以赤大宝不可能第一个出场。

故正确答案为 A 选项。

55.【答案】 A

【考点】 排除法

【命题方向】 综合推理 综合题组（排序）

【解析】 此题可使用排除法,将不可能为真的选项排除掉,剩下的就是正确答案。

由上题可知赤大宝不可能第一个出场,所以赤大宝在橙大宝之后出场,结合(1)可得,赤大宝在黄大宝之前出场,所以这三者的前后顺序是:橙、赤、黄,排除 C 选项和 D 选项。

结合(2)可得,绿大宝在青大宝和蓝大宝之前出场,排除 B 选项和 E 选项。

故正确答案为 A 选项。

四、写作

56. 论证有效性分析

【参考答案】

1. 推断不出。即使真是被署名,也不能就此推断出领导干部可以免责,主要领导对全局工作负有监督责任和领导责任。

2. 以偏概全。某个单独性的事件,不宜归纳出普遍的、整体性的结论,不能以某个人身上的事件,看出是整个官场的普遍现象。

3. 推断不出。领导肩负责任多并非就完全不能亲自撰写文章。这两者并无必然联系。发言多,对于重要发言,还是可以亲自撰写的;改革责任重,对于事关全局的重要材料,也是可以亲自撰写的。

4. 条件不充分。领导干部给想法、做修改,不能推断出抄袭现象就此消失。杜绝抄袭需要多措并举,仅是给想法,手下还是可以四处拼凑语料;只是做修改,无法辨别手下原创还是抄袭。解决此问题,还需要更多措施,例如建立追责机制、查重机制等。

5. 非此即彼。即使不是他亲笔写的,也无法就此判断他毫不知情。不只有本人原创和毫不知情两种可能。

6. 概念混淆。前文的文风是指文章所体现的思想风格,尾段的政风是指的政治风气,两个概念含义不同,不能混淆。

7. 自相矛盾。结尾段尾句与第二段尾句观点冲突,前者说不能免责,后者说可以免责,显然自相矛盾。

【参考范文】

文章"被署名",领导真的可以免责吗?

上述材料在论证领导对"被署名"难辞其咎的过程中存在若干论证缺陷或漏洞,影响了整篇文章的论证有效性,现分析如下:

首先,文章是"被署名"不能推断出"领导干部可以免责"。即使被署名为真,主要领导对全局工作也负有监督责任和领导责任,不能因为事前不知情就判断为没有责任。内部纪律、检查监督、追责机制的缺失,都属于领导干部应负有的责任。

其次,领导干部给想法、做修改,不能推断出抄袭现象就此消失,作者忽视了其他条件。杜绝抄袭需要多措并举,还需要建立追责机制、查重机制等。仅是给想法,手下人还是可以四处拼凑语料,只是做修改,无法辨别原创还是抄袭。

再次,这篇备受争议的文章难道只存在"李志锋亲笔撰写"和"手下人私自抄袭"这两种情况吗? 此处推断有非此即彼之嫌。即使不是他亲笔写的,也无法就此判断他毫不知情。不只有本人原创和毫不知情两种可能。这样的简单推断不够严谨。

最后,前文说"如果是'被署名',领导就可以免责",而文末又提出"无论是不是'被署名',恐怕都不能说领导无责",明显前后矛盾。责任判断作为本文核心,本文作者对此应该持有前后统一而明确的观点。

综上所述,上述论证存在许多不足之处,其中诸多问题仍值得商榷,不宜简单断定领导干部有无责任。

57. 论说文

【参考范文】

共治才能共享

共享单车为我们带来了方便,减少了污染,但同时也带来了问题:破坏损毁、乱停乱放,更有个别人据为己有,变成"私享单车"。共享单车的健康发展离不开全社会的共同治理。

新兴的共享经济惠及诸多方面,可为何乱象百出?首先是个人方面,少数用户公共意识不足,对公共物品和秩序自觉维护意识淡薄,形成公共秩序管理真空。其次是企业产品设计方面,缺少对用户的管理激励机制,使得用户无意识、无动力参与秩序维护。最后是企业运营不够完善,急于抢占市场而忽略对运营的把控,造成车辆投放密度与使用效率之间不均衡。

这些都是新兴事物发展中出现的问题,可以靠更好地发展解决。新事物的出现总有一个完善的过程,需要我们有开放、包容的心态和积极的行动。应该看到,共享单车的积极意义巨大:缓解交通拥堵、减少环境污染、方便城市出行。所以,应该通过积极有效的管理手段,把共享单车的优点放大,缺点解决。这需要相关各方的通力配合。

首先,企业应加快完善管理制度,建立诚信用车的奖励机制和不当用车、无序停车的惩罚机制,加强产品创新,解决共享单车易损、易耗问题;其次,政府部门应不断适应新形势、新业态发展,扶持与规范并重,强化押金强制托管要求和对疏于管理的单车企业的约谈和惩戒,甚至是对于乱停乱放、故意损毁单车的个人的处罚,放大警示效应。最后,全社会应加快普及共享文化,爱护共享物品。

发展和治理相结合,共享单车冲击着城市传统公共出行模式,更考验着公民的诚信素质水平以及城市管理的治理水平。共享单车能不能继续走下去、还能走多远,靠的不是某一方面的作为,而是各方共同的努力。

全真模拟 8 套卷（四）

一、问题求解：第 1~15 小题，每小题 3 分，共 45 分。下列每题给出的 A、B、C、D、E 五个选项中，只有一个选项是最符合题目要求的。

1. 已知数列 $\{a_n\}$ 满足 $a_1=1$，$a_2=2$，对于任意的正整数 n 都有 $a_n \cdot a_{n+1} \neq 1$，$a_n a_{n+1} a_{n+2} = a_n + a_{n+1} + a_{n+2}$，则 $a_{2006} = ($　　$)$.
   A. 1　　　　　　　　B. 2　　　　　　　　C. 3
   D. 4　　　　　　　　E. 以上均不正确

2. 有 6 个学生都面向北站成一排，每喊一次口令只能有五个人向后转，则最少喊（　　）次，才能使这 6 人都面向南.
   A. 3　　　　　　　　B. 4　　　　　　　　C. 5
   D. 6　　　　　　　　E. 7

3. 在几个交易日内，甲操作一只股票，他首先购入该股票，当天该股票上涨了 10%，随后几天中该股票累计下跌了 20%，然后该股票又上涨了 10%，此时甲将该股票全部卖出，则甲（　　）.
   A. 不赔不赚　　　　　B. 赔了 3.2%　　　　C. 赔了 10%
   D. 赚了 2.0%　　　　E. 赚了 4.2%

4. 使 $\sqrt{x^2+4}+\sqrt{(8-x)^2+16}$ 取最小值的实数 x 的值为（　　）.
   A. 3　　　　　　　　B. 2　　　　　　　　C. 1
   D. 0　　　　　　　　E. $\dfrac{8}{3}$

5. 向一杯盐水中加入一些水，盐水的浓度变为 3%；再加入等量的水，盐水浓度变为 2%.若再加入同样多的水，则盐水浓度变为（　　）.
   A. 1.5%　　　　　　B. 1%　　　　　　　C. 0.8%
   D. 0.5%　　　　　　E. 0.4%

6. 已知函数 $f(x)=\log_a(-x^2-2x+3)$，若 $f(0)<0$，则此函数的单调递增区间是（　　）.
   A. $(-\infty,-1]$　　　B. $[-1,+\infty)$　　　C. $[-1,1)$
   D. $(-3,-1]$　　　　E. $(-\infty,1]$

7. 某厂向银行申请甲、乙两种贷款共 40 万元，每年需付利息 5 万元，甲种贷款年利率为 12%，乙种贷款年利率为 14%，该厂申请乙种贷款的金额是（　　）万元.
   A. 8　　　　　　　　B. 15　　　　　　　C. 10
   D. 12　　　　　　　E. 7

8. 在平面直角坐标系中，$A(3,0)$，$B(a,2)$，$C(0,m)$，$D(n,0)$，且 E 为 CD 的中点，$m^2+n^2=4$，则 $AB+BE$ 的最小值为（　　）.
   A. 3　　　　　　　　B. 4　　　　　　　　C. 5
   D. 6　　　　　　　　E. 7

9. 甲、乙、丙、丁 4 个足球队参加比赛,假设每场比赛各队取胜的概率相等,现任意将这 4 个队分成两个组(每组两个队)进行比赛,胜者再赛,则甲、乙之间交手的概率为(　　).

A. $\dfrac{1}{4}$　　　　　　B. $\dfrac{1}{3}$　　　　　　C. $\dfrac{1}{2}$

D. $\dfrac{3}{4}$　　　　　　E. $\dfrac{2}{5}$

10. 一副扑克牌共 54 张,指定 A 为 1 点,J 为 11 点,Q 为 12 点,K 为 13 点,大、小王为 0 点,其他牌点数自明.现进行抽奖游戏,抽中质数者中奖,则抽一次,中奖概率为(　　).

A. $\dfrac{2}{5}$　　　　　　B. $\dfrac{3}{5}$　　　　　　C. $\dfrac{1}{6}$

D. $\dfrac{3}{7}$　　　　　　E. $\dfrac{4}{9}$

11. 等比数列 $\{a_n\}$ 中,$a_9+a_{10}=a(a\neq 0)$,$a_{19}+a_{20}=b$,则 $a_{99}+a_{100}$ 等于(　　).

A. $\dfrac{b^9}{a^8}$　　　　　　B. $\left(\dfrac{b}{a}\right)^9$　　　　　　C. $\dfrac{b^{10}}{a^9}$

D. $\left(\dfrac{b}{a}\right)^{10}$　　　　　　E. 1

12. 铁路线旁边有一条沿铁路方向的公路,公路上一辆拖拉机正以 20 km/h 的速度行驶.这时,一列火车以 56 km/h 的速度从后面开过来,火车从车头到车尾经过拖拉机身旁用了 37 s,则火车的全长为(　　)m.

A. 180　　　　　　B. 370　　　　　　C. 200

D. 350　　　　　　E. 420

13. 小倩和小玲每人都有若干面值为整数元的人民币.小倩对小玲说:"你若给我 2 元,我的钱数将是你的 n 倍";小玲对小倩说:"你若给我 n 元,我的钱数将是你的 2 倍",其中 n 为正整数,则 n 的可能值的个数是(　　).

A. 1　　　　　　B. 2　　　　　　C. 3

D. 4　　　　　　E. 5

14. 如图,△ABC 的面积为 1,点 E、F 为所在边的中点,则△BDE 的面积为(　　).

A. $\dfrac{1}{2}$　　　　　　B. $\dfrac{1}{4}$

C. $\dfrac{1}{5}$　　　　　　D. $\dfrac{2}{5}$

E. $\dfrac{1}{6}$

15. 已知集合 $A=\{(x,y)\mid x^2+y^2=1\}$,$B=\{(x,y)\mid |x|+|y|=\lambda\}$,若 $A\cap B\neq\varnothing$,则实数 λ 的取值范围是(　　).

A. $[1,\sqrt{2}]$　　　　　B. $[1,\sqrt{3}]$　　　　　C. $[1,2]$

D. $[1,3]$　　　　　E. $[1,4]$

二、条件充分性判断：第 16~25 小题，每小题 3 分，共 30 分。要求判断每题给出的条件（1）和条件（2）能否充分支持题干所陈述的结论。A、B、C、D、E 五个选项为判断结果，只有一个选项是最符合题目要求的。

　A. 条件（1）充分，但条件（2）不充分

　B. 条件（2）充分，但条件（1）不充分

　C. 条件（1）和（2）单独都不充分，但条件（1）和条件（2）联合起来充分

　D. 条件（1）充分，条件（2）也充分

　E. 条件（1）和条件（2）单独都不充分，条件（1）和条件（2）联合起来也不充分

16. 甲、乙两班共 60 名同学，参加数学竞赛的有 45 人，参加英语竞赛的有 35 人，则能确定单独参加数学竞赛的同学人数.

　（1）既参加了数学竞赛又参加了英语竞赛的同学有 30 人

　（2）两种竞赛都没有参加的有 10 人

17. 原来甲、乙共有卡片 51 枚，乙、丙共有卡片 45 枚，甲、丙共有卡片 48 枚. 则三人的卡片一样多.

　（1）甲给丙 3 枚卡片

　（2）乙给甲 3 枚卡片

18. 一元二次方程 $ax^2+2bx+c=0$ 有两个不同的实数根.

　（1）a,b,c 为等差数列

　（2）$a,b,2c$ 为等比数列

19. 盒子里装有 1 个红球和 4 个白球，除颜色之外这 5 个球并无差异. 某人随机从盒子里抽取小球，则红球至少被抽中 1 次的概率大于 50%.

　（1）无放回地抽取 3 次

　（2）有放回地抽取 3 次

20. $a=3$.

　（1）在平面直角坐标系中，函数 $y=x^2+6x+a$ 的图像关于 $x=a$ 对称

　（2）在平面直角坐标系中，函数 $y=|x+1|+|x-a|$ 的图像关于 $x=1$ 对称

21. 从 1,2,3,4,5 中随机取 3 个数（允许重复）组成一个三位数，则共有 19 个这样的三位数.

　（1）组出的三位数的各位数字之和等于 9

　（2）组出的三位数的各位数字之和等于 7

22. 已知关于 x 的一次函数 $y=mx+n$，分别从集合 P 和 Q 中随机取一个数作为 m 和 n，则函数 $y=mx+n$ 的图像不经过第二象限的概率是 $\dfrac{4}{9}$.

　（1）集合 $P=\{-2,1,3\}$ 和 $Q=\{-1,-2,3\}$

　（2）集合 $P=\{4,2,3\}$ 和 $Q=\{1,-2,3\}$

23. $x^2-|2x|-15>0$ 成立.

　（1）$x\in(-5,5)$

(2) $x \in (-\infty, -4)$

24. 如图所示,在矩形 $ABCD$ 中,$AD = 3$,点 E 为边 AB 上一点,$AE = 1$,则 $|DP - EP|$ 的最大值为 $\sqrt{2}$.

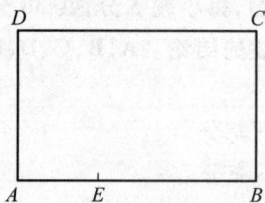

(1) 平面内动点 P 满足 $S_{\triangle PAB} = \dfrac{1}{3} S_{矩形 ABCD}$

(2) 平面内动点 P 满足 $S_{\triangle PAB} = \dfrac{1}{4} S_{矩形 ABCD}$

25. 能确定三个小组学生的总人数.

(1) 甲组学生每人有 28 个核桃,乙组学生每人有 30 个核桃,丙组学生每人有 31 个核桃

(2) 三个小组共有 365 个核桃

三、逻辑推理:第 26~55 小题,每小题 2 分,共 60 分。下列每题给出的 A、B、C、D、E 五个选项中,只有一个选项是最符合题目要求的。

26. 某经济学家指出:理财意识很重要,我们必须充分发挥各种金融工具的作用,根据不同金融工具的特点、优势及劣势合理配置自己的资产结构。如果对金融工具足够了解,则一定能做好理财规划。只有平衡好收益与风险,才能做好理财规划并且在金融市场游刃有余。

根据上述经济学家的观点,可以推出以下哪项?

A. 除非对金融工具足够了解,否则无法在金融市场游刃有余。

B. 如果对金融工具足够了解,则能平衡好收益与风险。

C. 只有充分发挥各种金融工具的作用,才能不断积累财富。

D. 只有根据不同金融工具的特点、优势及劣势合理配置自己的资产结构,才能充分发挥各种金融工具的作用。

E. 如果没有平衡好收益与风险,且在金融市场游刃有余,则一定没有做好理财规划。

27. 酸雨是指 pH 小于 5.6 的雨雪或其他形式的降水,它对人体健康、生态环境、建筑设施都有很大危害。我国一些地区已经成为酸雨多发区,酸雨污染的范围和程度已经引起人们的密切关注。大气中的二氧化硫和氮氧化合物是形成酸雨的主要物质,它们在空气中氧化形成酸性物质。科研人员指出,减少煤和石油的使用是防治酸雨的治本之策。

上述科研人员的判断还需基于以下哪个前提?

A. 煤和石油的燃烧会向空气中排放二氧化硫和氮氧化合物。

B. 煤和石油燃烧后排放的气体结合二氧化硫、氮氧化合物会形成酸性物质。

C. 酸雨面积的扩大将大量消耗煤和石油资源,导致能源危机的发生。

D. 煤和石油燃烧释放的氧化剂使二氧化硫和氮氧化合物结合形成酸性物质。

E. 我国多用煤,所以我国的酸雨是硫酸型酸雨,而多用石油的国家下硝酸型酸雨。

28. 噬菌体是一种病菌,它能够捕食细菌。目前随着医疗中植入技术的发展,越来越多的患者接受着诸如导尿管、心脏支架等医学植入装置,但随之也带来了细菌感染的风险。因此,一些研究人员认为,如果让噬菌体吸附在植入装置材料表面,再将其放入患者体内,就可以避免植入装置引发的感染。

以下哪项如果为真,最能削弱上述观点?

A. 对植入医学装置的患者,一般通过服用抗生素来防御细菌感染。

B. 有细菌的场所就可能有相应噬菌体的存在,只是数量有差异。

C. 噬菌体能够攻击致病细菌,但有时也"捕食"有益的细菌。

D. 噬菌体在装置材料表面的吸附性还有待研究。

E. 噬菌体进入机体后,无法适应体液环境,难以保持活性。

29. 国之兴衰,系于人才,源于教育。古人说:"师者,人之模范也。"在学生眼里,教师"吐辞为经、举足为法",一言一行都给学生以极大影响。教师只有真心热爱自己的工作,才会带来高质量的教育。名师必须要有高质量的教育。因此,名校毕业的教师未必能成为名师,履历不应成为教师录用的唯一标准。

以下哪项最可能是以上论述的假设?

A. 教师是专业性很强的职业,应充分发挥高学历人才的优势。

B. 个别单位应扭转"唯名校""唯学历"的用人导向,摒弃"学历高消费"的错误观念。

C. 教育不是"一锤子买卖",重在朝夕相处,贵在潜移默化,不能只看名校毕业生的学历。

D. 名校毕业的教师不一定真心热爱教育事业。

E. 名校毕业的教师可以提升教师队伍整体水平,最终让学生受益、让教育受益。

30. 哮喘是由多种细胞(如嗜酸性粒细胞、肥大细胞、T淋巴细胞、中性粒细胞、气道上皮细胞等)和细胞组分参与的气道慢性炎症性疾患。有研究者认为,支气管哮喘是一种有明显家族聚集倾向的多基因遗传性疾病,它的发生既受遗传因素又受环境因素的影响。有些人罹患哮喘病是由于情绪问题,焦虑、抑郁和愤怒等消极情绪可促使机体释放组胺等物质,从而引发哮喘病。但是,反对者认为,迷走神经兴奋性的提高和交感神经反应性的降低才是引发哮喘病的原因,与患者的情绪问题无关。

以下哪项如果为真,最能削弱反对者的观点?

A. 现代医学已经证实,消极情绪也可诱发身体疾病。

B. 哮喘病发作会造成患者情绪焦虑、抑郁和愤怒等。

C. 焦虑、抑郁和愤怒等消极情绪是现代人的普遍问题。

D. 消极情绪会提高患者迷走神经的兴奋性并降低交感神经的反应性。

E. 可以通过使患者兴奋、放松和愉快等方式来治疗哮喘。

31~32 题基于以下题干:

某影院安排甲、乙、丙、丁、戊、己 6 部电影分为两组在周六和周日放映,每部电影只在其中 1 天放映。已知:

（1）甲、乙不在同一天;

（2）如果乙在周日放映,则丙和丁都在周六放映;

（3）如果戊在周六放映,那么己也在周六放映;

（4）如果丁在周六放映，那么己在周日放映。

31. 若乙和己在同一天放映，则上述影片中，至多有几个可能在周六放映？
    A. 5　　　　　　　　　　B. 4　　　　　　　　　　C. 3
    D. 2　　　　　　　　　　E. 1

32. 如果甲和丁不在同一天放映，则以下哪一项一定为真？
    A. 乙在周日放映。　　　　B. 丙在周六放映。　　　　C. 戊在周日放映。
    D. 戊在周六放映。　　　　E. 己在周六放映。

33. 某公司为员工准备下午茶，已知赵大宝、钱大宝、孙大宝、李大宝、周大宝 5 名员工会在绿茶、红茶、花茶、果汁、可乐中各选 3 种，而每种饮品也恰有 3 个人选。已知：
    （1）赵大宝和周大宝分别选了果汁和可乐中的一种；
    （2）如果赵大宝选了绿茶或者红茶，则钱大宝没有选果汁，也没有选可乐；
    （3）如果李大宝在绿茶、红茶、花茶中至少选一种，那么孙大宝要么选绿茶，要么选红茶。
    根据以上信息，以下哪项一定为真？
    A. 赵大宝没选果汁。　　　B. 赵大宝选了可乐。　　　C. 钱大宝没选花茶。
    D. 孙大宝没选花茶。　　　E. 孙大宝选了绿茶。

34. 某学校开学排课，张毅、王迩、李珊、赵思 4 个人的想法如下：
    张毅：如果数学和逻辑都安排，就不安排写作和英语。
    王迩：要么安排数学，要么安排逻辑。
    李珊：写作和数学不能都安排。
    赵思：除非安排英语，才会安排逻辑。
    实际上，最终的课表没有满足任何一个人的想法。
    关于该校排课情况，以下哪项描述正确？
    A. 安排了数学，没有安排逻辑、写作和英语。
    B. 安排了数学和逻辑，没有安排写作和英语。
    C. 安排了数学、逻辑和写作，没有安排英语。
    D. 安排了数学、逻辑、写作和英语。
    E. 数学、逻辑、写作和英语都没安排。

35~36. 国庆期间，综合部、建设部、平安部、民生部、教育部和财务部 6 个部门计划在某条路的东西两侧布置主题展板，每侧有 3 个部门的展板。现已知信息如下：
    （1）综合部的展板位于道路西侧中间，并且紧挨着主题为"仁"的展板。
    （2）财务部的展板与主题为"道"的展板在同一侧，并且挨着主题为"义"的展板。
    （3）民生部的展板对面是财务部的展板。
    （4）主题为"爱"的展板紧挨着主题为"礼"的展板，并且其对面是主题为"仁"的展板。

35. 根据上述信息，以下哪一项一定为真？
    A."礼"位于道路东侧的中间。
    B."爱"位于道路西侧。
    C."仁"位于道路东侧。
    D. 民生部的展板位于道路西侧。

E. 财务部展板的主题是"道"。

36. 根据上述信息，以下哪一项是综合部展板的主题？

    A. 道   B. 义   C. 礼

    D. 仁   E. 爱

37. 英国石油公司在墨西哥湾的油井发生爆裂，大量原油泄漏。该公司立即并持续使用化学分散剂来分解浮油。美国众议院能源和环境委员会主席对化学分散剂的安全性提出了严重质疑。美国国家食品和药物管理局负责人的回应是："化学分散剂是安全的，除非有任何报告显示这种化学品进入海产品食物链会威胁到公众的健康。"

以下哪项是对上述回应的最恰当描述？

    A. 美国国家食品和药物管理局的回应是正确的。

    B. 美国国家食品和药物管理局的回应有漏洞，因为他们没有分析化学分散剂的特性，并以此为依据推出结论。

    C. 美国国家食品和药物管理局的回应有漏洞，因为他们的回应无法从根本上重塑民众对墨西哥湾食品安全的信心。

    D. 美国国家食品和药物管理局的回应有漏洞，因为他们没有找到化学分散剂不能进入海产品食物链的充分的证据。

    E. 美国国家食品和药物管理局的回应有漏洞，因为他们把没有证据证明某种情况的存在，当作有证据证明某种情况不存在。

38. 在一场"请问谁在说谎"的游戏中，4 位游戏参与者每人从一副没有大、小王的扑克牌中抽取一张。

甲说："我抽中的是黑桃。"

乙说："我抽中的是红桃。"

丙说："我抽中的不是红桃。"

丁说："我抽中的是梅花。"

已知 4 人抽取的扑克牌花色各不相同，且有一人说谎。

根据上述条件，下列说法正确的是哪项？

    A. 甲、乙、丙、丁均有可能说谎。

    B. 可以推知每个人抽取的扑克牌花色。

    C. 丙可能抽中方块。

    D. 乙抽中的牌一定是红桃。

    E. 乙抽中的牌一定不是红桃。

39. 在即将举办的乒乓球公开赛中，中国队主力尽出，派出了甲、乙、丙、丁、戊 5 位奥运冠军出战。乒乓球爱好者们关于甲、乙、丁是否进入半决赛有下面几种猜测：

    (1) 甲、乙、丁中至少有一人进入半决赛；

    (2) 如果甲进入半决赛，那么乙、丁也进入半决赛；

    (3) 只有甲、乙进入半决赛，丁才能进入半决赛。

已知这些猜测都是正确的，则以下哪项是一定正确的？

    A. 乙和丁进入半决赛。   B. 甲或乙进入半决赛。   C. 甲和乙进入半决赛。

D. 甲进入半决赛。　　　　　E. 丁进入半决赛。

40. 如果我们乐观地认为互联网可以解决边缘性群体等社会问题,就是典型的技术决定论。假如技术决定论成立,那么所有社会问题都可以转化为技术问题,世界就会简单许多,但这并非事实。任何技术问题的解决都会伴随着新问题的产生,比如无人机送外卖可能解决了劳动力短缺的问题,但无人机能不能进入小区?如果能进入,是否会侵犯人的隐私?谁有权利允许它进入?我们面对的新问题一点儿也不比旧问题少,技术从不会自动承诺给我们一个更好的未来。技术的发展可以辅助我们解决社会问题,但社会问题的本质是社会而不是技术。

以下哪项最能概括上述论证的主旨?

A. 社会的发展不可能永远一帆风顺。

B. 边缘性群体问题有着复杂的原因。

C. 必须警惕技术发展对隐私的侵犯。

D. 单纯依赖技术无法解决社会问题。

E. 我们不是在使用社交媒体,而是活在社交媒体中。

41. 紫茎泽兰是一种重要的检疫性有害生物,自 19 世纪作为一种观赏植物在世界各地引种后,因其繁殖能力强,已成为全球性的入侵物种,尤其是北半球受到了严重的危害。天然草地被紫茎泽兰入侵 3 年就失去放牧利用价值,常造成家畜误食中毒死亡。对付紫茎泽兰的最佳方法是引入这种植物的天敌,科学家建议把南半球的一种昆虫——泽兰实蝇放养到北半球,其对紫茎泽兰的生长有明显的抑制作用,可以通过产卵阻碍紫茎泽兰的生长繁殖,削弱大面积传播危害。

如果科学家控制紫茎泽兰的建议被采纳,以下哪项是其成功所必须要有的前提?

A. 南、北半球紫茎泽兰生长的地区必须拥有相同的气候和土壤条件。

B. 释放的泽兰实蝇除了抑制紫茎泽兰生长之外,对其他的植物没有影响。

C. 由于紫茎泽兰品种不同,对当地生态的危害各不相同。

D. 放养的泽兰实蝇的存活群体足够减少紫茎泽兰的数量,并抑制它的生长。

E. 在秋冬季节,人工挖除紫茎泽兰全株、集中晒干烧毁也是有效的方法。

42. 近年来,随着肠道微生物研究的热门,人们越来越关注益生菌用于预防、减轻或治疗特定疾病的作用。发酵乳制品即以牛乳(或含有同等乳固体的其他乳)为原料,经益生菌发酵而制成的乳制品,种类很多,包括酸奶、发酵酪乳、酸奶酒等。某研究人员在对 196 万余名受试者和 38 358 例肿瘤病例进行分析后发现,从总体上来看,肿瘤发病风险的降低与发酵乳制品的摄入有相关性。

以下哪一项如果为真,最能支持上述研究人员的观点?

A. 益生菌对癌症的治疗具有潜在的有益作用,包括免疫调节,减少细菌移位,增强肠道屏障功能,抗炎和抗病原体活性,以此减少肿瘤的转移。

B. 益生菌可以维持肠道稳态并发挥潜在的抗癌作用,通过诱导 DNA 损伤和产生代谢产物参与改变癌症的发生和进展。

C. 要做到真正地防癌,我们需要调整饮食结构、坚持每天运动、定期做防癌体检。

D. 发酵乳制品中的乳清蛋白有助于减缓碳水化合物食物的消化速度,对控制血糖有益,控制血糖也有助于癌症的治疗。

E. 有数据显示,吃酸奶的人群食道癌、膀胱癌和结/直肠癌患病率较低。

43. 长期以来,英国的医生认为戴墨镜的病人更易于消沉并患上忧郁症。对因诸如心脏疼痛和消化不良等身体不适而住院的病人进行的心理测试证实了这一联系。或许是周围的一切使得心理上痛苦的人选择墨镜去减少视觉刺激,而视觉刺激被认为是令人易发怒的。不管怎么说,人们可以得出结论,如果有人戴上墨镜,这是因为戴墨镜者有消沉或患有忧郁症的倾向。

上述论证以下面哪个为假设?

A. 消沉在某些情况下不是由身体的机能造成的。

B. 戴墨镜者认为墨镜不是一种把自己与别人疏远开来的方法。

C. 消沉有很多原因,包括任何人消沉都有合乎情理的真实条件。

D. 对于戴墨镜的忧郁症患者来说,墨镜可以作为让别人看出其健康不佳的视觉信号。

E. 墨镜没有把光线变得如此黯淡以致使戴墨镜者的心情急剧消沉。

44. 某寝室有东大宝、西大宝、南大宝、北大宝、中大宝5人,其中东大宝、西大宝、南大宝对5人年终评优的结果预测如下:

东大宝:如果中大宝没有被评定为优秀,则我也不会被评定为优秀;

西大宝:我和北大宝、中大宝3人要么都被评定为优秀,要么都不被评定为优秀;

南大宝:西大宝会被评定为优秀,除非我不被评定为优秀。

评定结果出来后,发现3个人的预测都是错的,则最终有几个人被评定为优秀?

A. 0   B. 1   C. 2

D. 3   E. 4

45. 大蒜在日常饮食中无处不在,炒菜、吃饺子、蘸料……而关于蒜的功效说法也很多,降压、防癌、抗菌、抗氧化……然而孟先生对上述说法持怀疑态度。

以下哪项最能支持孟先生的观点?

A. 当前并没有可靠的研究显示,大蒜或大蒜提取物这一单一食物可以降低患癌风险。

B. 有研究结果显示,要想摄入足以降低血压的大蒜辣素,需要一次性摄入300 g新鲜大蒜,而且必须充分咀嚼以保证大蒜辣素全部生成。

C. 大蒜中的一种硫化物——阿霍烯可以抑制细菌的生长和繁殖,并且破坏细菌周围的保护性生物膜,使抗生素和人体自身的免疫系统能够更直接地攻击细菌。

D. 有些人在食用大蒜后,大蒜素会刺激胃酸过多分泌引起上腹部不适、隐痛等症状。

E. 大蒜中的大蒜素是一种天然抗氧化剂,但其进入身体之后,会迅速降解,很难发挥作用。

46~47 基于以下题干信息:

钱、孙、李、周、吴6人坐在从左到右连续的7个座位上,每个座位只能坐1个人。这些座位按从左到右的顺序从1到7编号。安排座位时需遵循以下条件:

（1）赵和钱之间的距离与孙和李之间的距离相同;

（2）周和吴相邻,但左、右位置不定;

（3）最左边的那个座位不能是空的。

46. 若吴、赵和孙依次在5号、6号和7号座位,则下面哪一项一定正确?

A. 钱在3号座位。   B. 钱在2号座位。   C. 周在2号座位。

D. 李在 1 号座位。　　　　　　E. 李在 2 号座位。

47. 若赵和孙分别在 1 号和 3 号座位,则空座位一定在几号?

A. 1 或 3　　　　　　　B. 2 或 4　　　　　　　C. 2 或 6

D. 4 或 5　　　　　　　E. 5 或 7

48~49 题基于以下题干信息:

　　某集团有三个子公司:风云、天怡、长金,它们由东至西按上述顺序依次坐落在同一个园区中。现在要安排六人去这三个子公司任职,这 6 人是:孔智、孟睿、荀慧、庄聪、墨灵、韩敏,每个子公司都要安排两人。人员安排要满足以下条件:

　　(1) 庄聪与墨灵必须安排在同一个子公司;

　　(2) 孔智与孟睿不能安排在同一个子公司;

　　(3) 如果荀慧去风云,那么孔智去天怡;

　　(4) 如果韩敏去长金,那么孟睿去天怡。

48. 如果孔智和荀慧安排在同一个子公司,以下哪项必然为真?

A. 韩敏不去长金。　　　　B. 荀慧去天怡。　　　　　C. 庄聪去风云。

D. 孔智去天怡。　　　　　E. 孟睿去风云。

49. 如果孟睿所去的子公司在韩敏所去的子公司的东侧,且二者紧邻,则以下哪项不可能为真?

A. 孔智去了长金。　　　　B. 孔智去了天怡。　　　　C. 墨灵去了天怡。

D. 荀慧去了风云。　　　　E. 孟睿去了风云。

50. 某同学共有 10 个书架,按序号一字排开(见下图)。其中 1 个书架只放数学书,2 个书架只放逻辑书,3 个书架只放写作书,4 个书架只放英语书。

1	2	3	4	5	6	7	8	9	10

要求:

(1) 1 号和 10 号书架放写作书;

(2) 两个放逻辑书的书架连号;

(3) 放英语书的书架与放逻辑书的书架不连号;

(4) 放写作书的书架与放数学书的书架不连号;

(5) 4 号书架放逻辑书,5 号书架放数学书。

由上述信息,可以推出以下哪项?

A. 3 号书架放数学书。　　B. 2 号书架放英语书。　　C. 7 号书架放写作书。

D. 6 号书架放写作书。　　E. 9 号书架放英语书。

51~52 题基于以下题干信息:

　　在一个聚会上,宾客们纷纷举杯庆祝安妮夫妇的新婚大喜。其中,有些宾客之间互相认识,有些宾客之间却并不熟悉。已知周、吴、郑、王 4 个人有如下的认识关系:

　　(1) 周认识所有不认识郑的人;

　　(2) 王不认识郑;

　　(3) 郑认识所有认识周的人。

51. 如果李认识周,则以下哪项一定为真?
    A. 郑不认识李。   B. 周不认识王。   C. 郑认识周,李认识王。
    D. 郑认识李,周认识王。   E. 李认识郑,周认识王。

52. 若郑不认识吴、周、王,则以下哪项一定为假?
    A. 吴认识王。   B. 王不认识周。   C. 若王不认识周,则吴认识周。
    D. 周认识吴。   E. 若王认识周,则吴认识周。

53. 慢性疲劳综合征是长期原因不明的疲劳感觉或身体不适。多数表现为心情抑郁,焦虑不安或急躁、易怒,情绪不稳,脾气暴躁,思绪混乱,反应迟钝,记忆力下降,注意力不集中,做事缺乏信心,犹豫不决。最近,研究人员通过对 48 例慢性疲劳综合征患者和 39 例健康对照者的粪便样本中的微生物 DNA 进行测序后发现,该病可能与肠道菌群有关。
    以下哪一项如果为真,最能支持上述研究人员的观点?
    A. 认为慢性疲劳综合征源于心理因素的观点是荒谬的。
    B. 慢性疲劳综合征危害很大,它使人在正常的工作后感到极度疲劳,怎么休息也无济于事。
    C. 饮食和益生菌等可能有助于该疾病的治疗,帮助肠道微生物组恢复平衡。
    D. 慢性疲劳综合征患者的肠道细菌微生物群不正常,可能导致患者出现胃肠道炎症症状。
    E. 因为慢性疲劳综合征是自限性疾病,许多人能在 2 周内靠自身免疫力不用任何治疗而康复。

54~55 题基于以下题干信息:
    某食堂需安排早、午、晚 3 餐的食材。食材共分 3 类,
    第一类包括:鸡肉、牛肉、羊肉、鱼肉;
    第二类包括:芹菜、生菜、菠菜、白菜;
    第三类包括:鸡蛋、香菇和豆腐。
    每餐至少使用每类食材中的 1 种。3 餐中,每种食材均会被用到,但不会被重复使用。每餐最多使用上述食材中的 4 种。此外,食材的搭配需满足以下条件:
    (1) 只有某餐中使用了鸡肉,该餐中才会使用鱼肉;
    (2) 羊肉不会与菠菜或芹菜用于同一餐;
    (3) 如果午餐使用了鸡肉,那么一定也会使用羊肉;
    (4) 若某餐中使用了香菇或生菜,则该餐中一定使用了鱼肉。

54. 根据以上信息,以下哪项必然是共用于某一餐中的食材(不一定是全部)?
    A. 牛肉、菠菜、豆腐。   B. 牛肉、菠菜、香菇。   C. 牛肉、菠菜、芹菜。
    D. 羊肉、白菜、鸡蛋。   E. 羊肉、生菜、香菇。

55. 如果某日早餐的食材中使用了豆腐,则以下哪项一定为真?
    A. 当日的午餐中一定使用了生菜。
    B. 当日的午餐中一定使用了鸡蛋。
    C. 当日的晚餐中一定使用了芹菜。
    D. 当日的晚餐中一定使用了牛肉。
    E. 当日的晚餐中一定使用了鸡蛋。

四、写作:第 56~57 小题,共 65 分。其中论证有效性分析 30 分,论说文 35 分。

56. 论证有效性分析:分析下述论证中存在的缺陷和漏洞,选择若干要点,写一篇 600 字左右的文章,对该论证的有效性进行分析和评论。(论证有效性分析的一般要点是:概念特别是核心概念的界定和使用是否准确并前后一致,有无明显的逻辑错误,论证的论据是否成立并支持结论,结论成立的条件是否充分,等等。)

前些时候,网上又在热议教育问题。一位中学教师在网上发帖称:"做了 15 年老师的我想告诉大家,这个时代寒门再难出贵子!"他发现,近几年学校里的中高考状元,基本上家里条件都很好。上个月中考结束,学校有 5 个孩子上了重点线,他们都来自开跑车、住别墅的家庭。这个月,这几位学生的家长还商议送孩子去澳洲参加夏令营。由此可以看出,"豪门贵胄""寒门无贵子"的老话是十分有道理的。

"贵子"一词,在诸多典籍中均有使用,通常指日后显贵的子嗣。阶层差异造成教育资源差异,形成阶层固化,早不是什么新鲜话题。很多人觉得寒门难出贵子是社会的不公。不过从另一个角度看,寒门难出贵子,恰恰体现着对奋斗者的公平——如果寒门父母努力拼搏,将自己受过的苦,换成正确的价值观以及优良的教育,传承给孩子,那么寒门中的孩子未必不能成为贵子。

此外,寒门难出贵子还有明显的经济方面原因,因为我们的教育已经完全产业化,只有有钱人才能上得起辅导班。所以,寒门孩子就输在了起跑线,也就很难与有钱人家的孩子竞争了。

所谓阶层固化,只是近些年的事。之前几十年,每个人只要有点智商、肯吃苦努力、愿意冒点风险,就能走出自己的阶层,过上不一样的生活。这些人努力实现了自己的梦想,尽可能多地创造财富,所以,他们的孩子自然成为贵子。

不要轻易相信阶级固化,更不必忿忿不平。先想想自己,作为成年人,作为父母,有没有为自己的人生负责,有没有为自己的人生买单。即使生活在三流的人生中,依然要有实现梦想的勇气。

57. 论说文:根据下述材料,写一篇 700 字左右的论说文,题目自拟。

个人权利应受到尊重和保护。但个人权利有时可能与公共利益发生冲突。例如,在一些疾病的防控过程中,为维护公共安全,可能一定程度地限制个人自由,采集个人隐私信息等。

全真模拟8套卷（四）答案及解析

一、问题求解

1. 【答案】　B

【考点】　周期性数列

【解析】　计算出前几项可得到这样一个数列$1,2,3,1,2,3,1,2,3,\cdots$，发现这是一个周期为3的数列，所以$a_{2006}=a_{3\times668+2}=a_2=2$.

2. 【答案】　D

【考点】　开关问题

【解析】　第1次：命令$1,2,3,4,5$号；第2次：命令$1,2,3,4,6$号；第3次：命令$1,2,3,5,6$号；第4次：命令$1,2,4,5,6$号；第5次：命令$1,3,4,5,6$号；第6次：命令$2,3,4,5,6$号.

3. 【答案】　B

【考点】　比例问题

【解析】　设甲购入了股票x元，当天该股票上涨了10%，股票价格为$(1+10\%)x$，随后几天中该股票累计下跌了20%，股票价格为$(1+10\%)(1-20\%)x$，然后该股票又上涨了10%，股票价格为$(1+10\%)(1-20\%)(1+10\%)x=0.968x$，则甲赔了$\dfrac{x-0.968x}{x}=3.2\%$.

4. 【答案】　E

【考点】　两点间距离公式

【解析】　用一般方法很难求出代数式的最值，由于$\sqrt{x^2+4}+\sqrt{(8-x)^2+16}=\sqrt{(x-0)^2+(0-2)^2}+\sqrt{(x-8)^2+(0-4)^2}$，于是可构造图形，转化为：在$x$轴上求一点$C(x,0)$，使它到两点$A(0,2)$和$B(8,4)$的距离和$CA+CB$最小，利用对称可求出$C$点坐标，这样，通过构造图形使问题迎刃而解.

于是构造如图所示.作$A(0,2)$关于x轴的对称点$A'(0,-2)$，令直线$A'B$的解析式为$y=kx+b$，

则$\begin{cases}0k+b=-2,\\8k+b=4,\end{cases}$解得$\begin{cases}k=\dfrac{3}{4},\\b=-2,\end{cases}$

所以$y=\dfrac{3}{4}x-2$，令$y=0$，得$x=\dfrac{8}{3}$.

即C点的坐标是$\left(\dfrac{8}{3},0\right)$，所以当$x=\dfrac{8}{3}$时，$\sqrt{x^2+4}+\sqrt{(8-x)^2+16}$有最小值.

5. 【答案】　A

【考点】　浓度问题

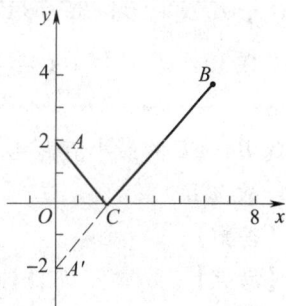

【解析】 方法一:整个过程中盐是不变的,起初,盐水的浓度变为 3%,盐与水之比是 3:97,相当于杯中有 3 份的盐,97 份的水;然后加入等量的水后,浓度为 2%,盐与水之比是 2:98=1:49=3:147,相当于加了 50 份的水;若再加入同样多的水,则盐与水之比是 3:(147+50)=3:197,则盐水浓度是 $\frac{3}{3+197} \times 100\% = 1.5\%$.

方法二:设原来有盐水 100 g,浓度为 3%,则有盐 3 g,加入等量的水(设为 m g),浓度为 $\frac{3}{100+m} = 2\% \Rightarrow m = 50$,再加入等量的水,则浓度为 $\frac{3}{100+m+m} = \frac{3}{200} = 1.5\%$.

6. 【答案】 C

【考点】 函数的单调性

【解析】 由题意得函数的定义域为 $(-3,1)$.

由 $f(0) = \log_a 3 < 0$,得 $0 < a < 1$,所以若求函数 $f(x)$ 的单调递增区间,只需求二次函数 $y = -x^2 - 2x + 3$ 在区间 $(-3,1)$ 上的单调递减区间即可.结合二次函数的图像可得 $y = -x^2 - 2x + 3$ 在区间 $[-1,1)$ 上单调递减,故 $f(x)$ 的单调递增区间是 $[-1,1)$.

综上所述,答案选择 C.

7. 【答案】 C

【考点】 比例问题

【解析】 设该厂申请乙种贷款的金额是 x 万元,则申请甲种贷款金额是 $(40-x)$ 万元,由题易知 $0.12 \times (40-x) + 0.14x = 5 \Rightarrow x = 10$.

8. 【答案】 B

【考点】 最值问题

【解析】 由题意得 $CD = \sqrt{m^2+n^2} = 2$,

因为 E 为直角三角形 OCD 斜边 CD 的中点,

所以 $OE = \frac{1}{2}CD = 1$,

所以点 E 在 O 为圆心,1 为半径的圆上,作点 A 关于直线 $y=2$ 的对称点 A',此时 A' 的坐标为 $(3,4)$.连接 OA' 交直线 $y=2$ 于 B,交 $\odot O$ 于 E.此时 $BA+BE = BA'+BE$ 的值最小.

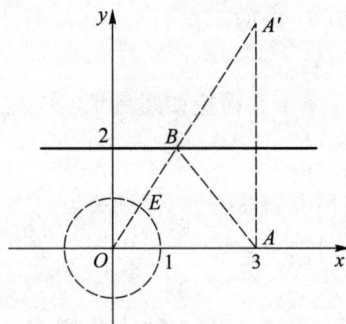

在 Rt△OAA'中,$OA' = \sqrt{3^2+4^2} = 5$,

得 $EA' = 5-1 = 4$,

因此 $BA+BE$ 的最小值为 4.

故选 B.

9. 【答案】 C

【考点】 穷举法、加法原理

【解析】 穷举法.甲、乙相遇的分组情况恰好有 6 种(请读者自己列举出来),所有可能的比赛分组情况共有 $4 \times \frac{C_4^2 C_2^2}{2!} = 12$(种),故选 C.

10.【答案】　E

　　【考点】　概率、质数

　　【解析】　抽中的质数可能为 2,3,5,7,11,13,每个质数有 4 张,则总共有 $6\times4=24$(张),概率为 $\dfrac{24}{54}=\dfrac{4}{9}$.

11.【答案】　A

　　【考点】　等比数列

　　【解析】　设该数列的第一项为 a_1,公比为 q,则根据已知有

$$a_1q^8+a_1q^9=a,$$
$$a_1q^{18}+a_1q^{19}=b,$$

可得 $q^{10}=\dfrac{b}{a}$,则

$$a_{99}+a_{100}=a_1q^{98}+a_1q^{99}=q^{90}(a_1q^8+a_1q^9)=\left(\dfrac{b}{a}\right)^9\cdot a=\dfrac{b^9}{a^8}.$$

12.【答案】　B

　　【考点】　路程问题

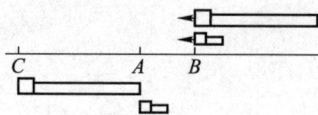

　　【解析】　由上图知,37 s 火车头从 B 走到 C,拖拉机从 B 走到 A,火车比拖拉机多行一个火车车长的路程,则火车车长 $[(56\,000-20\,000)\div3\,600]\times37=370$(m).

13.【答案】　D

　　【考点】　方程的整数解

　　【解析】　设小倩所有的钱数为 x 元,小玲所有的钱数为 y 元,x,y 均为非负整数. 由题设可得

$$\begin{cases}x+2=n(y-2),\\ y+n=2(x-n),\end{cases}$$

消去 x 得 $(2y-7)n=y+4$,则

$$2n=\dfrac{(2y-7)+15}{2y-7}=1+\dfrac{15}{2y-7}.$$

因为 $\dfrac{15}{2y-7}$ 为正整数,所以 $2y-7$ 的值分别为 $1,3,5,15$,所以 y 的值只能为 $4,5,6,11$. 从而 n 的值分别为 $8,3,2,1$;x 的值分别为 $14,7,6,7$.

14.【答案】　E

　　【考点】　三角形的面积、重心

【解析】 点 E 是 BC 的中点,则 △ABE 和 △ACE 的面积相等,即 $S_{\triangle ABE}=\dfrac{1}{2}$,这里点 D 是中线 AE、BF 的交点,也就是 △ABC 的重心,从而 $\dfrac{AD}{DE}=\dfrac{2}{1}$,从而 △$BDE$ 的面积为 $S_{\triangle BDE}=\dfrac{1}{3}S_{\triangle ABE}=\dfrac{1}{3}\times$ $\dfrac{1}{2}=\dfrac{1}{6}$.

注意:三角形的重心将中线分为 2∶1 的两部分.

15.【答案】 A

【考点】 正方形与圆

【解析】 集合 A 表示圆 $x^2+y^2=1$ 上点的集合,集合 B 表示菱形 $|x|+|y|=\lambda$ 上点的集合,由 $\lambda=|x|+|y|\geqslant 0$ 知 λ 表示直线在 y 轴正半轴上的截距,如图,若 $A\cap B\neq\varnothing$,则 $1\leqslant\lambda\leqslant\sqrt{2}$.

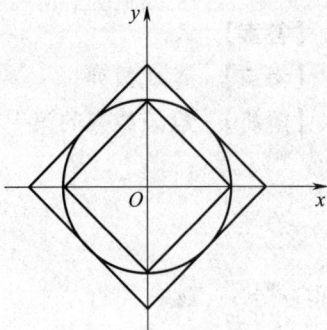

二、条件充分性判断

16.【答案】 D

【考点】 集合问题

【解析】 对于条件(1),易知单独参加数学竞赛的同学有 $45-30=15$(人);对于条件(2),设两种竞赛都参加的人数是 x,则 $(45-x)+(35-x)+x+10=60\Rightarrow x=30$,则单独参加数学竞赛的同学有 $45-30=15$(人).

17.【答案】 A

【考点】 三元一次方程组

【解析】 设甲、乙、丙三人分别有卡片 a,b,c 枚,则 $\begin{cases}a+b=51,\\b+c=45,\\c+a=48\end{cases}\Rightarrow\begin{cases}a=27,\\b=24,\\c=21,\end{cases}$ 要使得三人的卡片一样多,只需将甲的三枚卡片给丙即可,故条件(1)充分.

18.【答案】 B

【考点】 数列、一元二次方程

【解析】 对于条件(1),令 $a=b=c=1$,则原方程为 $x^2+2x+1=0$,该方程有两个相同的实数根,故条件(1)不充分;对于条件(2),$a,b,2c$ 为等比数列可知 $b^2=2ac\neq 0$,则方程的判别式 $\Delta=4b^2-4ac=4b^2-2b^2=2b^2>0$,故条件(2)充分.

19.【答案】 A

【考点】 概率、正难则反

【解析】 用正难则反的思想,红球至少被抽中 1 次,其反面就是红球从未被抽中过.

对于条件(1),红球至少被抽中 1 次的概率为 $P=1-\dfrac{4}{5}\times\dfrac{3}{4}\times\dfrac{2}{3}=0.6$,故充分.

对于条件(2),红球至少被抽中 1 次的概率为 $P=1-\left(\dfrac{4}{5}\right)^3=0.488$,故不充分.

20.【答案】 B

【考点】 抛物线、平底锅

【解析】 对于条件(1)，函数 $y=x^2+6x+a$ 的图像的对称轴是 $x=-3$，则 $a=-3$，条件(1)不充分；对于条件(2)，函数 $y=|x+1|+|x-a|$ 的图像是平底锅，这个"底"的两个端点是 -1 和 a，图像关于 $x=1$ 对称，则 $\dfrac{-1+a}{2}=1\Rightarrow a=3$.

21.【答案】 A

【考点】 数字问题，穷举法

【解析】 对于条件(1)，满足条件的有 $(3,3,3),(1,4,4),(2,2,5),(1,3,5),(2,3,4)$，再考虑顺序，共 $1+2\times3+2A_3^3=19$. 对于条件(2)，满足条件的有 $(1,3,3),(2,2,3),(1,1,5),(1,2,4)$，再考虑顺序，共 $3\times3+A_3^3=15$.

22.【答案】 A

【考点】 古典概率

【解析】 先分析条件(1). 根据题意，分别从集合 P 和 Q 中随机取一个数作为 m 和 n，其情况有 $m=1,n=-1$；$m=1,n=-2$；$m=1,n=3$；$m=-2,n=-1$；$m=-2,n=-2$；$m=-2,n=3$；$m=3,n=-1$；$m=3,n=-2$；$m=3,n=3$，共 9 种情况，则函数 $y=mx+n$ 的不同情况有 9 种. 若函数 $y=mx+n$ 的图像不经过第二象限，必有 $m>0,n<0$，其情况有 $m=1,n=-1$；$m=1,n=-2$；$m=3,n=-1$；$m=3,n=-2$，共 4 种情况，则函数 $y=mx+n$ 的图像不经过第二象限的概率 $P=\dfrac{4}{9}$. 条件(2) 显然不充分. 选 A.

23.【答案】 E

【考点】 绝对值不等式

【解析】 原不等式即 $|x|^2-2|x|-15>0\Leftrightarrow(|x|+3)(|x|-5)>0$，而 $|x|+3$ 一定大于零，则原不等式等价于 $|x|-5>0\Leftrightarrow x>5$ 或 $x<-5$，已知条件(1)和条件(2)均不充分，联合也不充分.

24.【答案】 A

【考点】 最值问题

【解析】 先单独考虑(1)，$S_{\triangle PAB}=\dfrac{1}{3}S_{矩形ABCD}$，所以 P 到 AB 的距离为 2，如图所示.

P 为直线 MN 上的一点，$DM=CN=1$，
作 D 点关于 MN 的对称点 D'，
则 $DP=D'P$，
$|DP-PE|=|D'P-PE|$，在 $\triangle D'PE$ 中，$D'P-PE<D'E$，当 P，
D'，E 共线的时候，$|DP-PE|=|D'P-PE|=D'E=\sqrt{2}$，所以
$|DP-PE|$ 的最大值为 $\sqrt{2}$.

两线段差的最大值，要找到与线段等长的三角形的两边，在三角形中解出最小值.

所以条件(1)单独充分，条件(2)与条件(1)数据是矛盾的，不充分，选 A.

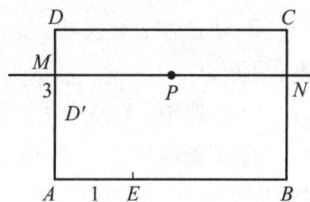

25.【答案】 C

【考点】 均值定理

【解析】 条件(1)和条件(2)单独信息量不够，所以均单独不充分，考虑(1)和条件(2)联合.
设甲组学生 a 人，乙组学生 b 人，丙组学生 c 人，则由题意得 $28a+30b+31c=365$.

因为 $28(a+b+c)<28a+30b+31c=365<31(a+b+c)$，

所以 $\dfrac{365}{31}<a+b+c<\dfrac{365}{28}$，所以 $a+b+c=12$ 或 13．

当 $a+b+c=12$ 时，则 $28a+30b+31c=28(a+b+c)+2b+3c=28\times12+2b+3c=365$，即 $2b+3c=29$；

当 $a+b+c=13$ 时，则 $28a+30b+31c=28(a+b+c)+2b+3c=28\times13+2b+3c=365$，即 $2b+3c=1$，此方程无解；

所以选 C．

三、逻辑推理

26.【答案】 E

【考点】 假言命题 联言、选言命题

【命题方向】 形式逻辑 正向推理

【解析】 题干信息:(1) 足够了解→做好规划；(2) 做好规划∧游刃有余→平衡。

E 选项:¬平衡∧游刃有余→¬做好规划。由(2)逆否可得:¬平衡→¬做好规划∨¬游刃有余，"¬平衡"之后，再结合"或"的性质，否定"¬游刃有余"，就可以得到:¬做好规划。正确。

A 选项:不合规则。¬足够了解→¬游刃有余,无法由题干信息推出,排除。

B 选项:移花接木。"足够了解"与"平衡"之间没有推理关系,排除。

C 选项:无中生有。"积累财富"的信息在题干中并未出现,排除。

D 选项:无中生有。题干中"合理配置"与"发挥作用"之间没有推理关系,排除。

故正确答案为 E 选项。

27.【答案】 A

【考点】 两大论证形式

【命题方向】 论证推理 假设、前提

【解析】 论据:大气中的二氧化硫和氮氧化合物是形成酸雨的主要物质；

结论:减少煤和石油的使用是防治酸雨的治本之策。

A 选项:建立联系,表明煤和石油的燃烧确实会排放二氧化硫和氮氧化合物,所以减少使用煤和石油之后确实可以防治酸雨,正确；

B、D 选项:干扰项,要注意题干信息,煤和石油燃烧的排放物不是氧化剂,也不是其他气体,排除；

C、E 选项:无关选项,无法建立论据与结论之间的关系,排除。

故正确答案为 A 选项。

28.【答案】 E

【考点】 十大论证模型

【命题方向】 论证推理 削弱、质疑、反驳

【解析】 论据:噬菌体可以捕食细菌；

结论:将噬菌体吸附在植入装置材料表面(方法),就可以避免植入装置引发的感染(目的)。

E 选项:方法达不到目的,噬菌体无法适应体液环境,难以保持活性,所以即使放入体内,也不能捕食细菌,从而就不能起到避免感染的作用,可以削弱,正确；

A、B 选项:无关选项,与题干论证无关,排除；

C 选项：两面派，一方面能够攻击致病细菌，另一方面又"捕食"有益细菌，二者哪个影响更大呢？未知，无法削弱，排除；

D 选项：诉诸未知，"有待研究"表明该信息不确定，无法削弱，排除。

故正确答案为 E 选项。

29.【答案】 D

【考点】 两大论证形式

【命题方向】 论证推理 假设、前提

【解析】 论据：(1) 高质量教育→真心热爱；(2) 名师→高质量教育。

结论：(3) 名校毕业→未必名师。

D 选项：建立联系。名校毕业→不一定真心热爱。结合(1)(2)可得：名校毕业→不一定高质量→未必名师，可以得出结论(3)。

故正确答案为 D 选项。

30.【答案】 D

【考点】 十大论证模型

【命题方向】 论证推理 削弱、质疑、反驳

【解析】 论据：哮喘的原因是迷走神经兴奋性的提高和交感神经反应性的降低；

结论：哮喘（果）与消极情绪（因）无关。

D 选项：间接因果，消极情绪会提高患者迷走神经的兴奋性并降低交感神经的反应性，从而导致哮喘病的产生，说明情绪与哮喘病的产生存在因果关系，可以削弱；

A 选项：力度较弱，消极情绪可诱发身体疾病，并不能说明会导致哮喘，排除；

B 选项：无关选项，题干论证与哮喘病的结果无关，排除；

C 选项：无关选项，消极情绪的普遍性与是否会导致哮喘无关，排除；

E 选项：无关选项，题干探讨的是引发哮喘的原因，而不是治疗方式，排除。

故正确答案为 D 选项。

31.【答案】 B

【考点】 稳赢分析法

【命题方向】 综合推理 分组

【解析】 (1) 甲、乙 周六、周日各 1 部。

(2) 乙 周日→丙 周六∧丁 周六

(3) 戊 周六→己 周六

(4) 丁 周六→己 周日

如果乙和己都在周六；根据(1)，甲在周日，己在周六；根据(4)，则丁在周日；所以，周六至多可以有乙、己、戊、丙，而甲和丁在周日。

故正确答案为 B 选项。

32.【答案】 C

【考点】 稳赢分析法

【命题方向】 综合推理 分组

【解析】 根据甲和丁不在同一天放映，则可知甲和丁周六和周日各 1 部。根据(1)，可知乙

和丁在同一天。如果甲在周六,则丁和乙在周日;而根据(2),可知丁在周六;此时丁这里出现矛盾。所以,甲应该在周日,丁和乙在周六。再根据(4),可知己在周日;根据(3),可知戊在周日。

故正确答案为 C 选项。

33.【答案】 D

【考点】 无确定信息破解法

【命题方向】 综合推理 匹配

【解析】 由(1)可知,赵大宝在果汁和可乐中会选 1 种,结合每人会选 3 种饮品,所以赵大宝在绿茶、红茶、花茶中 3 选 2,因此绿茶和红茶一定会至少选 1 个,结合(2)可得:钱大宝没有选果汁,也没有选可乐。

因为每种饮品需要有 3 个人选择,所以孙大宝和李大宝一定选果汁和可乐,又因为每人要选 3 种,所以李大宝在绿茶、红茶、花茶中一定会至少选 1 个,结合(3)可得:孙大宝在绿茶和红茶中 2 选 1,所以孙大宝一定没选花茶。

故正确答案为 D 选项。

34.【答案】 C

【考点】 联言、选言、假言命题

【命题方向】 形式逻辑 真假判定

【解析】 (1) 数学∧逻辑→¬写作∧¬英语,矛盾:数学∧逻辑∧(写作∨英语)。

(2) 数学∨逻辑;矛盾:(数学∧逻辑)∨(¬数学∧¬逻辑)。

(3) ¬(写作∧数学)=¬写作∨¬数学;矛盾:写作∧数学。

(4) 逻辑→英语;矛盾:逻辑∧¬英语。

没有满足任何一个人的想法,即对上述命题均找矛盾关系。

根据矛盾关系可知,最终的安排是:写作∧数学∧逻辑∧¬英语。

故正确答案为 C 选项。

35.【答案】 A

【考点】 确定信息推理

【命题方向】 综合推理 匹配

【解析】 由(1)(4)可得以下两种位置情况:

①(东)"爱""礼"、【 】

(西)"仁"、(综合)、【 】

②(东)【 】、"礼""爱"

(西)【 】、(综合)、"仁"

综上可知,"礼"一定在道路东侧的中间,故正确答案为 A 选项。

36.【答案】 B

【考点】 稳赢分析法

【命题方向】 综合推理 匹配

【解析】 由(2)(3)可得以下两种位置情况:

①(东)"爱"(民生)、"礼"( )、【 】

(西)"仁"(财务)、"义"(综合)、"道"

② (东)【 】、"礼"( )、"爱"(民生)
(西)"道""义"(综合)、"仁"(财务)

综上可知,综合部展板的主题是"义"。

故正确答案为 B 选项。

37.【答案】 E

【考点】 论证评价

【命题方向】 论证推理 论证方式及漏洞

【解析】 题干中美国国家食品和药物管理局回应的论证过程为:没有报告显示化学分散剂不安全,所以就是安全的。这一论证过程犯了"诉诸无知"的谬误,某件事未被证明是真实的,故它不是真实的,也就是没有证据证明某种情况(化学品不安全)的存在,当作有证据证明某种情况(化学品不安全)不存在。其他选项与论证过程无关。

故正确答案为 E 选项。

38.【答案】 D

【考点】 稳赢分析法

【命题方向】 综合推理 匹配

【解析】 如果乙说谎,甲、丙、丁都说真话,那么就没有人抽到红桃,与题干信息矛盾,所以乙说真话,抽中的是红桃。

故正确答案为 D 选项。

39.【答案】 B

【考点】 无确定信息破解法

【命题方向】 综合推理 分组

【解析】 题干信息:

(1) 甲∨乙∨丁;

(2) 甲→乙∧丁＝¬乙∨¬丁→¬甲;

(3) 丁→甲∧乙＝¬甲∨¬乙→¬丁。

由(2)(3)可知,若乙未进半决赛,则甲和丁也未进半决赛,与(1)矛盾,故乙一定会进入半决赛。

B 选项:甲∨乙,由"或"的真值特点"一真则真"可知,乙进入半决赛为真,则"甲∨乙"也为真。

故正确答案为 B 选项。

40.【答案】 D

【考点】 论证评价

【命题方向】 论证推理 结论

【解析】 题干结构为:(1)背景信息:如果我们乐观地认为互联网可以解决边缘性群体等社会问题,就是典型的技术决定论。假如技术决定论成立,那么所有社会问题都可以转化为技术问题,世界其实会简单许多。(2)转折词引领中心句:但这并非事实,任何技术问题的解决都会伴随着新问题的产生。(3)举例证明主旨:无人机。

核心句为(2),也就是单纯依赖技术无法解决社会问题。

故正确答案为 D 选项。

41. 【答案】 D

【考点】 十大论证模型

【命题方向】 论证推理 假设、前提

【解析】 属方法目的模型。方法:放养紫茎泽兰的天敌——泽兰实蝇;目的:抑制紫茎泽兰。

第一思路:该方法可以达到目的。但是要注意此题为"假设题型",慎选偏激选项。

D 选项:方法可行,表明放养的泽兰实蝇确实可以起到作用,正确;

A 选项:假设过强,只要其天敌可以存活即可,不需要假设气候和土壤完全相同;

B 选项:假设过强,只要对抑制紫茎泽兰有效即可,不需要考虑其他植物;

C 选项:无关选项,与题干论证无关,排除;

E 选项:无关选项,与题干的方法无关,排除。

故正确答案为 D 选项。

42. 【答案】 B

【考点】 两大论证形式

【命题方向】 论证推理 支持加强

【解析】 研究人员观点:肿瘤发病风险的降低与发酵乳制品的摄入有相关性。

A 选项:相关性弱,题干为"降低肿瘤发病风险",与选项中的"治疗癌症"不同,排除。

B 选项:建立联系,建立发酵乳制品中的益生菌与抗癌的联系,正确。

C 选项:态度不明,并未表明发酵乳制品与防癌之间是否有关,排除。

D 选项:相关性弱,只提及发酵乳制品与癌症的治疗有关,排除。

E 选项:力度较弱,酸奶不等于发酵乳制品,而且这 3 种癌症也不能代表所有癌症,排除。

故正确答案为 B 选项。

43. 【答案】 E

【考点】 两大论证形式

【命题方向】 论证推理 假设、前提

【解析】 原因:戴墨镜者有消沉或患有忧郁症的倾向;

结果:人们会戴墨镜。

E 选项:表明不是因为墨镜使戴墨镜者心情消沉,排除了因果倒置的可能性,是题干论证需要的假设;

A、B、C、D 选项:无关选项,"某些情况""与别人疏远开来""消沉有很多原因""视觉信号"与题干论证无关,排除。

故正确答案为 E 选项。

44. 【答案】 D

【考点】 假言命题 联言、选言命题

【命题方向】 形式逻辑 真假判定

【解析】 题干信息:

东:¬中→¬东,预测错误,则真实情况为:¬中∧东(1);

西:(西∧北∧中)∨(¬西∧¬北∧¬中),预测错误,说明三人优秀情况不同(2);

南:南→西,预测错误,则真实情况为:南∧¬西(3)。

由(1)和(3)可知,西大宝和中大宝都不被评定为优秀,结合(2)可推出:北大宝被评定为优秀。

所以,东大宝、南大宝、北大宝三人被评定为优秀。

故正确答案为 D 选项。

45.【答案】 E

【考点】 两大论证形式

【命题方向】 论证推理 支持、假设

【解析】 孟先生:大蒜没有降压、防癌、抗菌抗氧化等功效。

E 选项:态度正确,表明大蒜确实没有上述功效,正确;

A、B 选项:态度不明确,未表明大蒜是否具有这些功效,排除;

C 选项:态度错误,削弱了孟先生的观点,排除;

D 选项:无关选项,未涉及功效问题,排除。

故正确答案为 E 选项。

46.【答案】 E

【考点】 确定信息推理

【命题方向】 综合推理 综合题组(排序)

【解析】 由条件(2),周一定在 4 号座位,再由条件(1)和(3)可知空座位是 3 号,钱在 1 号座位,李在 2 号座位。

故正确答案为 E 选项。

47.【答案】 E

【考点】 确定信息推理

【命题方向】 综合推理 综合题组(排序)

【解析】 由于赵、孙间隔一个座位,由条件(1)知钱和李也一定间隔一个座位,而周、吴要占两个相邻的座位,所以,钱、李位置只能依次为 2 号、4 号。又考虑到周、吴是相邻的,所以周吴只能坐在 5 号、6 号或 6 号、7 号,那么空座位就是 5 号或 7 号。

故正确答案为 E 选项。

48.【答案】 A

【考点】 稳赢分析法

【命题方向】 综合推理 综合题组

【解析】 假设韩敏去长金,由条件(4)知孟睿去天怡,再由条件(1),庄聪与墨灵必须去风云。此时孔智和荀慧已经无处可去,所以上述假设是不可能的。

故正确答案为 A 选项。

49.【答案】 C

【考点】 稳赢分析法

【命题方向】 综合推理 综合题组

【解析】 假设墨灵去了天怡,由条件(1),庄聪也要去天怡,这样中间的子公司(天怡)被占满了,孟睿和韩敏所去的子公司就不可能紧邻了,所以上述假设是不可能的。

故正确答案为 C 选项。

50.【答案】 E

【考点】 稳赢分析法

【命题方向】 综合推理 排序

【解析】 根据题干条件进行标注,每一个书架只能放一种书,确定的信息为:(1)1号和10号书架放写作书;(5)4号书架放逻辑书,5号书架放数学书。再根据(2)可知,逻辑书的另外一个书架不可能是5号书架,那么只能是3号书架。接着,由(3)可知,2号书架不能放英语书,所以剩下的6、7、8、9四个书架必然是放英语书,写作的另外一本书只能放2号书架。最终结果为:

1	2	3	4	5	6	7	8	9	10
写作	写作	逻辑	逻辑	数学	英语	英语	英语	英语	写作

故正确答案为E选项。

51.【答案】 D

【考点】 关系命题 假言命题

【命题方向】 形式逻辑 加分题型

【解析】 题干信息:

(1)A不认识郑→周认识A;

(2)王不认识郑;

(3)B认识周→郑认识B=郑不认识B→B不认识周。

附加信息:

(4)李认识周。

由(3)和(4)结合可得:李认识周→郑认识李。

由(1)和(2)结合可得:王不认识郑→周认识王。

故正确答案为D选项。

52.【答案】 C

【考点】 关系命题 假言命题

【命题方向】 形式逻辑 加分题型

【解析】 附加信息:

(5)郑不认识吴,由(3)的逆否可得:吴不认识周;

(6)郑不认识周;

(7)郑不认识王,由(3)的逆否可得:王不认识周。

C选项:由(7)和(5)可得,王不认识周∧吴不认识周,与C选项矛盾,一定为假,正确;

A、D选项:由题干条件无法得知,排除;

B、E选项:由(7)可知,为真,排除。

故正确答案为C选项。

53.【答案】 D

【考点】 两大论证形式

【命题方向】 论证推理 支持加强

【解析】 研究人员的观点:慢性疲劳综合征可能与肠道菌群有关。

A 选项:相关性弱,并未建立起慢性疲劳综合征与肠道菌群的联系,排除。

B 选项:无关选项,只提及慢性疲劳综合征的危害,排除。

C 选项:无关选项,只提及慢性疲劳综合征的治疗,排除。

D 选项:建立联系,表明慢性疲劳综合征与肠道菌群存在联系,正确。

E 选项:无关选项,只提及慢性疲劳综合征的治疗,排除。

故正确答案为 D 选项。

54.【答案】 C

【考点】 稳赢分析法

【命题方向】 综合推理 综合题组(分组)

【解析】 题干信息:(1) 鱼肉→鸡肉;

(2) 羊肉→¬菠菜∧¬芹菜;

(3) 午餐鸡肉→午餐羊肉;

(4) 香菇∨生菜→鱼肉。

结合信息(1)(4)推知:(5) 香菇∨生菜→鱼肉→鸡肉。

每餐每一类至少使用一种,每种食材不会被重复使用,结合(3)(5)可推知午餐不可能使用香菇、生菜、鱼肉。

若午餐选了鸡肉,那么对于其他餐时使用鱼肉的将无法使用鸡肉,所以午餐也不能使用鸡肉;午餐也不能同时使用牛肉和羊肉,如果同时使用,那么必定有一个餐时没有肉类可选。

若午餐选羊肉,那么必选白菜,其他餐时选鸡肉和鱼肉的必选生菜,余下选牛肉的则只能选芹菜和菠菜;若午餐不选羊肉,选的是牛肉,分析可推知不能选生菜,那只能选芹菜和菠菜。

综上可知,无论哪个餐时选择牛肉,都会同时选择芹菜和菠菜。

故正确答案为 C 选项。

55.【答案】 B

【考点】 稳赢分析法

【命题方向】 综合推理 综合题组(分组)

【解析】 结合信息(1)(4)推知:香菇∨生菜→鱼肉→鸡肉。

每餐每一类至少使用一种,每种食材不会被重复使用,结合(3)(5)可推知午餐不可能使用香菇、生菜、鱼肉。早餐使用了豆腐,那么午餐必定使用了鸡蛋。

故正确答案为 B 选项。

四、写作

56. 论证有效性分析

【参考答案】

1. 以偏概全:某所学校几个同学的事例未必能推出"豪门贵胄"这一一般性结论,不能以一个学校的部分事例轻易地推断一般性结论。

2. 前后矛盾:文章第一段赞同"寒门难出贵子",第二段又说明"寒门未必不能出贵子",显然前后矛盾。

3. 论据不成立:教育并没有完全产业化,义务教育的公益性就是有力的证明,只有有钱人才能上得起辅导班也不成立,所以论证的论据不成立。

4. 条件不充分:一个人能否走出自己的阶层取决于多方面因素,不仅有原文涉及的个人方面的几点因素,还有其他许多社会因素不能忽视。

5. 推断不当:即使父母实现梦想、创造财富,如果没有对子女的恰当教育,子女没有积极努力,也未必能成为贵子。(前文已对贵子有定义,不是有钱人的孩子叫贵子,而是有成就的孩子才叫贵子。否则寒门永远是寒子,也就没有成不成贵子的说法了)

6. 概念混淆:原文将"阶级"与"阶层"混淆。

【参考范文】

寒门真的难出贵子吗?

本文作者认为,寒门之所以难出贵子,其重要原因是父母的短视和不上进,体现的恰恰是对奋斗者的公平。然而其论证过程真的站得住脚吗?我们对其论证过程逐个分析:

首先,一位中学教师网帖的几个学生事例未必能够证明豪门贵胄说法的合理性。因为发帖的内容只是某个学校的几个事例,不具有代表性,无法说明社会的普遍情况,不宜下一般性结论。

其次,文章第一段赞同"'寒门无贵子'十分有道理",第二段又列举若干方法,试图说明"寒门未必不能出贵子",显然前后矛盾,观点截然相反。

再次,文中教育完全产业化的理由并不能成立,我国教育主体的九年义务教育仍然由国家提供,人人平等,并未产业化,只是课外辅导属于产业化而已。因此不能据此推出寒门难出贵子还有明显的经济方面原因。

接着,"有点智商、肯吃苦努力、愿意冒点风险"未必就能"走出自己的阶层",作者显然忽视了其他方面的因素。个人发展与社会环境息息相关,原文只看到个人因素,忽视了社会因素。

最后,父母实现了梦想、创造了财富,不能推出孩子必然能够成为"贵子",两者之间并无必然联系,贵子指的是孩子个人的发展、成就,并不是指什么样的家庭。什么样的家庭都可能有"贵子",什么样的家庭也都可能出"败家子"。

综上所述,上述论证存在诸多不足之处,不能有效支撑文中观点。

57. 论说文

【参考范文】

个人权利与公共利益的平衡共融

在当今社会,个人权利与公共利益的关系一直是人们关注和讨论的重要话题。这两者既相互依存,又可能冲突。如何平衡个人权利与公共利益,成为我们不得不面对的问题。

首先,个人权利是社会进步和发展的基石。个人权利的保护是确保社会每个成员能够自由表达、追求幸福、自我实现的保障。在一个尊重个人权利的社会中,个人拥有更大的创造力和活力,这促进了社会的创新和进步。因此,保护个人权利不仅是对个人尊严的尊重,也是对社会发展的促进。

然而,个人权利并非是绝对的,它的实现需要与公共利益相协调。公共利益是社会的共同利益,涉及整个社会的繁荣、安全和稳定。在某些情况下,个人权利与公共利益之间若发生冲突,当个人行使权利影响公共利益时,就需要在两者之间进行权衡和取舍。

在本题案例中,个人权利与公共利益产生了一定冲突,在这种情况下,我们应该认识到个人权利与公共利益密不可分。主张个人权利固然无错,但不应以牺牲公共利益和他人健康为代价。

作为公民,主张个人权利也需承担个人义务。在合理的范围内,个人应该对这些措施给予理解和配合。同时,政府也应在保障公共利益的同时,尽可能减少对个人权利的影响,确保相应措施的必要性与合理性,实现个人权利与公共利益之间的平衡与共融。

为此,首先,要建立健全法律制度,让法律制度在确保个人权利得到保障的同时,也能够有效地维护公共利益。其次,要加强社会宣传引导,提高公民责任意识,提升公民对个人权利和公共利益关系的辩证认识,增强公民对权利和义务关系的完整理解。最后,要加强沟通对话和民主参与,让不同利益相关者均能参与到个人权利与公共利益的权衡过程中,共同寻求最优的解决方案。

相信在各方的共同努力下,我们完全可以实现个人权利与公共利益的和谐统一,推动社会的稳定、发展和繁荣。

一、问题求解：第 1~15 小题，每小题 3 分，共 45 分。下列每题给出的 A、B、C、D、E 五个选项中，只有一个选项是最符合题目要求的。

1. 一栋 12 层楼房备有电梯，第 2 层至第 6 层电梯不停. 在一层有 3 人进了电梯，其中至少有 1 个要上 12 层，则他们到各层的可能情况共有（　　）种.

   A. 90 　　　　　　　　 B. 91 　　　　　　　　 C. 92

   D. 93 　　　　　　　　 E. 94

2. 一个三位数 abc，a,b,c 是不同的质数，而且这个三位数是 a,b,c 的倍数. 这个三位数是（　　）.

   A. 730 　　　　　　　　 B. 731 　　　　　　　　 C. 732

   D. 733 　　　　　　　　 E. 735

3. 设数列 $\{a_n\}$ 满足 $a_1=1$，$a_2=3$，且 $2na_n=(n-1)a_{n-1}+(n+1)a_{n+1}(n\geq 2)$，则 $a_{20}=$（　　）.

   A. $\dfrac{24}{5}$ 　　　　　　 B. $\dfrac{21}{5}$ 　　　　　　 C. $\dfrac{24}{7}$

   D. $\dfrac{34}{5}$ 　　　　　　 E. 以上都不是

4. 已知元素为实数的集合 A 满足条件：若 $a\in A$，则 $\dfrac{1+a}{1-a}\in A$，那么集合 A 中所有元素的乘积为（　　）.

   A. -1 　　　　　　　　 B. 1 　　　　　　　　 C. 0

   D. ± 1 　　　　　　　　 E. 不能确定

5. 某学校入学考试，参加的男生与女生人数之比是 $4:3$. 结果录取 91 人，其中男生与女生人数之比是 $8:5$. 未被录取的学生中，男生与女生人数之比是 $3:4$. 则报考的共有（　　）人.

   A. 112 　　　　　　　　 B. 118 　　　　　　　　 C. 119

   D. 140 　　　　　　　　 E. 210

6. 我市为加强学生的安全意识，组织了全市学生参加安全知识竞赛，为了了解此次知识竞赛成绩的情况，随机抽取了部分参赛学生的成绩，整理并制作出如下的不完整的统计表和统计图，如图所示，请根据图表信息解答以下问题.

组别	成绩 x/分	频数
A 组	$60\leq x<70$	a
B 组	$70\leq x<80$	8
C 组	$80\leq x<90$	12
D 组	$90\leq x<100$	14

若成绩在 80 分以上（含 80 分）的为"优"等,则所抽取学生成绩为"优"的占所抽取学生的百分比为(   ).

A. 40%   B. 50%   C. 60%

D. 65%   E. 70%

7. 如图,平行四边形 $ABCD$ 的面积是 30,E 为 AD 边延长线上的一点,EB 与 DC 交于 F 点,如果 $\triangle FBC$ 的面积比 $\triangle FDE$ 的面积大 9,且 $AD=5$,则 $DE=($).

A. 2   B. 3   C. 3.5

D. 4   E. 4.2

8. 若 $x^2-2xy+ky^2+3x-5y+2=0$ 能表示两条直线方程,则这两条直线的斜率之积为(   ).

A. $-\dfrac{1}{3}$ B. $\dfrac{1}{3}$ C. 3

D. -3 E. 1

9. 过 $P(1,4)$ 作一条直线,使其在两坐标轴的截距互为相反数,则这条直线方程经过如下点的坐标(   ).

A. $(0,-3)$ B. $(3,0)$ C. $(-1,-4)$

D. $(-2,2)$ E. $(5,-4)$

10. 已知数列 $\{a_n\}$ 对任意的 $p,q\in \mathbf{N}^*$ 满足 $a_{p+q}=a_p+a_q$,且 $a_2=-6$,那么 a_{10} 等于(   ).

A. -60 B. -61 C. -30

D. 63   E. 64

11. 某校规定:学生的数学学期综合成绩是由平时、期中和期末三项成绩按 $3:3:4$ 的比例计算所得.若某同学本学期数学的平时、期中和期末成绩分别是 90 分,90 分和 85 分,则他本学期数学学期综合成绩是(   )分.

A. 90   B. 88   C. 92

D. 93   E. 94

12. 如图,一只甲虫从 A 点出发沿着线段爬到 B 点,要求任何点与线段都不能重复经过,这只甲虫一共有( )种走法.(不允许向左或向上走)

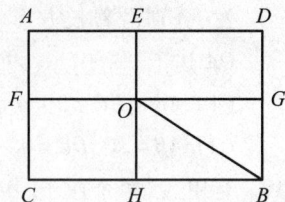

   A. 6   B. 8

   C. 9   D. 10

   E. 11

13. 某次抽奖活动在三个箱子中均放有红、黄、绿、橙、白、黑 6 种颜色的球各一个,奖励规则如下:从三个箱子中分别摸出一个球,摸出的 3 个球均为红球的得一等奖,摸出的 3 个球中至少有两个绿球和一个白球的得二等奖,摸出的 3 个球均为彩色球(黑、白除外)的得三等奖.则不中奖的概率是( ).

   A. $\dfrac{27}{64}$ B. $\dfrac{8}{27}$ C. $\dfrac{149}{216}$

   D. $\dfrac{29}{64}$ E. $\dfrac{35}{64}$

14. 过点 $(1,\sqrt{2})$ 的直线 l 将圆 $(x-2)^2+y^2=4$ 分成两段弧,当劣弧所对的圆心角最小时,直线 l 的斜率 $k=($).

   A. $\dfrac{\sqrt{2}}{2}$ B. 1   C. 0

   D. 2   E. 3

15. 如图是正方体的展开图,则原正方体相对两个面上的数字和最小是( ).

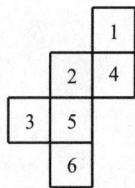

   A. 4   B. 6   C. 7

   D. 8   E. 9

二、**条件充分性判断**:第16~25小题,每小题3分,共30分。要求判断每题给出的条件(1)和条件(2)能否充分支持题干所陈述的结论。A、B、C、D、E 五个选项为判断结果,只有一个选项是最符合题目要求的。

   A. 条件(1)充分,但条件(2)不充分

   B. 条件(2)充分,但条件(1)不充分

   C. 条件(1)和(2)单独都不充分,但条件(1)和(2)联合起来充分

   D. 条件(1)充分,条件(2)也充分

   E. 条件(1)和(2)单独都不充分,条件(1)和(2)联合起来也不充分

16. m 的取值范围 $(-\infty,-5]$.

   (1)关于 x 的不等式 $|x-m|+|x+4|\geq 1$ 的解集是全体实数

   (2)当 $x\in(1,2)$ 时,不等式 $x^2+mx+4<0$ 恒成立

17. 一件工作甲、乙两人合作完成需要 6 天.

   (1)甲单独做比规定时间提前 2 天完成,乙单独需要超过 3 天完成

   (2)甲、乙合作 2 天后,剩下的继续由乙单独做,刚好在规定的日期内完成

18. 如图,长方形 $ABCD$ 中位于 A 点的第一只蚂蚁按 $A\to B\to C\to D\to A$ 的方向,位于 C 点的第二只蚂蚁按 $C\to B\to A\to D\to C$ 的方向同时出

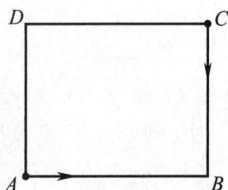

发,分别沿着长方形的边爬行.如果两只蚂蚁第一次在 B 点相遇,则两只蚂蚁第二次相遇在 DA 边上.

(1) $AB:BC=5:4$

(2) $AB=10,BC=8$

19. 有甲、乙两个瓶子,甲瓶里装了 200 ml 清水,乙瓶里装了 200 ml 纯酒精.则甲瓶里含纯酒精和乙瓶里含水一样多.

(1) 第一次把 20 ml 纯酒精由乙瓶倒入甲瓶

(2) 第二次把甲瓶中 20 ml 溶液倒回乙瓶

20. 外语学校有英语、法语、日语教师共 27 人,其中只能教英语的有 8 人,只能教日语的有 6 人,能教英语、日语的有 5 人,能教法语、日语的有 3 人,能教英语、法语的有 4 人,则三种语言都能教的有 2 人.

(1) 只能教法语的有 5 人

(2) 只能教法语的有 6 人

21. 如图,三角形 ABC 的面积为 3 cm^2,则能确定三角形 BDE 的面积为 12.5 cm^2.

(1) $AB:BE=2:5$

(2) $BC:CD=3:2$

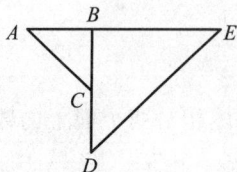

22. 在一条公路的两边植树,这条公路的长度不超过 800 m.

(1) 如果每隔 3 m 种 1 棵数,还剩 5 棵树苗

(2) 如果每隔 2.5 m 种 1 棵数,还缺 115 棵树苗

23. 用 A、B、C 三类不同元件连接成系统 N,已知元件 A、B、C 正常工作的概率分别为 0.8、0.9、0.9,现有甲、乙两种方案连接元件 A、B、C.则甲方案下系统正常工作的概率比乙方案下系统正常工作的概率小.

(1) 甲方案:如图,当元件 A、B、C 都在正常工作时,系统 N 正常工作

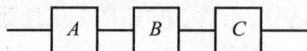

(2) 乙方案,如图,当元件 A 正常工作且元件 B、C 至少有一个正常工作时,系统 N 正常工作

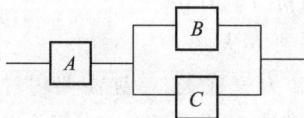

24. 三个检查部门的人数分别为 6,3 和 2,因工作需要,7 月和 8 月每天需要排 3 人检查生产工作.则在这两个月中,可使每天检查工作人员不完全相同.

(1) 检查人员不能来自同一部门

（2）检查人员来自三个不同部门

25. 已知数据 $1:x_1,x_2,\cdots,x_n$ 的方差为 $S_1^2(S_1^2\neq0)$，数据 $2:ax_1+b,ax_2+b,\cdots,ax_n+b$ 的方差为 S_2^2，则能确定 $\dfrac{S_2^2}{S_1^2}$ 的值.

  （1）$a=2,b=2$

  （2）$a=3,b=0$

三、逻辑推理：第 26 ~ 55 题，每小题 2 分，共 60 分。下列每题给出的 A、B、C、D、E 五个选项中，只有一个选项是最符合题目要求的。

26. 论文答辩是学校对毕业论文成绩进行考核验收的一种形式。如果有谁没有参加论文答辩，那么或者是他没有确定好论文主题，或者是他阅读的文献不够。

  如果上述断定是真的，则以下哪项也一定是真的？

  Ⅰ．一个参加论文答辩的人，一定既确定好了论文主题，也阅读了足够的文献。

  Ⅱ．一个确定好了论文主题，并且阅读了足够文献的人，一定会参加论文答辩。

  Ⅲ．一个没有确定好论文主题，并且阅读文献不够的人，一定没有参加论文答辩。

  A. 只有 Ⅰ   B. 只有 Ⅱ   C. 只有 Ⅲ

  D. 只有 Ⅰ 和 Ⅲ   E. Ⅰ、Ⅱ 和 Ⅲ

27. 自 20 世纪 50 年代以来，人类丢弃了多达 10 亿吨塑料垃圾，这种垃圾可能存在数百年甚至数千年。近日，一个科研小组在亚马孙雨林中发现一种名为内生菌的真菌，它能降解普通的聚氨酯塑料。科研人员认为利用这种真菌的特性，将有望帮助人类消除塑料垃圾带来的威胁。

  科研人员的判断还需基于以下哪一前提？

  A. 塑料垃圾是人类活动产生的最主要的废弃物种类。

  B. 内生菌在任何条件下都可以很好地分解塑料制品。

  C. 目前绝大多数塑料垃圾都属于普通的聚氨酯塑料。

  D. 这种真菌在地球上其他地区也能正常地存活生长。

  E. 科学家研究发现，内生菌除了能降解普通的聚氨酯塑料之外，还能降解其他废弃物。

28. 自从三次科技革命以来，能源成为各个国家经济的命脉，而地球上的能源是有限的。某专家认为，氢能作为一种清洁、高效、可持续的能源，可作为 21 世纪最具发展潜力的清洁能源。

  以下哪项如果为真，最能削弱上述专家的观点？

  A. 氢能可以存储和运输，并能很容易地转换成电能、热能或其他能量形式。

  B. 全球约有 98% 的纯氢是通过使用天然气或煤炭原料的碳密集型方式（即"灰色"氢）产生的，这加剧了对传统燃料的消耗。

  C. 氢能可以满足全球能源需求，为汽车提供燃料，为家庭供暖，并帮助应对气候变化。

  D. 全球只有部分国家有能力生产并储存氢能，氢能不是解决能源危机的唯一方法。

  E. 氢能发电效率高，排放为水蒸气，而且大规模量产燃料电池后成本能降低不少。

29 ~ 30 题基于以下题干信息：

  一个食堂准备每周从周一到周六的菜品，需要 6 种蔬菜：白菜、黄瓜、茄子、娃娃菜、菠菜和西蓝花。每天只准备 1 种蔬菜，并且必须符合以下条件：

  （1）白菜在茄子之前的某天准备；

（2）娃娃菜在周一或周六准备；

（3）周三准备西蓝花或菠菜；

（4）黄瓜紧挨着菠菜的后一天准备。

29. 如果菠菜在周二、周四或周六准备，以下哪项陈述必然为真？

　　A. 黄瓜紧挨着菠菜的前一天准备。

　　B. 茄子紧挨着菠菜的前一天准备。

　　C. 西蓝花紧挨着菠菜的前一天准备。

　　D. 娃娃菜紧挨着菠菜的前一天准备。

　　E. 白菜紧挨着菠菜的前一天准备。

30. 如果茄子在周二准备，以下哪项陈述必然为真？

　　A. 娃娃菜在周六准备。　　　　B. 黄瓜在周四准备。　　　　C. 黄瓜在周五准备。

　　D. 西蓝花在周三准备。　　　　E. 菠菜在周四准备。

31. 小尉迟是孙大宝的别名。孙大宝和弟弟孙小宝虽为一母所生，但就性格上，二人非常合不来，弟弟管不了哥哥，哥哥又看不上弟弟，孙大宝索性搬出了城住。所有人都知道小尉迟是水浒人物，但有些人并不知道孙大宝是水浒人物。而且，没听说过孙小宝的人也很多。

以下哪项如果为真，能最强地反驳以上论述？

　　A. 一部分读过《水浒传》的人不知道小尉迟是其中的人物。

　　B. 兄弟间有差别再正常不过，根本不值得大惊小怪。

　　C. 知道小尉迟是水浒人物的人都知道他是孙小宝的哥哥。

　　D. 有些人不知道小尉迟的真名叫孙大宝。

　　E. 大保罗和小保罗是一母所生，而且兴趣差不多。

32. 当人们在海洋中游泳时，身体会释放出一种看不见的电信号。科研人员根据这种情况研制了海洋隐形衣，该隐形衣屏蔽身体释放的电信号，使得鲨鱼等海洋生物无法发现人们的踪迹。这样，人们就可以近距离接触并观察鲨鱼等海洋生物。

以下哪项是科研人员假设的前提？

　　A. 有些海洋生物利用超声波进行信息交流、觅食、发现并躲避天敌。

　　B. 部分鱼类的视网膜中含有很多视锥细胞，能够敏锐地感受水中细微的光线变化。

　　C. 鲨鱼等海洋生物是凭借人体释放的电信号来发现人类踪迹的。

　　D. 该隐形衣非常轻薄，对人们在水下的活动不会形成阻碍。

　　E. 海豚与鲨鱼相似，都是利用超声波感知电信号，从而进行活动。

33. 体能与战斗技术异于常人、所向披靡的"超级战士"一直是硬核科幻影视文学作品中津津乐道的主角。近日，一份技术展望报告做出了一个惊人的预测："超级战士"可能在 2050 年左右就会走出科幻电影和游戏画面，真实地活跃在战场上。有人据此认为，"超级战士"的出现将会重塑未来战争的形态。

以下各项如果为真，均能支持上述观点，除了

　　A. "超级战士"具有超能视力，在黑暗中依旧拥有穿透夜雾的视力，周围环境将被他们的双眼还原成白昼。

　　B. "超级战士"拥有"狼的耳朵"，可以全面获悉瞬息万变的战场信息。

C. "超级战士"的超能力已经广泛引起了各国民众的讨论,其将会涉及的伦理道德等问题还需要进一步研究。

D. "超级战士"拥有智能紧身衣,帮助穿戴者实现肌肉疲劳快速恢复和力量增强,执行动作更加迅捷、精确。

E. 利用先进的脑机界面技术,"超级战士"不仅思维和反应更加灵敏,还可以利用意念直接操纵武器和交通载具,甚至达成单兵之间的即时交流通信。

34. 逸大宝参加一个知识竞赛,共6道题目,评分标准为:答对1题得8分,答错1题得0分,不答得2分。在这次竞赛中逸大宝得了20分,则以下哪项最可能是他的答题情况?

A. 至多答对1道题。　　　B. 至少有3个小题没答。　　　C. 至少答对3个小题。

D. 答错2个小题。　　　E. 至多有1道题没答。

35~36题基于以下题干信息:

张大宝、王大宝、李大宝和赵大宝四人在规划自己的毕业旅行,共有4个城市可供选择,分别为:哈尔滨、大连、昆明、福州。旅行回来之后4人相聚,发现每人都恰好去了两个城市,每个城市都恰有两个人去。已知:

（1）张大宝和王大宝都至少去了一个北方城市;

（2）除非张大宝只去了北方城市,否则王大宝和赵大宝都去了大连。

35. 若李大宝去了大连,则以下哪项一定为真?

A. 赵大宝去了昆明。　　　B. 李大宝去了福州。　　　C. 王大宝去了大连。

D. 张大宝去了昆明。　　　E. 赵大宝去了哈尔滨。

36. 若张大宝和王大宝去的城市完全不同,则关于四人旅行的城市可以得出以下哪项?

A. 如果赵大宝去了哈尔滨,则张大宝一定去了昆明。

B. 如果张大宝去了昆明,则李大宝一定去了福州。

C. 如果赵大宝去了哈尔滨,则李大宝一定去了昆明。

D. 如果李大宝去了哈尔滨,则王大宝一定去了福州。

E. 如果王大宝去了福州,则赵大宝一定去了昆明。

37. 公司日常工作沟通应当真诚且直接,只有这样才能达到最高工作效率和最佳工作结果。沟通只有简单并且务实,才能求同存异或平等包容。除非学习批判性思维并接受矛盾,否则无法在平等透明的环境下尊重彼此。

根据以上信息,可以得出以下哪项?

A. 公司员工必须学习批判性思维,在平等透明的环境下尊重彼此。

B. 除非达到最高工作效率,否则公司日常工作沟通就不真诚。

C. 只有公司日常沟通简单务实,才能达到最高工作效率。

D. 如果公司日常沟通不真诚,但是却达到了最高工作效率,那么一定没有达到最佳工作结果。

E. 只要学习批判性思维并且接受矛盾,那么一定能在平等透明的环境下尊重彼此。

38. 龙卷风是大气中最强烈的涡旋现象,所过之处常会发生拔起大树、掀翻车辆、摧毁建筑物等现象,使成片庄稼、成万株果木瞬间被毁,令交通中断、房屋倒塌、人畜生命和经济遭受损失。分析数据显示,每年爆发龙卷风的平均次数逐渐升高,过去60年龙卷风爆发的平均次数增加了1.5倍,而与此同时,人类活动激增,全球气候明显变暖。有人据此认为,气候变暖导致龙卷风爆发次数增加。

以下哪项如果为真,不能削弱上述结论?

A. 龙卷风有多涡旋龙卷、水龙卷、火龙卷等多种类型,在全球变暖后,各种龙卷风出现的次数并没有明显的变化。

B. 气候温暖是龙卷风形成的一个必要条件,几乎所有龙卷风的形成都与当地较高的温度有关。

C. 尽管全球变暖,龙卷风依然最多地发生在夏季的雷雨天气时,发生时间和环境没有变化。

D. 龙卷风是雷暴天气(即伴有雷击和闪电的局地对流性天气)的产物,只要在雷雨天气下出现极强的空气对流,就容易发生龙卷风。

E. 美国是世界上遭受龙卷风侵袭次数最多的国家,平均每年遭受 100 000 个雷暴、1 200 个龙卷风的袭击,有 50 人因此死亡。

39. 春秋时期楚王在云梦泽打猎,不小心把自己心爱的弓丢了。左右的侍从立刻要去寻找。楚王制止道:"楚国人丢了弓,楚国人拾了去,不必找了。"

以下与题干中所犯的逻辑错误最为类似的是哪一项?

A. 一青年留了长发,父亲见了说:"你赶快去把长发剪掉,不然就别进这个家门!"儿子说:"那我剃光了行吗?"

B. 小江问:"要是有人把月球塞进大西洋,你说应该用什么方法才能取出来呢?"小媛答:"你是怎么放进去的,我就怎么拿出来。"

C. 老师让学生造句,其中要有"糖"字。小明回答:"父亲在喝茶。"老师问:"糖在哪里啊?"小明回答:"在茶里,父亲喝的是加糖红茶。"

D. 小江问:"这件衣服是最时髦的吗?"小媛答:"当然了!"小江又问:"太阳晒了不褪色吗?"小媛又答:"瞧你说的,它在橱柜里挂了 3 年,到现在还像新的一样。"

E. 小江问小媛:"我们是朋友还是敌人?"

40. 史前蒂瓦纳瓦的玻利维亚城遗址有重达 40 吨的安山石,这些石头是在科帕卡巴挖的。科帕卡巴与玻利维亚相隔一个湖,距离约为 90 千米。考古学家猜测这些石头是用芦苇船运到了蒂瓦纳瓦。为了证明这种可能性,实验者使用科帕卡巴的当地材料和传统造船术建造的芦苇船将 9 吨的石头运到了蒂瓦纳瓦。

下面哪一个问题最有助于证明考古学家的猜测?

A. 在蒂瓦纳瓦有人居住时期,是否使用了用于建造芦苇船的传统技术?

B. 在蒂瓦纳瓦有人居住时期,采集的安山石是否在科帕卡巴附近的任何地点被使用?

C. 现代人是否依然在湖上大范围使用芦苇船?

D. 蒂瓦纳瓦的安山石是否是该地区最大的石头?

E. 为实验者建造的芦苇船是否可以使用几年?

41. 一对中子星碰撞后抛出的碎片不仅合成了金、银等稳定元素,还合成了大量放射性元素,它们会衰变、裂变,释放出大量能量,将碎片自身加热,使其发光,最亮时虽然没有超新星那么亮,却可以达到新星亮度的 1 000 倍左右,因此被称为千新星。2017 年 8 月,天文学家首次观测到双中子星并合前后发出的引力波,并在大约 10 小时后发现了中子星碎片形成的千新星现象,从而彻底证实了中子星并合可以合成大量重元素这个猜想。

如果以上信息为真,最能推出以下哪项?

A. 超新星比新星更亮。

B. 引力波可以释放大量能量。

C. 千新星中含有大量的金、银元素。

D. 宇宙中的重元素都是由中子星碰撞后产生的。

E. 千新星含有大量重元素。

42. "二十四节气"是我国农耕社会生产生活的时间指南,反映了从春到冬一年四季的气温、降水、物候的周期性变化规律。A国也有自己的节气,已知该国有甲、乙、丙、丁、戊这5个节气,同时还已知以下几点:

(1) 甲一定在夏季;

(2) 如果丁不在春季,那么戊在夏季;

(3) 如果乙、丙至少有1个在春季,则丁一定在秋季;

(4) 甲、戊至少有1个在冬季。

根据以上信息,以下哪项是一定为假的?

A. 甲和乙在夏季。　　　　　B. 乙和丁在春季。　　　　　C. 丙或丁在夏季。

D. 丁或戊在冬季。　　　　　E. 戊或乙在秋季。

43~44题基于以下题干信息:

暑期集训营有四个班,编号分别是1、2、3、4,每个班中恰好有一台电脑和一支手写笔。这8件物品每一件都是在2017年、2018年和2019年这三年中的某一年购进的,且满足以下条件:

(1) 1班的电脑和3班的手写笔是在2018年购进的;

(2) 2班的电脑和1班的手写笔是同一年购进的;

(3) 3班的电脑和4班的手写笔是同一年购进的;

(4) 2班的电脑和3班的电脑不是同一年购进的;

(5) 每个班的电脑不是比手写笔买得早,就是和手写笔同一年购进的。

43. 若3班的电脑比手写笔购进的早且不在同一年,则下列哪一项可能为真?

A. 2班的电脑是在2018年购进的。

B. 2班的电脑是在2017年购进的。

C. 4班的电脑是在2019年购进的。

D. 4班的电脑是在2018年购进的。

E. 4班的手写笔是在2018年购进的。

44. 若4班的电脑是在2018年购进的,则下列哪项一定为真?

A. 1班的手写笔是在2018年购进的。

B. 1班的手写笔是在2019年购进的。

C. 2班的电脑是在2018年购进的。

D. 3班的电脑是在2017年购进的。

E. 3班的手写笔是在2019年购进的。

45. 农历五月初五是中国民间的传统节日——端午节,它是中华民族古老的传统节日之一。在这一天,民间有吃粽子的习惯。由于各地的饮食习惯不同,粽子形成了南北风味,但形状却大体相同,大多数是四面体形状。

以下哪项无法解释粽子多见四面体形状的原因?

A. 粽叶是粽子的"衣裳",叶子的叶脉都属于平行脉,根据力学结构和叶片宽度、长度,在一定程度上就决定了粽子"最合适"的形状是四面体。

B. 四面体形状的粽子符合简洁原则,只用 1 叶或 2 叶粽叶就能包成,且 4 个面都能用到完整的叶片,不需要多余的弯折。

C. 四面体形状的粽子符合力学原则,有类似三角形稳定性的性质,在入水过程中可保持结构稳定。

D. 传说吃粽子是为了纪念屈原,所以特意模仿动物角的形状用于祭祀。

E. 因地区不同,粽子的材料以及粽叶都有着很大的差别,"裹"的形状也有很大的不同,多做成角形,还有正三角形、正四角形、尖三角形、方形、长形等各种形状。

46. 在中秋节期间,公司安排优秀员工甲、乙、丙、丁、戊、己 6 人去北京、上海、拉萨旅游。其中只有 1 个人去北京,两个人去上海,3 个人去拉萨。在安排时,有如下要求:

(1) 甲和乙要去同一个地方;

(2) 丙和丁不能去同一个地方;

(3) 如果乙去上海,那么己去北京。

如果戊去了北京,则以下哪项一定为真?

A. 乙去了上海。　　　　　　B. 丙去了上海。　　　　　　　　　C. 丙去了拉萨。

D. 甲去了上海。　　　　　　E. 己去了上海。

47. 现在请你告诉我:这篇报告的 10 条建议,是完全正确的,还是毫无可取之处?

下面哪个选项与上述陈述的漏洞最为类似?

A. 您认为张书记是一个正直的人还是一个不正直的人?

B. 有人认为我们的某些产品适合西部城市,但也有些人认为我们的部分产品不适合西部城市,你认为哪种意见正确?

C. 请你告诉我:这次竞标中,我们公司是一定不能中标,还是有可能中标?

D. 请你告诉我:有人认为所有恒星都有卫星,有人认为有些恒星没有卫星,到底谁是对的?

E. 你认为在这届杯赛中,我们国家队是一定能进入四强还是不可能进入四强?

48. 某单位有孔智、孟睿、荀慧、庄聪、墨灵、韩敏 6 名工作人员,从星期一到星期六他们每人工作 1 天,这 6 天中每天都有人工作。工作安排满足以下条件:

(1) 在孟睿工作的那一天与韩敏工作的那一天之间恰好间隔两天,且在一周内,孟睿总是在韩敏之前工作;

(2) 要么庄聪在星期三工作,要么孔智在星期三工作;

(3) 荀慧在星期六工作,当且仅当墨灵在星期一工作;

(4) 墨灵在星期六工作,当且仅当孔智在星期三工作。

根据上述信息,可以得出以下哪项?

A. 同一周内,孔智在孟睿之后工作。

B. 同一周内,庄聪在孔智之前工作。

C. 庄聪不会在星期二工作。

D. 墨灵不会在星期四工作。

E. 荀慧不会在星期五工作。

49. 甲、乙、丙、丁、戊、己6家公司竞标某工程项目。张认为,中标的不是甲公司就是乙公司;王坚定地认为,中标的绝对不是丙公司;李则认为,丁公司和己公司都不可能中标。竞标结束后,3人发现只有1家公司中标,并且他们中只有1个人的看法是对的。

根据以上信息,以下哪项是一定错误的?

A. 王的看法是对的。　　　　B. 李的看法是对的。　　　　C. 丁公司中标。

D. 戊公司中标。　　　　　　E. 丙公司中标。

50～51题基于以下题干信息:

某会议有赵、钱、孙、李、周、吴、郑、王8人出席,已知8人年龄各不相同,属相分别为:鼠、牛、虎、兔、龙、蛇、马、羊,每人一个属相,互不重复。已知:

(1) 钱的属相是鼠或兔;

(2) 如果孙的属相不是龙或李的属相不是牛,则钱的属相是蛇且郑的属相是羊;

(3) 如果孙的属相是龙,则周的属相是牛或吴的属相是兔;

(4) 郑和王的属相是马或羊。

50. 根据上述信息,可以得出以下哪项?

A. 钱的属相是兔。　　　　　B. 孙的属相是牛。　　　　　C. 李的属相是蛇。

D. 吴的属相是兔。　　　　　E. 郑的属相是羊。

51. 如果赵的属相不是虎,则可以推出以下哪项?

A. 郑的属相是马。　　　　　B. 王的属相是羊。　　　　　C. 周的属相是虎。

D. 周的属相是蛇。　　　　　E. 赵的属相是兔。

52. 火山是一种常见的地貌形态,强烈的火山喷发会向大气层排放大量的火山灰、水蒸气和 SO_2 等气体,尤其是 SO_2 能在平流层中形成气溶胶,并停留很长时间。近日,有科学家研究发现,火山喷发非但不会使全球变暖,反而会使全球气温降低。

以下哪项如果为真,最能支持上述结论?

A. 研究表明,火山爆发时地下岩浆喷出地面,与空气接触产生氧化反应,引起局部温度升高。

B. 长时间的火山喷发会使地球大气受到严重污染,造成连年酸雨不断,使植物大量死亡。

C. 火山喷发会带来大规模的酸雨,酸雨能够在短期内降低火山区气温,但同时也会引发农作物的虫害。

D. 研究发现,随着全球逐渐变暖,火山喷发的频率越来越低。

E. 研究发现,火山喷发物质形成的气溶胶能减少太阳对地表的辐射量,延缓全球变暖。

53. 不是英雄不读三国,若是英雄怎么能不懂寂寞。刘某最喜欢读三国,每当寂寞的时候就希望自己是个英雄。

以下哪项与上述论证方式最为相似?

A. 太阳出来我爬山坡,不到山顶我怎么能唱歌。张某最喜欢唱歌,每当爬山的时候就希望自己能到山顶。

B. 如果说分手是苦痛的起点,那在终点之前我愿意再爱一遍。周某最害怕分手,每当痛苦的时候就希望从没爱过。

C. 如果不是超人那么不会飞,如果是超人怎么能不惩恶扬善。王某最喜欢飞,每当惩恶扬善时就希望自己是个超人。

D. 如果你突然打了个喷嚏,那一定就是我在想你。刘某经常打喷嚏,每当打喷嚏时就是在想你。

E. 不是演员别设计那些情节,如果是演员怎么能不全力以赴。薛某最擅长设计情节,每当全力以赴的时候就幻想自己是个演员。

54～55 题基于以下题干:

在一次运动会上,4 位运动员甲、乙、丙、丁相遇,他们分别来自东城、西城、南城、北城,参加的项目分别是长跑、短跑、铅球和游泳。在这次运动会上,他们都已经参与了若干场比赛,有人参与了 1 场,有人参与了 2 场,有人参与了 3 场。

已知:(1) 丙参加的项目是长跑;

(2) 乙来自东城;

(3) 参加游泳比赛的运动员参加比赛的场次是 1 场,恰好比来自东城的运动员少 1 场;

(4) 来自北城的运动员参加比赛的场次比丁少 2 场。

54. 根据以上信息,以下哪项是一定正确的?

A. 甲来自西城。 　　　　B. 甲参加的项目是游泳。 　　　　C. 甲参加的项目是铅球。

D. 甲参加的项目是短跑。 　　E. 甲来自南城。

55. 如果擅长短跑的运动员的比赛场次比来自西城的运动员少 1 场;并且甲的比赛场次和来自南城的运动员的比赛场次中,其中之一是 2 场;

根据以上信息,以下哪项是一定正确的?

A. 丙参加了 3 场比赛。 　　B. 丙来自东城。 　　　　C. 丙来自西城。

D. 丁来自西城。 　　　　E. 丁来自南城。

四、写作:第 56～57 小题,共 65 分。其中论证有效性分析 30 分,论说文 35 分。

56. 论证有效性分析:分析下述论证中存在的缺陷和漏洞,选择若干要点,写一篇 600 字左右的文章,对该论证的有效性进行分析和评论。(论证有效性分析的一般要点是:概念特别是核心概念的界定和使用是否准确并前后一致,有无明显的逻辑错误,论证的论据是否成立并支持结论,结论成立的条件是否充分,等等。)

高校新生录取季节,陕西师范大学爆出了一条"新闻":该校 4 500 多份录取通知书,包括新生姓名、收信地址、录取院系、签发年月日等信息均由毛笔写就。此事引起了网友的一片追捧。毛笔字录取通知书走红网络,反映出中国传统文化普及出现了危机。这事如果发生在民国期间,是绝不可能成为新闻的。那时,别说大学教师大都擅长书法,就连小学教师、村学究、账房先生,乃至读过几年私塾的农民,写毛笔字都是一种基本形态。但是,发生在当下,我们不得不承认,这事变成了"新闻"。而对于我们的孩子来说,写毛笔字更是新鲜事。

书法也像乐器、舞蹈一样,是一门综合艺术。既然如此,那么只要练好书法,提升修养,就可以提升孩子的综合素质。写字写得好,会获得老师更多的关注,还会增强孩子的自信心,学习成绩也会因此而得到提高。所以,要想提高孩子的成绩,先要让孩子好好练字。

幸而现在的家长对子女教育是非常重视的,写毛笔字已经成为孩子必要的功课。练习毛笔字,需要综合运用手指、手腕和手臂的动作,而这些动作都需要大脑协调。由此可见,练习毛笔字能促进孩子大脑的生长发育。学生时代正是发育黄金期，需要把握这个促进大脑发育的大好时机。

57. 论说文：根据下述材料，写一篇 700 字左右的论说文，题目自拟。

　　当下，网红直播带货颇为热门。找网红代言、看网红直播已经成为商家和消费者共同接受的一种销售模式和生活方式。但新模式繁荣的背后，也不断爆出产品质量参差不齐、虚假宣传、刷单买热度等问题。

全真模拟 8 套卷（五）答案及解析

一、问题求解

1.【答案】 B

    【考点】 排列组合

    【解析】 每个人都可以在第 7 层至第 12 层中任何一层下,有 6 种情况,那么 3 个人一共有 $6 \times 6 \times 6 = 216$（种）情况,其中,都不到 12 层的情况有 $5 \times 5 \times 5 = 125$ 种.因此,至少有 1 人要上 12 层的情况有 $216 - 125 = 91$（种）.

    故答案选 B.

2.【答案】 E

    【考点】 质数

    【解析】 a, b, c 是不同的质数,10 以内的质数有 2,3,5,7. abc 是 a, b, c 的倍数,那么就用 2、3、5、7 来组合成三位数.首先 2 和 5 不可能同时存在这个数中,因为 2 和 5 的共同倍数个位上只能是 0,而上面没有 0.如果这个数含有 2,那么个位上只能是 2（因为 2 的倍数个位上只能是偶数）,这样的数只能是 3,7,2（因为有 2 就不能有 5）组合成三位数,有 372,732,这两个数都不是 7 的倍数,所以不满足条件.如果这个三位数中包含 5,那么个位上必须是 5（因为 5 的倍数个位上只能是 0 或者 5）,这样的组合只能是 3,7,5（因为有 5 就不能有 2）组合成三位数,有 375 和 735,375 不是 7 的倍数,735 是 3、5、7 的倍数.所以是 735.

3.【答案】 A

    【考点】 数列

    【解析】 因为 $2na_n = (n-1)a_{n-1} + (n+1)a_{n+1}$ $(n \geq 2)$,所以数列 $\{na_n\}$ 为等差数列,首项为 1,公差为 $2a_2 - a_1 = 5$.所以 $na_n = 1 + (n-1) \times 5 = 5n - 4$,所以 $a_n = 5 - \dfrac{4}{n}$,所以 $a_{20} = \dfrac{24}{5}$.

    故答案选 A.

4.【答案】 B

    【考点】 集合

    【解析】 由题意知,若 $a \in A$,则 $\dfrac{1+a}{1-a} \in A$.

令 $a = \dfrac{1+a}{1-a}$,代入 $\dfrac{1+a}{1-a} = \dfrac{1 + \dfrac{1+a}{1-a}}{1 - \dfrac{1+a}{1-a}} = -\dfrac{1}{a}$; 令 $a = -\dfrac{1}{a}$,代入 $\dfrac{1+a}{1-a} = \dfrac{1 - \dfrac{1}{a}}{1 + \dfrac{1}{a}} = \dfrac{a-1}{a+1}$;

令 $a = \dfrac{a-1}{a+1}$,代入 $\dfrac{1+a}{1-a} = \dfrac{1 + \dfrac{a-1}{a+1}}{1 - \dfrac{a-1}{a+1}} = a$,

得 $A=\left\{a,\dfrac{1+a}{1-a},-\dfrac{1}{a},\dfrac{a-1}{a+1}\right\}$,则所有元素的乘积为 1,

故选 B.

5. 【答案】 C

【考点】 比例问题

【解析】 设未被录取的学生中男生人数为 $3x$,女生人数为 $4x$,则

$$(56+3x):(35+4x)=4:3 \Rightarrow x=4,$$

从而未录取男生 12 人,女生 16 人,

故报考人数是 $56+12+35+16=119$.

6. 【答案】 D

【考点】 直方图与数表

【解析】 抽取的学生成绩有 $14\div35\%=40$(个),成绩在 80 分以上(包括 80 分)的为"优"

等,所抽取学生成绩为"优"的占所抽取学生的百分比 $=\dfrac{12+14}{40}\times100\%=65\%$.

7. 【答案】 A

【考点】 平面几何求面积

【解析】 从 B 点向 AE 作垂线,交 AE 于 H. 由题设可知,

$$S_{\triangle BCF}+S_{梯形ABFD}-S_{\triangle DEF}-S_{梯形ABFD}=9,$$

所以 $S_{\triangle ABE}=21$,$S_{四边形ABCD}=AD\cdot BH$,

则 $BH=6$,BH 同时为 $\triangle ABE$ 的高,所以 $AE=7$,所以 $DE=2$,故选 A.

8. 【答案】 A

【考点】 待定系数法

【解析】 由题可知,原式是两直线方程组成,进行因式分解将两直线方程表达出来. 使用待定系数法可得

$$(x+ky+a)(x+y+b)=x^2+(k+1)xy+ky^2+(a+b)x+(kb+a)y+ab=0,$$

由题目可知:$k+1=-2$,则 $k=-3$,则 $\begin{cases}a+b=3,\\-3b+a=-5,\\ab=2,\end{cases}$ 则 $a=1,b=2$. 所以方程为 $(x-3y+1)(x+y+2)=0$,

则 $k_1=\dfrac{1}{3}$,$k_2=-1$,所以 $k_1\cdot k_2=-\dfrac{1}{3}$,故选 A.

9. 【答案】 C

【考点】 直线方程

【解析】 在坐标轴上截距互为相反数,则可能直线斜率为 1,或者过原点. 斜率为 1 时,直线为 $y=x+3$,没有选项;直线过原点时,方程为 $y=4x$,过 $(-1,-4)$,故选 C.

10. 【答案】 C

【考点】 递推公式

【解析】 因为 $a_{p+q}=a_p+a_q$,所以 $a_4=2a_2=-12$,$a_8=2a_4=-24$,

$a_{10} = a_2 + a_8 = -30$, 故答案选 C.

11.【答案】 B

【考点】 平均值

【解析】 本学期数学学期综合成绩 = 90×30% + 90×30% + 85×40% = 88(分). 故答案选 B.

12.【答案】 B

【考点】 穷举

【解析】 如图,甲虫从 A 点出发沿着线段爬到 B 点,只能按向下与向右方向爬行,从 A 点到 E 点、从 A 点到 D 点的走法分别是 1 种,同理从 A 点到 F 点、从 A 点到 C 点的走法也分别是 1 种;爬到 O 点的走法有两种,一种是从 E 点到 O 点,另一种是从 F 点到 O 点,$1+1=2$ (种);爬到 H 点,有三种,分别是经 O 点往下的 2 种与经 C 点往右的 1 种,像这样类推计算,可以算出到达 B 点,分别是到与 B 点相关的三个点 G、O、H 走法的总和,即 $3+2+3=8$(种).

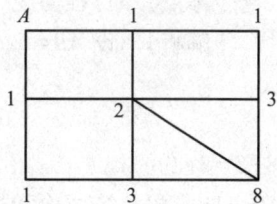

13.【答案】 C

【考点】 伯努利概型

【解析】 摸出的 3 个球均为彩色球的概率为 $\left(\dfrac{2}{3}\right)^3 = \dfrac{8}{27}$, 其中包括了一、三等奖的概率,摸出的 3 个球中恰有两个绿球一个白球的概率为 $C_3^2 \left(\dfrac{1}{6}\right)^2 \dfrac{1}{6} = \dfrac{1}{72}$, 因此不中奖的概率为 $P = 1 - \dfrac{8}{27} - \dfrac{1}{72} = \dfrac{149}{216}$.

14.【答案】 A

【考点】 直线和圆

【解析】 由图形可知点 $A(1,\sqrt{2})$ 在圆 $(x-2)^2 + y^2 = 4$ 的内部, 圆心为 $O(2,0)$, 要使得劣弧所对的圆心角最小,只能是直线 $l \perp OA$, 所以 $k_l = -\dfrac{1}{k_{OA}} = -\dfrac{1}{-\sqrt{2}} = \dfrac{\sqrt{2}}{2}$.

15.【答案】 B

【考点】 侧面展开

【解析】 将展开图还原成正方体,2 和 6 相对,3 和 4 相对,1 和 5 相对,则原正方体相对两个面上的数字和最小为 6.

二、条件充分性判断

16.【答案】 B

【考点】 绝对值不等式

【解析】 条件(1)考虑在数轴上结合实数绝对值的几何意义可知 $m \leq -5$ 或 $m \geq -3$, 不充分. 由条件(2)必有 $\begin{cases} f(1) \leq 0, \\ f(2) \leq 0, \end{cases}$ 即 $\begin{cases} m+5 \leq 0, \\ 2m+8 \leq 0, \end{cases}$ 解得 $x \leq -5$, 所以充分,选 B.

17.【答案】 C

【考点】 工程问题

【解析】 条件(1)和条件(2)单独均不充分,联合条件可知,甲与乙工作效率之比为 3:2,利

用工作量相同,效率之比为时间的反比,即甲、乙单独完成所需时间比为 2∶3,可知甲单独做要 10

天,乙单独做需 15 天,故甲、乙合做要 $\frac{30}{2+3}=6$(天).

18.【答案】 D

【考点】 行程问题

【解析】 设 $AB=5$(份),$BC=4$(份),则长方形的周长是 $(5+4)\times2=18$(份).

$$18\times\frac{4}{4+5}=18\times\frac{4}{9}=8(\text{份}),$$

$8-5=3$(份),

所以两只蚂蚁第二次相遇在 DA 边上.

19.【答案】 C

【考点】 浓度问题

【解析】 条件(1)和条件(2)单独显然不充分,考虑联合.

第一次把 20 ml 的纯酒精倒入甲瓶,则甲瓶的浓度为

$$20\div(200+20)=20\div220=\frac{1}{11}.$$

第二次把甲瓶中 20 ml 溶液倒回乙瓶,此时甲瓶中含酒精

$$200\times\frac{1}{11}=\frac{200}{11}(\text{ml}),$$

此时乙瓶中含水

$$20\times\left(1-\frac{1}{11}\right)=20\times\frac{10}{11}=\frac{200}{11}(\text{ml}),$$

所以两者相等.

20.【答案】 A

【考点】 集合问题

【解析】 根据题意,英语教师有 8+5+4-2=15(人),日语教师有 6+5+3-2=12(人),则法语老师有 27-15-12+5+4+3-2=10(人),那么只能教法语的教师有 10-3-4+2=5(人).

21.【答案】 C

【考点】 共角定理

【解析】 单独显然不充分,考虑联合. 由于 $\angle ABC+\angle DBE=180°$,所以可以用共角定理,设 $AB=2$(份),$BC=3$(份),则 $BE=5$(份),$BD=3+2=5$(份),由共角定理 $S_{\triangle ABC}:S_{\triangle BDE}=(AB\times BC):(BE\times BD)=(2\times3):(5\times5)=6:25$,设 $S_{\triangle ABC}=6$(份),恰好是 3 cm²,所以 1 份是 0.5 cm²,25 份就是 $25\times0.5=12.5$ cm²,三角形 BDE 的面积是 12.5 cm².

22.【答案】 E

【考点】 植树问题

【解析】 条件(1)和条件(2)显然单独不充分,考虑联合起来.

设公路长度为 a m,则 $2\left(\frac{a}{3}+1\right)+5=2\left(\frac{a}{2.5}+1\right)-115$,所以 $a=900$,所以答案选 E.

23.【答案】 C

【考点】 独立事件

【解析】 显然条件（1）和条件（2）单独不充分，考虑联合：甲方案系统 N 正常工作的概率为 $P_1 = 0.8 \times 0.9 \times 0.9 = 0.648$，乙方案系统 N 正常工作的概率为 $P_2 = 0.8 \times (1 - 0.1 \times 0.1) = 0.792$，所以甲方案下系统 N 正常工作的概率比乙方案下系统正常工作的概率小，应选 C.

24.【答案】 A

【考点】 减法原理

【解析】 由条件（1），$C_{11}^3 - C_6^3 - C_3^3 = 144 > 62$，故条件（1）充分.

由条件（2），$C_6^1 C_3^1 C_2^1 = 36 < 62$，则条件（2）不充分.

注意：两个月最多是 62 天，比如 7 月和 8 月.

25.【答案】 D

【考点】 方差

【解析】 由题可知 $\dfrac{S_2^2}{S_1^2} = \dfrac{a^2 S_1^2}{S_1^2} = a^2$，则只要知道 a 的值，即可确定 $\dfrac{S_2^2}{S_1^2}$ 的值，则两条件单独均充分，所以应选择 D.

三、逻辑推理

26.【答案】 B

【考点】 假言命题 联言、选言命题

【命题方向】 形式逻辑 正推题型

【解析】 题干信息：

（1）¬答辩→¬主题∨¬文献；

等价逆否命题：（2）主题∧文献→答辩。

Ⅱ的逻辑关系为"主题∧文献→答辩"，与（2）逻辑关系一致，一定为真；

Ⅰ和Ⅲ的逻辑关系都不与题干等价，不一定为真。

故正确答案为 B 选项。

27.【答案】 C

【考点】 两大论证形式

【命题方向】 论证推理 假设、前提

【解析】 论据：一种名为内生菌的真菌能降解普通的聚氨酯塑料；

结论：这种真菌将有望帮助人类消除塑料垃圾带来的威胁。

C 选项：建立联系，在塑料垃圾和聚氨酯塑料之间建立了联系，正确；

B 选项：假设过强，如果内生菌仅能在某个特定条件下才能很好地分解塑料制品的话，那么人为创造出这种条件即可，因此不是必须要有的假设，排除；

D 选项：假设过强，即使这种真菌不能在地球的其他地方很好地生存也没关系，只需要把人类的塑料制品都运到亚马孙雨林中就可以了，因此不是题干论证必须要有的假设，排除；

A、E 选项：与题干论证无关，排除。

故正确答案为 C 选项。

28.【答案】 B

【考点】 两大论证形式

【命题方向】 论证推理 削弱、质疑、反驳

【解析】 专家观点:氢能是21世纪最具发展潜力的清洁能源。

B选项:他因削弱,表明生产氢能反而加剧了对传统能源的消耗,能源危机无法缓解,正确;

A、C、E选项:支持题干,表明氢能具有优势,排除;

D选项:支持题干,"部分国家"有能力生产并储存也可以缓解一些问题,而且即使氢能不是唯一方法,只要可以缓解能源危机,该方法就是有效的,无法削弱,排除。

故正确答案为B选项。

29.【答案】 C

【考点】 稳赢分析法

【命题方向】 综合推理 综合题组(排序)

【解析】 由题干可知,菠菜不会在周三准备,结合(3)可得西蓝花在周三准备。

如果菠菜在周二准备,由(4)可知黄瓜在周三准备,矛盾,排除。

如果菠菜在周六准备,由(4)可知黄瓜无处安放,排除。

所以菠菜在周四准备,也就是紧挨着西蓝花后面准备。

故正确答案为C选项。

30.【答案】 A

【考点】 稳赢分析法

【命题方向】 综合推理 综合题组(排序)

【解析】 由题干可知,茄子在周二准备,结合(1)可知,白菜在周一准备,再结合(2)可知,娃娃菜在周六准备。

故正确答案为A选项。

31.【答案】 A

【考点】 直言命题

【命题方向】 形式逻辑 真假判断

【解析】 题干信息:

(1)所有人都知道小尉迟是水浒人物;

(2)有些人不知道孙大宝是水浒人物;

(3)很多人没听说过孙小宝。

A选项:"一部分人不知道"和"所有人都知道"矛盾,故A选项与(1)矛盾,正确;

B、E选项:与题干信息无关,排除;

C、D选项:无法从题干信息中得出,排除。

故正确答案为A选项。

32.【答案】 C

【考点】 两大论证形式

【命题方向】 论证推理 假设、前提

【解析】 因:隐形衣可以屏蔽人体释放的电信号;

果:鲨鱼等海洋生物无法发现人类的踪迹。

C选项：建立联系，鲨鱼等海洋生物是凭借人体释放的电信号来发现人类踪迹的，所以屏蔽人体释放的电信号就可以隐藏踪迹，正确；

D选项：假设过强，只要该方法可以使人近距离接触并观察鲨鱼等海洋生物即可，即使对水下活动造成一些阻碍也影响不大，排除；

A、B、E选项：无关选项，"有些海洋生物""部分鱼类""海豚"均未涉及"鲨鱼"，对象不明确，与题干论证无关，排除。

故正确答案为C选项。

33.【答案】　C

【考点】　两大论证形式

【命题方向】　论证推理　支持、加强

【解析】　题干观点："超级战士"的出现将会重塑未来战争的形态。

C选项：无法支持，广泛引起讨论和其他悬而未决的问题无法起到支持的作用。

A、B、D、E选项：可以支持，表明"超级战士"具有超能视力、"狼的耳朵"、智能紧身衣、先进的脑机界面技术等优势，将会使未来战争展现新的面貌。

故正确答案为C选项。

34.【答案】　D

【考点】　稳赢分析法

【命题方向】　综合推理　数字相关

【解析】　20分的组成情况可能是：8+8+2+2+0+0，即答对2道，答错2道，不答2道。

所以D选项是有可能出现的情况，其他情况均不可能。

故正确答案为D选项。

35.【答案】　A

【考点】　稳赢分析法

【命题方向】　综合推理　综合题组（匹配）

【解析】　由李大宝去了大连，并且每个城市恰有两个人去，所以王大宝和赵大宝不可能都去了大连，结合（2）逆否可得：张大宝只去了北方城市，所以张大宝去了哈尔滨和大连。此时大连有张大宝和李大宝两个人去了，所以王大宝和赵大宝没去大连，结合（1）可知，王大宝至少去了一个北方城市，所以王大宝一定去了哈尔滨。由此可知，李大宝和赵大宝没去哈尔滨。赵大宝没去哈尔滨也没去大连，所以一定去了昆明和福州。

故正确答案为A选项。

36.【答案】　C

【考点】　稳赢分析法

【命题方向】　综合推理　综合题组（匹配）

【解析】　张大宝和王大宝去的城市完全不同，所以一定是分别去了一个南方城市和一个北方城市。因此张大宝不可能只去了北方城市，结合（2）可知：王大宝和赵大宝都去了大连，张大宝去了哈尔滨。

C选项：如果赵大宝去了哈尔滨，那么赵大宝去了哈尔滨和大连，没去昆明也没去福州，李大宝一定去了昆明和福州。

37.【答案】 D

【考点】 假言命题 联言、选言命题

【命题方向】 形式逻辑 正向推理

【解析】 题干信息:(1) 最高效率∧最佳结果→真诚∧直接;(2) 求同存异∨平等包容→沟通简单∧务实;(3) 平等透明的环境下尊重彼此→学习批判性思维∧接受矛盾。

A 选项:无中生有,题干中未出现相关信息,排除;

B 选项:不符合规则,¬最高效率→¬真诚,与(1)逻辑关系不一致,排除;

C 选项:移花接木,(1)中的"最高工作效率"与(2)中的"沟通简单并且务实"无推理关系,排除;

D 选项:¬真诚∧最高效率→¬最佳结果。由(1)逆否可得:¬真诚→¬最高效率∨¬最佳结果,否定了"¬最高效率",便可推出"¬最佳结果",符合题干逻辑关系,正确;

E 选项:不符合规则,与(3)逻辑关系不符,排除。

故正确答案为 D 选项。

38.【答案】 B

【考点】 两大论证形式

【命题方向】 论证推理 削弱、质疑、反驳

【解析】 因:气候变暖;果:龙卷风爆发次数增加。

B 选项:有因有果支持,表明气候变暖与龙卷风次数有关,可以支持;

A、C 选项:有因无果削弱,表明全球变暖并没有增加龙卷风次数,可以削弱;

D 选项:他因削弱,表明龙卷风是由空气对流导致的,与温度无关,可以削弱;

E 选项:无关选项,表明美国龙卷风的频率及危害,属于无关选项,选择"不能削弱"的选项时,支持选项优先于无关选项。

故正确答案为 B 选项。

39.【答案】 C

【考点】 概念

【命题方向】 形式逻辑 加分题型

【解析】 题干信息:题干的逻辑错误是偷换概念,两个"楚国人"含义不同,第一个"楚国人"指的是楚王本人,第二个"楚国人"指的是楚国的某一个人。

A 选项:非黑即白,"留长发"和"剃光"之间并不是矛盾关系,排除;

B 选项:质疑隐含假设,对提问不成立进行反驳,如果你有办法放进去,那么我就有办法取出来;

C 选项:偷换概念,两个"糖"含义不同,第一个"糖"是指汉字,第二个"糖"是"糖"这种物质,也是偷换概念,正确;

D 选项:转移论题,小媛并没有正面回答小江的问题,排除;

E 选项:非黑即白,朋友和敌人并不是矛盾关系,不需要二选一,排除。

故正确答案为 C 选项。

40.【答案】 A

【考点】 论证评价

【命题方向】 论证推理 论证方式及漏洞

【解析】　考古学家的猜测:安山石是用芦苇船运到蒂瓦纳瓦的。

A 选项:表明方法可行,如果当地人可以使用建造芦苇船的传统技术,就表明考古学家的猜测有能够实现的条件,可以支持,正确;

B 选项:安山石是否在其他地方被使用,与题干论证无关,排除;

C 选项:"现代人"与题干论证无关,排除;

D、E 选项:与题干论证无关,排除。

故正确答案为 A 选项。

41.【答案】　A

【考点】　论证评价

【命题方向】　论证推理　结论

【解析】　A 选项:可以推出,根据题干"最亮时虽然没有超新星那么亮,却可以达到新星亮度的 1 000 倍左右"可知,超新星比新星更亮,正确;

B 选项:无法推出,题干并未提起引力波是否可以释放大量能量,排除;

C 选项:无法推出,题干只是说明"一对中子星碰撞后抛出的碎片不仅合成了金、银等稳定元素,还合成了大量放射性元素",而不是千新星中含有大量的金、银元素,排除;

D 选项:无法推出,题干并未提及重元素的来源都是中子星并合,排除;

E 选项:无法推出,题干并未提及千新星是否含有大量重元素,排除。

故正确答案为 A 选项。

42.【答案】　B

【考点】　假言命题、选言命题

【命题方向】　形式逻辑　正向推理

【解析】　由(1)甲在夏季,结合(4)可得戊在冬季,然后由(2)可得丁在春季,再由(3)可得乙和丙都不在春季。

故正确答案为 B 选项。

43.【答案】　A

【考点】　稳赢分析法

【命题方向】　综合推理　综合题组

【解析】　根据题中信息可列表如下:

	1 班	2 班	3 班	4 班
电脑	2018(1)	A(2)	B(3)	C
手写笔	A(2)	D	2018(1)	B(3)

(4) A≠B;

(5) A=2018 或 2019,B=2017 或 2018;C≤B;D≥A。

由附加条件可知:(6) B=2017,结合(5)可知:(7) C=2017。问题是"可能为真",使用排除法将不可能的选项排除即可。

A 选项:A=2018,不矛盾,正确;

B 选项:A=2017,与条件(4)矛盾,排除;

C 选项:C=2019,与结论(7)矛盾,排除;

D 选项:C=2018,与结论(7)矛盾,排除;

E 选项:B=2018,与结论(6)矛盾,排除。

故正确答案为 A 选项。

44.【答案】　B

【考点】　稳赢分析法

【命题方向】　综合推理　综合题组

【解析】　由附加条件可知:C=2018,结合条件(3)和(5)可得:B=2018。又由 A≥2018,A≠B 可知,A=2019,所以 1 班的手写笔是在 2019 年购进的。

故正确答案为 B 选项。

45.【答案】　E

【考点】　论证评价

【命题方向】　论证推理　解释

【解析】　E 选项:无法解释,表明粽子有很多形状,但并未解释为什么大多是四面体;

A 选项:可以解释,说明是粽叶的结构决定了粽子的形状;

B 选项:可以解释,说明四面体方便入水煮食;

C 选项:可以解释,说明四面体符合力学结构;

D 选项:可以解释,说明粽子是为了祭祀而做成四面体形状的。

故正确答案为 E 选项。

46.【答案】　E

【考点】　稳赢分析法

【命题方向】　综合推理　分组

【解析】　题干信息:

(1) 甲=乙;

(2) 丙≠丁;

(3) 乙 上海→己 北京;

(4) 戊 北京。

由(4)和"只有一个人去北京",可知:¬己 北京;结合(3)可得:¬乙 上海;再结合(1)可得:¬甲 上海,由此可知:甲和乙都去了拉萨;丙和丁不能去同一个地方,所以其中一个人去了拉萨,另一个人去了上海。于是可推知:己去了上海。

故正确答案为 E 选项。

47.【答案】　E

【考点】　论证评价

【命题方向】　论证推理　论证方式及漏洞

【解析】　题干信息:题干中"完全正确"和"毫无可取之处"两个选择并非矛盾关系,而是反对关系,不可同真,但可同假,没有必要二选一;

E 选项:"一定"和"不可能"两者也是反对关系,不可同真,但可同假,与题干的漏洞最为类似;

A、C、D 选项：两者是矛盾关系，必一真一假；

B 选项："有的"和"有的不"是下反对关系，可以同真。

故正确答案为 E 选项。

48.【答案】 A

【考点】 无确定信息破解法

【命题方向】 综合推理 排序

【解析】 此题无确定信息，但有确定范围，所以着手从条件(1)(2)分析，分类假设讨论。

根据(1)可知，孟睿和韩敏中间空两天，且由(2)知孟睿不在星期三工作，所以孟睿只能在星期一或星期二工作。

根据(2)可知，星期三只能是庄聪或孔智工作。假设星期三是庄聪工作，若孟睿在星期一工作，则孔智只能在星期六工作；若孟睿在星期二工作，则孔智只能在星期四或星期六工作，此时孔智必定在孟睿之后工作；假设星期三是孔智工作，则孔智必定也在孟睿之后工作。

故正确答案为 A 选项。

49.【答案】 D

【考点】 稳赢分析法

【命题方向】 综合推理 真话假话

【解析】 题干信息:(1) 甲∨乙;(2) ¬丙;(3) ¬丁∧¬己;

本题为升级型真话假话，并且冠军只有 1 个，所以可以采用打钩的方法处理。

	甲	乙	丙	丁	戊	己
(1)张	√	√				
(2)王	√	√		√	√	√
(3)李	√	√	√		√	

观察发现丙、丁和己都是一个√，符合只有一真，所以中标的有可能是:丙、丁、己;D 选项:由上述分析可知，戊不可能中标，所以 D 选项一定错误;其他选项均与题干信息不矛盾，排除。

故正确答案为 D 选项。

50.【答案】 D

【考点】 稳赢分析法

【命题方向】 综合推理 综合题组(匹配)

【解析】 题干信息:(1) 钱鼠∨钱兔;

(2) ¬孙龙∨¬李牛→钱蛇∧郑羊;

(3) 孙龙→周牛∨吴兔;

(4) 郑、王的属相是马或羊。

根据条件(1)可知钱的属相是鼠或兔，所以不可能是蛇，根据(2)逆否可得，孙的属相是龙，且李的属相是牛，再根据(3)可推知吴的属相是兔。

故正确答案为 D 选项。

51.【答案】 C

【考点】 稳赢分析法

【命题方向】 综合推理 综合题组(匹配)

【解析】 根据题干信息(4)可知,郑、王的属相不是虎,根据上一题的结果可知孙的属相是龙,李的属相是牛,吴的属相是兔,则他们的属相均不是虎,再由题干可知赵不属虎,那么只有周能属虎。

故正确答案为 C 选项。

52.【答案】 E

【考点】 两大论证形式

【命题方向】 论证推理 支持、加强

【解析】 因:火山喷发;果:全球气温降低。

E 选项:补充论据,具体解释火山喷发如何降低全球气温,可以支持;

A 选项:有因无果削弱,表明火山喷发会使温度升高,无法支持,排除;

B 选项:无关选项,题干论证与"污染""酸雨""植物大量死亡"无关,排除;

C 选项:力度较弱,"短期""火山区"在时间和空间上范围较小,排除;

D 选项:无关选项,题干论证与"火山喷发频率"无关,排除。

故正确答案为 E 选项。

53.【答案】 C

【考点】 假言命题

【命题方向】 形式逻辑 结构相似

【解析】 题干结构:不是 A 就不 B,若是 A 怎么能不 C。D 最喜欢 B,每当 C 的时候就希望自己是 A。

最后一句为"每当 C 的时候就希望自己是 A"的句式,观察选项,A 选项和 C 选项比较相似,可优先验证。

A 选项:首句与题干不相似,排除。

C 选项:如果不是 A 就不 B,如果是 A 怎么能不 C。D 最喜欢 B,每当 C 时就希望自己是 A。与题干结构一致。

故正确答案为 C 选项。

54.【答案】 B

【考点】 稳赢分析法

【命题方向】 综合推理 综合题组(匹配)

【解析】 由(3)可知,擅长游泳的运动员比赛场次是 1 场,来自东城的运动员比赛场次是 2 场,结合(2)可知乙的比赛场次是 2 场。由(4)可知,来自北城的运动员比赛场次为 1 场,丁的比赛场次为 3 场。所以擅长游泳的不是乙,也不是丁。又由(1)可知,丙擅长的是长跑,不是游泳。所以可以得:擅长游泳的是甲。

故正确答案为 B 选项。

55.【答案】 D

【考点】 稳赢分析法

【命题方向】 综合推理 综合题组(匹配)

【解析】 由上一题可知,甲擅长游泳,比赛场次为1场,所以来自南城的运动员比赛场次为2场,此时,东城2场,南城2场,北城1场,那么西城为3场。可推出丁来自西城。

故正确答案为D选项。

四、写作

56. 论证有效性分析

【参考答案】

1. 以偏概全:中国传统文化包罗万象,书法只是其中之一,不代表整个传统文化。何况,毛笔字用得少有其特殊性,有书写工具改进和时代发展背景,不能说明传统文化普及问题。(组合攻击)

2. 混淆概念+条件不充分:综合艺术不等于综合素质,概念不同,内涵不同。诚然,书法可能是一门综合艺术,但这不代表练书法就可以提高综合素质。提升艺术修养是提升孩子综合素质的一个方面,还有许多其他方面,仅有艺术素养的提高不代表全面素质的提高。(组合攻击)

3. 滑坡谬误:"字写得好"未必能推断得到老师更多关注,也只是有可能增强孩子的自信心,更难以推定孩子学习成绩就会得到提高。这个连续推断难以必然成立,因此更不宜以此为论据,进而得出"要想提高成绩先要让孩子好好练字"的结论。

4. 自相矛盾:首段尾句是"对于我们的孩子来说,写毛笔字更是新鲜事",而现在又说"写毛笔字已经成为孩子必要的功课"。明显前后矛盾。

5. 推断不当:"需要大脑来进行协调"的动作就会"促进大脑的生长发育"吗?这需要科学研究进行判断。照此逻辑,人在日常生活中许多动作都需要大脑协调才能完成,难道说做这些动作都能促进大脑的生长发育?

6. 类比不当:历史上的书写工具屈指可数,因此研究学问需要先写毛笔字;而当今书写工具种类繁多,未必要通过练字才能研究学问、有所作为。

【参考范文】

写好毛笔字才能有所作为吗?

上述材料中论证者试图论证"当代学生要想有所作为,必须从练字开始"这个结论,但其论证过程中存在诸多纰漏,分析如下:

首先,不能仅从毛笔字在生活中鲜见的单个事件就推断整个中国传统文化的普及出现危机。中国传统文化包罗万象,包括书法,但还有其他文化、艺术、民俗等诸多方面,不能单以书法代表传统文化。更何况,毛笔字用得少有其特殊性,有书写工具改进和时代发展背景,不能说明传统文化普及问题。

其次,综合艺术不等于综合素质。诚然,书法可能是一门综合艺术,但这不代表练书法就可以提高综合素质,两者概念不同,内涵不同。孩子学习书法等艺术,提升艺术修养,是提升孩子综合素质的一个方面,还有许多其他方面,仅有艺术素养的提高不代表全面素质的提高。

再次,"字写得好"未必能推断得到老师更多关注,也只是有可能增强孩子的自信心,更难以推定孩子学习成绩就会得到提高。这个连续推断难以必然成立。这些只是练字可能的结果,并非必然的结果。因此更不宜以此为论据,进而得出"要想提高成绩先要好好练字"的结论。

最后,"需要大脑来进行协调"的动作就会"促进大脑的生长发育"吗?这需要科学研究进行判断。大脑的使用不代表大脑的发育。照此逻辑,人在日常生活中许多动作都需要大脑协调才能完成,难道说做这些动作都能促进大脑的生长发育?

综上所述,上述论证存在诸多不足之处,无法有效支持"当代学生要想有所作为,必须从练字开始"的结论。若想证明该结论,作者还需要更加有效的论证。

57. 论说文

【参考范文】

网红产品,靠流量更要靠质量

网络主播直播带货这种新形式颇为契合当下消费者的口味。然而,不管哪种新模式,诚信经营、货真价实始终是长久经营的必然选择。

在互联网信息过剩的背景下,带货网红成为海量产品的人工鉴别筛选器,以个人信誉和口碑为保证,为自己的粉丝推荐值得购买的商品。这种模式的出现有其背后的必然性和合理性,既顺应了消费者的需要,也推动了互联网经济的发展。

然而,新模式繁荣的背后,也不断爆出产品质量参差不齐、虚假宣传、刷单买热度等问题。只有妥善解决这些问题,才能让网红直播带货这种新模式更好、更长久地发展下去。

出现这些行业乱象,一方面是行业评价机制问题。网红行业竞争加剧,导致主流网红平台的评价机制弊端日益显现。例如,在一些平台上,依托点赞数、销售量等指标对网红进行排序,导致一些公司为了获得更高的曝光度而"刷数据"。另一方面是监管机制问题。有些带货中出现的行为,例如虚假广告,已经涉嫌商业欺诈,需要市场监管部门介入。但由于直播带货新模式发展较快,相应的监管法规、监督机制还亟须加强。

网红直播带货不应成为商业经营的法外之地。首先,带货网红应当提高商品把控能力,慎重选择合作品牌。商家应规范供应链,在商品质量上下功夫,保障售后服务。其次,直播平台应切实履行平台责任,加大对直播内容的审核力度,确立带货网红与销售商家"黑名单"制度。此外,监管部门应当加大监管力度,加强市场监管,显著提高违法成本,建立健全相关产品生产者、销售者的诚信追溯机制,对严重失信者予以公开曝光。

"网红"产品流行,适应了消费经济转型特点,反映了消费新态势,但只有保证产品质量,网红直播带货的模式才能走得更加长远。

一、问题求解：第 1~15 小题，每小题 3 分，共 45 分。下列每题给出的 A、B、C、D、E 五个选项中，只有一个选项是最符合题目要求的。

1. 在一个不透明的袋子中，有 5 个分别标有数字 $-\sqrt{3},\sqrt{6},0,2,\pi$ 的小球，这些小球除了数字外其他完全相同，从袋子中随机摸出两个小球，两个小球上数字之积恰好是有理数的概率为（　　）.

   A. 0.4 　　　　　　　　　　B. 0.5 　　　　　　　　　　C. 0.6

   D. 0.3 　　　　　　　　　　E. 0.7

2. 已知函数 $f(n)=\begin{cases} n^2, & n \text{ 为奇数}, \\ -n^2, & n \text{ 为偶数}, \end{cases}$ 且 $a_n=f(n)+f(n+1)$，则数列 $\{a_n\}$ 的前 100 项之和为（　　）.

   A. -100 　　　　　　　　B. 0 　　　　　　　　　　C. 50

   D. 100 　　　　　　　　　　E. 150

3. 如图，已知 $\angle BAC = 90°$，四边形 $ADEF$ 是正方形且边长为 1，则 $\dfrac{1}{AB}+\dfrac{1}{BC}+\dfrac{1}{CA}$ 的最大值为（　　）.

   A. $\dfrac{3}{2}$ 　　　　　　　　B. $\dfrac{3\sqrt{2}}{2}$ 　　　　　　　　C. $1+\sqrt{2}$

   D. 2 　　　　　　　　　　E. $1+\dfrac{\sqrt{2}}{4}$

4. 某电视台综艺频道主办一种有奖过关游戏，该游戏设有两关，只有过了第一关，才能玩第二关，每关最多玩两次，连续两次失败者被淘汰出局. 过关者可获奖金，只过第一关获奖金 900 元，两关全过获奖金 3 600 元. 某同学有幸参与了上述游戏，且该同学每一次过关的概率均为 $\dfrac{2}{3}$，各次过关与否互不影响. 在游戏过程中，该同学不放弃所有机会. 若该同学已顺利通过第一关，则他获得 3 600 元奖金的概率为（　　）.

   A. $\dfrac{2}{3}$ 　　　　　　　　B. $\dfrac{1}{3}$ 　　　　　　　　C. $\dfrac{2}{9}$

   D. $\dfrac{8}{9}$ 　　　　　　　　E. 以上结论均不正确

5. 若 a,b 是函数 $f(x)=x^2-px+q(p>0,q>0)$ 的两个不同的零点,且 $a,b,-2$ 这三个数可适当排序后成等差数列,也可适当排序后成等比数列,则 $p+q$ 的值等于(   ).

   A. 6   B. 7   C. 8

   D. 9   E. 10

6. 若 AB 是圆 $x^2+(y-3)^2=1$ 的任意一条直径,且 $A(x_1,y_1)$,$B(x_2,y_2)$,O 为坐标原点,则 $x_1x_2+y_1y_2$ 的值为(   ).

   A. 6   B. 7   C. 8

   D. 6 或者 7   E. 10

7. 某市"五城同创"活动中,一项绿化工程由甲、乙两工程队承担.已知甲工程队单独完成这项工作需 120 天,甲工程队单独工作 30 天后,乙工程队参与合做,两队又共同工作了 36 天完成.乙工程队单独完成这项工作需要(   )天.

   A. 60   B. 70   C. 80

   D. 90   E. 100

8. 全班同学毕业时取得六级证的有 30 人,取得驾照的有 35 人,取得计算机合格证的有 20 人,取得第二学位证的有 15 人,其中只有一张证的有 5 人,只有两张证的有 10 人,有四张证的有 3 人,则只有三张证的有(   )人.

   A. 7   B. 8   C. 9

   D. 10   E. 21

9. 小明上午 8 点要到学校上课,可是家里的闹钟早晨 6:10 就停了,他上足发条但忘了对表就急急忙忙上学去了,到学校一看还提前了 10 min. 中午 12 点放学,小明回到家一看闹钟才 11 点整.如果小明上学、下学在路上用的时间相同,那么,他家的闹钟停了(   )min.

   A. 30   B. 40   C. 50

   D. 80   E. 70

10. 在平面直角坐标系 xOy 中,以点 $(1,0)$ 为圆心且与直线 $mx-y-2m-1=0(m\in\mathbf{R})$ 相切的所有圆中,半径最大的圆的标准方程为(   ).

   A. $(x+1)^2+y=2$ B. $(x-1)^2+y^2=2$ C. $(x+1)^2+y^2=4$

   D. $(x-1)^2+y^2=4$ E. $(x-1)^2+y^2=1$

11. 在右图的每个区域内涂上 A,B,C,D 四种颜色之一,使得每个圆里恰有 4 种颜色,则一共有(   )种不同的染色方法.

   A. 24   B. 25

   C. 26   D. 27

   E. 28

12. 若不等式组 $\begin{cases}\dfrac{x-1}{2}\geqslant\dfrac{x-2}{3}\\2x-m\geqslant x\end{cases}$ 的解集为 $x\geqslant m$,则 m 的取值范围是(   ).

   A. $m\geqslant-1$ B. $m>-1$ C. $m\leqslant-1$

   D. $m\geqslant0$ E. $m<-1$

13. 甲、乙、丙三人各有邮票若干张,甲先拿出自己的一半平分给乙、丙,也拿出自己现有的一半平分给甲、丙,最后丙又把自己现有的一半平分给甲、乙. 这时三人的邮票数恰好相同,则他们三人至少共有(   )张邮票.

A. 26   B. 28   C. 24

D. 20   E. 32

14. 在直角三角形 ABC 中,$\angle ACB = 90°$,AD 平分 $\angle BAC$ 与 BC 相交于 D 点,若 $AD = 4$,$CD = 2$,则 AB 的长度是(   ).

A. 4   B. 5   C. 6

D. $4\sqrt{2}$ E. $4\sqrt{3}$

15. 如图所示,三角形 ABC 的面积是 24,且 $BE = 2EC$,D,F 分别是 AB,CD 的中点,那么阴影部分的面积是(   ).

A. 8   B. 9   C. 10

D. 11   E. 12

二、条件充分性判断:第 16 ～ 25 小题,每小题 3 分,共 30 分。要求判断每题给出的条件(1)和条件(2)能否充分支持题干所陈述的结论。A、B、C、D、E 五个选项为判断结果,只有一个选项是最符合题目要求的。

  A. 条件(1)充分,但条件(2)不充分.

  B. 条件(2)充分,但条件(1)不充分.

  C. 条件(1)和(2)单独都不充分,但条件(1)和条件(2)联合起来充分.

  D. 条件(1)充分,条件(2)也充分.

  E. 条件(1)和(2)单独都不充分,条件(1)和条件(2)联合起来也不充分.

16. 某品牌的照相机成本价是每台 500 元,3 月份的销售价为每台 625 元. 经市场预测,那么在 5 月份销售该品牌的照相机可获利 8%.

  (1) 该商品销售价在 4 月份将降低 20%

  (2) 在 5 月份再提高 8%

17. 已知 $|a| \neq |b|$,则 $\dfrac{|a-b|}{|a|-|b|} > 1$.

  (1) $ab > 0$

  (2) $ab < 0$

18. 可以确定 m 的值.

  (1) 球的一个内接圆锥满足:球心到该圆锥底面的距离是球半径的一半,则该圆锥的体积和此球体积的比值为 m

  (2) 圆锥的顶点与底面在球心的同侧

19. 已知实数 a,b,c 满足 $a \neq 0$. 设 x_1,x_2 是方程 $ax^2 + bx + c = 0$ 的两个实数根,则平面直线坐标系

内两点 $A(x_1,x_2),B(x_2,x_1)$ 之间的距离的最大值为 $3\sqrt{2}$.

(1) $a \geqslant b \geqslant c$

(2) $a+b+c=0$

20. 已知 $f(x)=ax^2+bx+c(a \neq 0)$,则方程 $f(f(x))=x$ 无解.

(1) $f(x)=x$ 无解

(2) $y=f(x)$ 与 $y=ax+b$ 相切

21. M 的最小值为 2.

(1) $a>0,b>0,a+b=2,M=ab+\dfrac{1}{ab}$

(2) $M=\left|x-\dfrac{5}{4}\right|+\left|x+\dfrac{3}{4}\right|$

22. 已知 a,b,c 为实数,则 a,b,c 成等比数列.

(1) 一元二次方程 $\dfrac{a}{4}x^2+bx+c=0$ 有两个相等实数根

(2) a,c 为不相等的质数,a,c 的最小公倍数为 b^2

23. 等差数列 $\{a_n\}$ 的前 n 项和为 S_n,则使 $a_n>0$ 的最小正整数 $n=10$.

(1) $a_{11}-a_8=3$

(2) $S_{11}-S_8=3$

24. 酱油店有标量为 a 两和 b 两的两种量筒(1 两 $=50$ g),至少 5 次可以量出 1 kg 的酱油.

(1) $a=7,b=2$　　(2) $a=9,b=2$

25. 如图,在一个正方形的四个顶点处,按逆时针方向各写了一个数:2,0,0,1. 然后取各边中点,并在各中点处写上其所在边两端点处的两个数的平均值. 这四个中点构成一个新的正方形,又在这个新的正方形四边中点处写上其所在边两个端点处的两个数的平均值. 连续这样做到第 m 个正方形,则图上写出的所有数的和是 30.

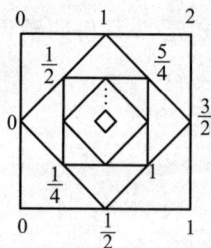

(1) $m=10$

(2) $m=9$

三、逻辑推理:第 26~55 小题,每小题 2 分,共 60 分。下列每题给出的 A、B、C、D、E 五个选项中,只有一个选项是最符合题目要求的。

26. 在某公司年会上,财务部表演节目的人都来自东北;教研部表演节目的人有些来自东北,但是大部分来自南方;其他表演节目的均来自人事部。来自东北的表演节目的人都具有研究生以上学历,来自南方的表演节目的人都具有本科以上学历。李大宝、孟大宝参加了公司年会,李大宝并非来自南方,孟大宝并非来自东北。

以上陈述如果为真,可以得出以下哪项结论?

A. 如果李大宝是财务部的,那么他表演了节目。

B. 李大宝不是财务部的。

C. 孟大宝不是教研部的。

D. 如果孟大宝表演了节目,那么他不是财务部的。

E. 孟大宝不具有研究生以上学历。

27. 招生简章:S市最好的高中是希尔高中。在每届初三毕业生中,考上希尔高中的学生比例越高,则这所初中学校的教学质量越好。光合初中的初三毕业生中考上希尔高中的学生最多。因此,有理由相信,光合初中就是S市教学质量最好的初中学校。

以下哪项如果为真,最能削弱上述招生简章中的论证?

A. 光合初中的老师数量较多,而且还有些是海外博士。

B. 光合初中的学费是S市最高的,对此很多家长颇有微词。

C. 光合初中的学生比其他初中学校多得多,尤其有很多学生是在初三时由别的学校转学过来的。

D. 除了希尔高中,S市的其他高中也是不错的选择。

E. 有些初中毕业生根本不希望考上希尔高中。

28. 某景区有一字型排开的6座庭院,分别是日、月、金、木、水、火,关于这6座庭院的排列顺序有如下信息:庭院"日"在庭院"月"的西边;庭院"日"与庭院"水"之间间隔了1个庭院;庭院"月"在庭院"金"东边的第3个;庭院"金"在庭院"木"的东边;庭院"木"与庭院"水"紧挨着。

根据上述信息,可以推出以下哪项?

A. "金"在"水"的西边。

B. "火"在"月"的东边。

C. "火"在"日"和"月"之间。

D. "月"在"金"和"水"之间。

E. "火"在"金"和"月"之间。

29. 据科学家统计,蝙蝠身上携带了4 100多种病毒,而其中,单冠状性病毒就有500多种。蝙蝠的平均寿命可达30年。经东江省的防疫部门检测,在该省境内接受检疫的蝙蝠中,有60%携带亨德拉病毒。但是只有20岁以上的蝙蝠才接受检疫。防疫部门的专家因此推测,该省蝙蝠中感染亨德拉病毒的比例,将大大小于60%。

以下哪项如果为真,将最有力地支持专家的推测?

A. 在东江省境内,20岁以上的蝙蝠只占蝙蝠总数的不到5%。

B. 在东江省,感染亨德拉病毒的眼镜蛇约占眼镜蛇总数的1%。

C. 在与东江省毗邻的西虹省境内,至今没有关于蝙蝠感染亨德拉病毒的疫情报告。

D. 与年龄较大的蝙蝠相比,年龄较小的蝙蝠更容易携带亨德拉病毒。

E. 与年龄较小的蝙蝠相比,年龄较大的蝙蝠更容易携带亨德拉病毒。

30. 东辉国一般译名为迦摩缕波国,存在时间为公元前10世纪至后12世纪,位于今南亚东北部,该国有基拉塔人、阿萨姆人和姆霍人,但由于缺少确凿的证据,他们之间的相互关系一直无法确定。刘教授认为:如果所有基拉塔人都是姆霍人,则所有的阿萨姆人都不是基拉塔人。最新的考古研究证明,刘教授的观点是错误的。

根据以上信息,以下哪项一定为真?

A. 所有阿萨姆人都是姆霍人。

B. 有些阿萨姆人不是姆霍人。

C. 有些基拉塔人不是阿萨姆人。

D. 所有姆霍人都是阿萨姆人。

E. 有些姆霍人是阿萨姆人。

31~32题基于以下题干:

某高铁线路设有"东沟""西山""南镇""北阳""中丘"5座高铁站。该线路有甲、乙、丙、丁、戊 5 趟车运行。这 5 座高铁站中,每站恰好有 3 趟车停靠,每趟车恰好停靠 3 个站,已知:

(1) 如果甲停靠"东沟"或者丁不停靠"中丘",那么丙、丁、戊都会停靠"南镇";

(2) 如果至多有 2 趟车不停靠"南镇",那么丁和戊不可能都停靠"南镇";

(3) 如果甲不停靠"东沟",那么甲和丙都停靠"南镇"且戊不停靠"北阳";

(4) 丁停靠"南镇"。

31. 根据上述信息,可以得出以下哪项?

A. 丙停靠"西山"。   B. 甲停靠"中丘"。   C. 丁未停靠"北阳"。

D. 乙停靠"东沟"。   E. 戊停靠"中丘"。

32. 如果丙和丁分别停靠"东沟"和"西山"中的一个,且乙停靠"北阳"和"中丘",则以下哪项一定为真?

A. 丁停靠"东沟"。   B. 丙停靠"东沟"。   C. 丙停靠"中丘"。

D. 乙停靠"西山"。   E. 乙停靠"东沟"或"西山"。

33. 脱发是现代人不小的烦恼,生姜算得上是一种源远流长的防脱生发圣物,无论是古老朴素的生姜擦头,还是在"双十一"大卖的生姜洗发水,都是爱发人士关注的热点。有人认为,抹上生姜汁以后会感觉头皮又热又辣,确实使血液循环加快,促进了生发。

以下哪项如果为真,最能削弱上述观点?

A. 一根头发从长出到脱落会经历成长期、退缩期和休止期,如果头发的正常生长周期被破坏,那么脱发便就此产生。

B. 头发 90% 以上的成分是蛋白质,如果缺乏蛋白质,就会影响头发的生长。

C. 姜辣素是导致热辣感觉的主因,其一大作用就是扩张血管,促进血液循环。

D. 生姜的主要活性成分 6-姜酚能够引起毛囊真皮乳头细胞的凋亡,反而会抑制毛发生长。

E. 生姜确实有一定的护发效果,但是也会有副作用。

34. 某民间收藏家仿制了圆明园十二生肖铜兽中的丑牛、卯兔、巳蛇、午马、申猴和亥猪,分别放置在圆形展台的 6 个方位上供人参观。已知,

(1) 丑牛不能与巳蛇相邻;

(2) 卯兔不能和午马相邻;

(3) 申猴不能和巳蛇相邻,也不能和亥猪相邻。

如果午马不能与巳蛇相邻,则下列哪项一定为真?

A. 亥猪和卯兔相邻。　　　　B. 亥猪和午马相邻。　　　　C. 亥猪和申猴相邻。

D. 卯兔和巳蛇相邻。　　　　E. 申猴和丑牛相邻。

35. 在市场价格调整的大环境下,西虹市的原浆啤酒促销活动接连受阻,目前仅有桥东超市和桥西超市还在搞促销活动。而且,现在有一个传言:只有在桥西超市,才能购买到促销的原浆啤酒。为验证上述传言,某记者采取了下列方式,请问其中哪项是毫无意义的?

Ⅰ. 去桥东超市购买促销的原浆啤酒。

Ⅱ. 去桥西超市购买促销的原浆啤酒。

Ⅲ. 询问近期购买了促销的原浆啤酒的人。

Ⅳ. 询问近期没购促销的原浆啤酒的人。

A. 仅Ⅰ、Ⅲ　　　　　　B. 仅Ⅰ、Ⅳ　　　　　　C. 仅Ⅱ、Ⅲ

D. 仅Ⅱ、Ⅳ　　　　　　E. 仅Ⅱ、Ⅲ、Ⅳ

36. 航天器经过大气层返回地球时,会与大气层摩擦导致温度急剧升高。为使航天器克服“热障”安全返回地球,国外某研究机构在回收微小卫星 EGG 上做了新的技术尝试。EGG 在下降过程中张开由二氧化碳充气扩张而成的半球形隔热减速伞,之后其受到的大气阻力显著增加,开始缓慢进入大气层并顺利落向地球。

以下哪项是上述技术尝试基于的前提?

A. 航天器表层材料需具备耐受超高温的性能。

B. 航天器耐热材料的成本比减速伞成本要高。

C. 航天器落入大气层时过热是下降过程中的常见难题。

D. 航天器以较慢速度进入地球可减少摩擦导致的发热。

E. 隔热减速伞不会对大气环境产生破坏。

37. 众所周知,睡眠不足是引起工作事故的原因。许多医生经常连续 24 小时或更长时间不睡觉,然而在同事之间做的常规检查中,这些医生很少被诊断为睡眠不足。因此,没有理由担心习惯性睡眠不足会导致广泛的医疗事故。

对下列哪个问题的回答最有助于评价上面的论述?

A. 诊断为睡眠不足的医生是否同时也表现出其他与睡眠无关的疾病征兆?

B. 医生习惯性睡眠不足是否会严重减弱他判断他人睡眠不足征兆的能力?

C. 除了习惯性睡眠不足之外,是否还有其他的医生本身的因素而导致的工作失误?

D. 在最近接受治疗的人当中,相信医生有时受睡眠不足之苦的人占多大比例?

E. 在医生中睡眠不足的发病率是否比其他医疗工作人员更高?

38~39 题基于以下题干:

十一小长假,甲、乙、丙、丁一行 4 人自驾游。汽车前排坐两人(1 人当司机),后排也坐两人。4 人各穿了不同颜色的衣服:白色、黄色、红色、黑色,工作也各不相同:老师、医生、程序员、会计师。已知:

(1) 丙的职业是会计师;

(2) 乙穿的是白色衣服;

(3) 穿着红色衣服的程序员与丁分两排斜向而坐。

38. 如果丙坐在司机斜后方,则可以得出以下哪项?

    A. 甲是司机。   B. 乙是司机。   C. 丙是司机。

    D. 丁是司机。   E. 丙穿红色衣服。

39. 如果穿着红色衣服的坐在前排,则以下除了哪项外均可能为真?

    A. 甲是司机。   B. 乙是司机。   C. 丙是司机。

    D. 丁是司机。   E. 穿白色衣服的人坐在前排。

40. 欧元区经过艰难的谈判,G 国债务危机暂时得到平息,经济重新进入上升通道,但对欧元区经济产生的负面影响仍在持续。某学者认为:只要 G 国进行改革,就能消除对欧元区经济的负面影响。

    以下哪项如果为真,能反驳上述学者的观点?

    A. 如果 G 国减少福利,或者实现了经济大幅发展,则可以解决债务危机。

    B. 如果 G 国债务危机得到合理解决,就不会对欧元区经济产生负面影响。

    C. 如果 G 国进行改革,就能让经济重新进入上升通道。

    D. 如果 G 国让经济重新进入上升通道,那么一定进行了改革。

    E. 如果 G 国减少福利,就可以解决债务危机。

41. 玩电脑游戏是否会改变大脑结构呢? 对此,研究人员进行了实验,他们把 154 名 14 岁青少年分为两组,其中一组青少年每周玩电脑游戏超过 9 个小时,即“频繁玩家”;另外一组玩电脑游戏较少。利用磁共振成像技术进行的大脑扫描显示,“频繁玩家”大脑中的“腹侧纹状体”比其他人要大。由此,研究人员得出结论,玩电脑游戏确实会改变大脑结构。

    以下哪项如果为真,最能支持上述结论?

    A. “腹侧纹状体”被称为大脑的“激励中心”,与奖励反馈有关,常常在人们得到外界回报时发挥作用,比如赌博赢钱或享受美食的时候。

    B. 长期玩游戏的儿童阅读游戏规则更容易,还会对游戏中出现的画面变得敏感,但对周围的事物表现冷漠。

    C. 追求新鲜和未知的经历是人和动物基本的行为趋势,选择新的选项可能使进化变得有意义。

    D. 通过大范围调查显示,大脑结构不同不会导致部分人更喜欢玩电脑游戏。

    E. 与其希望通过玩电脑游戏开发智力,不如通过打乒乓球有效。

42. 随着医学的发展,很多疾病都有了常规而又行之有效的治疗手段和对症药品。但有些疾病仍然没有对症药品。这些特殊疾病中,既包括癌症等相对常见的疾病,也包括 W 病等罕见的疾病。事实上,制药公司将研发力量用于常见疾病的对症药品研发而不是罕见疾病的药品研发是十分明智的。因为,研发、生产相应的对症药品去治疗患上罕见疾病的病人是一桩赔钱的营生,把生产的药品只卖给少部分人的做法通常无法收回研发成本,这样,制药公司的相应研发、生产最终都将以赔钱而告终。

    以下哪项如果为真,最能支持上述论证?

    A. 研发治疗罕见疾病药品的过程不会产生任何治疗常见疾病有益的成果。

    B. 罕见疾病的患者一般不会有类似高血压等属于常见疾病的并发症。

    C. 许多原来研发治疗罕见疾病药品的制药公司最终都选择了放弃。

    D. 感染上某一种罕见疾病的病人很少,而且感染上各种罕见疾病的病人总数也不是个很大的数字。

E. 药品的总生产量越大,花在每单位药品上的制造费用就越低。

43. S 高中要从 9 名学生中选出 7 名参加英语比赛。这 9 名学生中,高一年级 4 人,2 名男生 2 名女生;高二年级 3 人,2 名男生 1 名女生;高三年级 2 人,1 名男生 1 名女生。选择时需要遵循以下规则:

(1) 至少要选出 3 名女生参赛;

(2) 任何一个年级的参赛人数不能多于 3 人。

如果高一的 2 名男生都入选,那么以下哪项一定为真?

A. 入选学生中男生比女生多。

B. 入选学生中女生比男生多。

C. 入选学生中高一学生比高二多。

D. 入选学生中高二学生比高三多。

E. 入选学生中女生比高二学生多。

44. 互联网时代,流量就是利益。为了博取眼球,一些网络主播、网红机构和相关平台,把低俗内容视作"引流密码",不惜秀下限,打所谓的"擦边球"。靠低俗内容吸引流量,与主流价值观背道而驰。顺应主流价值观才能营造良好的网络生态。因此,低俗内容不会受到用户的青睐。

以下哪项如果为真,最能支持上述论证?

A. 网络主播属于公众人物范畴,具有很强的示范效应,一言一行会对社会风气产生重要影响。

B. 受到用户青睐的内容可以营造良好的网络生态。

C. 某些主播对自身定位、社会责任以及法律法规缺少起码的认知和敬畏,无法长久地得到用户的青睐。

D. 《互联网直播服务管理规定》《网络主播行为规范》等专项管理规范,坚决杜绝"色、丑、怪、假、俗、赌"等违法违规内容。

E. 低俗内容可以在短时间内集聚流量,但长远看却对平台、品牌和主播都有害无益。

45~46 题基于以下题干信息:

2023 年世界乒乓球锦标赛上,7 名运动员甲、乙、丙、丁、戊、己、庚依次出场,关于他们的出场顺序,有如下信息:

(1) 男运动员不会连续出场,甲之前有两名男运动员;

(2) 乙和丙均在甲之后出场;

(3) 丁在第 6 位出场。

45. 根据上述信息,以下哪项可能为真?

A. 丙和丁都是男运动员。　　B. 甲和乙都是男运动员。　　C. 乙和丁都是男运动员。

D. 甲和丙都是男运动员。　　E. 乙和丙都是男运动员。

46. 如果戊在第 3 位出场,则以下哪项一定为真?

A. 己与庚性别不同。　　B. 甲与庚性别不同。　　C. 戊与庚性别不同。

D. 乙与庚性别不同。　　E. 丙与庚性别不同。

47. 王大宝有奥迪、宾利、长城、东风风神、凯迪拉克、林肯 6 辆车,可以停放在由西向东的 1~6 号

共 6 个车位中,每辆车停放在一个车位,且必须符合下列条件:

（1）奥迪在 1 号或 6 号车位;

（2）长城在 3 号车位;

（3）东风风神停放的车位在凯迪拉克的西边;

（4）凯迪拉克与林肯紧挨着,并且在林肯的西边;

（5）如果凯迪拉克在 5 号车位,则宾利在 1 号车位。

根据以上信息,以下哪项包括了宾利可能停放的所有车位号码?

A. 1 号、2 号　　　B. 1 号、2 号、5 号　　　C. 1 号、2 号、6 号

D. 1 号、5 号、6 号　　　E. 1 号、2 号、4 号

48. 政府每年都公布对 S 海域鳕鱼储量的估计数值,这个数值是综合两个独立的调查数据得出的:一个是根据研究考察渔船每年一次的抽样捕捞量做出的;另一个是以上一年商用渔船单位捕捞量(在 1 千米长的范围撒网停留一小时所捕捞的鳕鱼量)的平均吨位数为基础而得出的。在过去的几十年中,这两项调查所得到的数据是非常接近的。但在最近 10 年中,基于商用渔船单位捕捞量的调查数据明显上升,而基于研究考察渔船抽样捕捞量的调查数据却明显下降。

以下哪项如果为真,最能解释上述两项调查数据差异的不断变化?

A. 商用渔船通常超额捕鱼,并且少报数量。

B. 现在每年动用的研究考察渔船要多于 10 年前。

C. 过去的 10 年中,技术的进步使商用渔船能准确地发现大鱼群的位置。

D. 研究考察渔船只用 30 天的时间采集鳕鱼样本,而商用渔船则全年捕捞。

E. 由于以前过度捕捞,现在渔船很难捕到法律允许的最大捕捞量。

49~50 题基于以下题干信息:

大宝是个时间规划能力比较强的人,每周从周一到周日会提前安排食谱。本周大宝有 4 种菜品选择,分别是:八珍豆腐、老爆三、坛子肉、罗汉肚,并且遵循以下条件:

（1）罗汉肚只安排一天,其余几项都各安排两天;

（2）周一或者吃八珍豆腐,或者吃坛子肉;

（3）只有周三吃八珍豆腐,周五才会吃老爆三;

（4）要么周二吃坛子肉,要么周四不吃罗汉肚;

（5）周二和周六安排同一个菜品。

49. 如果周五吃老爆三,以下哪项一定为真?

A. 周一吃坛子肉。　　　B. 周二吃老爆三。　　　C. 周六吃老爆三。

D. 周一吃八珍豆腐。　　　E. 周日吃坛子肉。

50. 如果周二吃八珍豆腐,则以下除了哪项外都可能为真?

A. 周四没吃罗汉肚。　　　B. 周五吃罗汉肚。

C. 周五和周日安排同一种菜品。　　　D. 周一和周四安排同一种菜品。

E. 周五没吃老爆三。

51. 赵、钱、孙、李、周、吴、郑 7 个人是住在同一栋楼(共 7 层)里的邻居,7 人所住楼层各不相同。

已知:

(1) 周和赵分别住在第 3 层和第 4 层之一；

(2) 如果钱住在第 1 层，那么李住在第 5 层或者吴住在第 2 层；

(3) 除非钱住在第 1 层并且孙住在第 2 层，否则赵住在第 7 层；

(4) 如果李不住在第 6 层，那么赵不住在第 4 层，并且吴不住在第 6 层。

根据上述信息，可以得出以下哪位住在第 6 层？

A. 钱　　　　　　　　B. 孙　　　　　　　　C. 李

D. 郑　　　　　　　　E. 吴

52. 某省举办运动会，该省 H 市参加的体操、篮球和短跑 3 个项目共获得 3 块金牌，3 块银牌和 3 块铜牌，并且获奖情况如下：

(1) 如果体操项目获得的是金牌，则篮球项目获得的是铜牌。

(2) 如果篮球项目获得的是银牌，则体操项目也获得银牌。

(3) 如果短跑项目获得的是金牌或者铜牌，则篮球项目获得金牌。

以下哪项陈述为真，能确定唯一的奖牌获得情况？

A. 短跑项目获得的是铜牌。　　B. 篮球项目获得的是金牌。　　C. 篮球项目获得的是铜牌。

D. 体操项目获得的是金牌。　　E. 短跑项目获得的是银牌。

53. 在田径锦标赛决赛现场，小赵、小钱、小孙、小李 4 人猜测选手的名次。

小赵：小周是第四名，小吴是第七名，小郑是第六名。

小钱：小周是第五名，小吴是第七名，小郑是第三名。

小孙：小周是第一名，小吴是第四名，小郑是第二名。

小李：小周是第五名，小吴是第三名，小郑是第一名。

决赛结束之后发现，4 人中有 3 个人只猜对了 1 个人的名次，1 个人猜对两个人的名次。

根据上述信息，小吴是第几名？

A. 第一名　　　　　　B. 第三名　　　　　　C. 第四名

D. 第五名　　　　　　E. 第七名

54~55 题基于以下共同题干：

　　某学校举行探索外太空科技活动，分别研究金星、木星、水星、火星，共有金大宝、木大宝、土大宝、水大宝、火大宝、月大宝 6 位同学参与该活动。每人研究两个星体，每个星体有 3 个人研究，并且研究的星体名称的第一个字与自己的姓氏均不相同。已知如下条件：

(1) 如果金大宝研究水星，那么他也要研究金星；

(2) 如果金大宝和木大宝至少有一个人研究木星，那么月大宝也研究木星；

(3) 金大宝和月大宝至多有一个人研究木星，否则月大宝不研究水星；

(4) 活动规定水星和火星不能同时研究。

54. 根据上述信息，可以得出以下哪项？

A. 月大宝研究火星。　　　B. 土大宝研究木星。　　　C. 水大宝研究金星。

D. 月大宝研究金星。　　　E. 火大宝研究木星。

55. 如果土大宝和火大宝研究的星体不完全相同，可以得出以下哪项？

A. 火大宝研究金星。　　　B. 月大宝研究水星。　　　C.水大宝研究金星。

D. 金大宝研究水星。　　　E. 水大宝研究木星。

四、写作:第 56~57 小题,共 65 分。其中论证有效性分析 30 分,论说文 35 分。

56. 论证有效性分析:分析下述论证中存在的缺陷和漏洞,选择若干要点,写一篇 600 字左右的文章,对该论证的有效性进行分析和评论。(论证有效性分析的一般要点是:概念特别是核心概念的界定和使用是否准确并前后一致,有无明显的逻辑错误,论证的论据是否成立并支持结论,结论成立的条件是否充分,等等。)

自动扶梯"左侧通行,右侧站立"规则的初衷是满足部分人有急事、赶时间的需要。时间充足的人站立在右侧,好比是普通车道;急着赶路的人从左侧通行,好比是快速车道,两类人各得其所。

英国是最早提出自动扶梯"左行右立"规则的国家。但英国交规是汽车左侧行驶,而中国交规是汽车右侧行驶,跟该规则的"左行"习惯相反。因此,"左行右立"的扶梯通行规则在中国并不适用。国内某地铁维修保养站的盘点数据显示:约 95% 的扶梯梯级链右侧明显比左侧磨损严重,导致梯级轻微倾斜,梯级两侧挡板及梳齿板磨损加剧。因此,这再次印证中国不适合推行"左行右立"扶梯通行规则。

而且,左侧通行还有其他问题。自动扶梯的梯级高度为 21 厘米,比公共场所楼梯梯级高度 15 厘米要高出不少。所以,人在扶梯上面行走,更容易发生踏空或被绊倒的情况。法规都是由人设立的,可以根据客观情况新增或废除。只要废除"左行右立"法规,就能解决扶梯右侧磨损严重和乘客乘梯安全问题。

然而,凡事都有两面性。在人流高峰期,"左行右立"规则意味着单位时间内扶梯能通过更多的人,这必然会提高人们对采用公共交通出行的满意度,增加公共出行比率。因此,"左行右立"规则也并非全无道理。只是应该如何在中国实行,还需要讨论更好的方式。

57. 论说文:根据下述材料,写一篇 700 字左右的论说文,题目自拟。

有人说"但问耕耘,莫问收获";但也有人看法不同。

全真模拟 8 套卷（六）答案及解析

一、问题求解

1.【答案】　A

　　【解析】　根据题意列表如下：

	$-\sqrt{3}$	$\sqrt{6}$	0	2	π
$-\sqrt{3}$		$-3\sqrt{2}$	0	$-2\sqrt{3}$	$-\sqrt{3}\pi$
$\sqrt{6}$	$-3\sqrt{2}$		0	$2\sqrt{6}$	$\sqrt{6}\pi$
0	0	0		0	0
2	$-2\sqrt{3}$	$2\sqrt{6}$	0		2π
π	$-\sqrt{3}\pi$	$\sqrt{6}\pi$	0	2π	

　　共有 20 种等可能出现的结果，两球上的数字之积恰好是有理数的有 8 种，因此两球上的数字之积恰好是有理数的概率为

$$P = \frac{8}{20} = \frac{2}{5}.$$

　　故答案为 A.

2.【答案】　D

　　【考点】　数列

　　【解析】　对任意正整数 k，

$$a_{2k-1} + a_{2k} = \left[(2k-1)^2 - (2k)^2\right] + \left[-(2k)^2 + (2k+1)^2\right] = 2,$$

故 $\{a_n\}$ 的前 100 项之和 $S_{100} = 2 \times 50 = 100$.

　　综上所述，答案选择 D.

3.【答案】　E

　　【考点】　相似三角形

　　【解析】　设 $BD = x$，由 $\triangle BDE$ 相似于 $\triangle EFC$，得 $\dfrac{BD}{DE} = \dfrac{EF}{FC} \Rightarrow FC = \dfrac{DE \cdot EF}{BD} = \dfrac{1}{x}$. 则

$$\frac{1}{AB} + \frac{1}{BC} + \frac{1}{AC} = \frac{1}{AD+DB} + \frac{1}{\sqrt{AB^2+AC^2}} + \frac{1}{AF+FC} = \frac{1}{1+x} + \frac{1}{\sqrt{(1+x)^2 + \left(1+\dfrac{1}{x}\right)^2}} + \frac{1}{1+\dfrac{1}{x}}$$

$$= \left(\frac{1}{1+x} + \frac{1}{1+\dfrac{1}{x}}\right) + \frac{1}{\sqrt{(1+x)^2 + \left(1+\dfrac{1}{x}\right)^2}}$$

$$= \left(\frac{1}{1+x} + \frac{x}{x+1} \right) + \frac{1}{\sqrt{x^2 + \dfrac{1}{x^2} + 2 + 2\left(x + \dfrac{1}{x}\right)}}$$

$$= 1 + \frac{1}{\sqrt{x^2 + \dfrac{1}{x^2} + 2 + 2\left(x + \dfrac{1}{x}\right)}}.$$

先研究 $x^2 + \dfrac{1}{x^2} + 2 + 2\left(x + \dfrac{1}{x}\right)$，利用均值不等式，可得 $x^2 + \dfrac{1}{x^2} + 2 + 2\left(x + \dfrac{1}{x}\right) \geqslant 2\sqrt{x^2 \cdot \dfrac{1}{x^2}} + 2 +$

$2 \cdot 2\sqrt{x \cdot \dfrac{1}{x}}$，即 $x^2 + \dfrac{1}{x^2} + 2 + 2\left(x + \dfrac{1}{x}\right) \geqslant 8$，当且仅当 $x = 1$ 时，上述不等式取等号. 所以 $1 +$

$\dfrac{1}{\sqrt{x^2 + \dfrac{1}{x^2} + 2 + 2\left(x + \dfrac{1}{x}\right)}} \leqslant 1 + \dfrac{1}{\sqrt{8}}$，即 $\dfrac{1}{AB} + \dfrac{1}{BC} + \dfrac{1}{CA}$ 有最大值 $1 + \dfrac{\sqrt{2}}{4}$.

4. 【答案】 D

【考点】 独立事件

【解析】 已知该同学已经通过第一关，要获得 3 600 元，只需要通过第二关.

第二关不通过的概率为 $\left(1 - \dfrac{2}{3}\right)^2 = \dfrac{1}{9}$.

所以第二关通过的概率为 $1 - \dfrac{1}{9} = \dfrac{8}{9}$.

5. 【答案】 D

【考点】 韦达定理

【解析】 由韦达定理，$\begin{cases} a+b=p>0, \\ ab=q>0, \end{cases}$ 所以 a,b 均为正根. 不妨设 $a>b$，$a,b,-2$ 三个数组成的等差数

列必然是 -2 不在中间，三个数组成的等比数列必然是 -2 在中间. 所以可得 $\begin{cases} a+(-2)=2b, \\ ab=(-2)^2. \end{cases}$ 解得

$\begin{cases} a=4, \\ b=1, \end{cases}$ 或 $\begin{cases} a=-2, \\ b=-2 \end{cases}$（舍去）. 所以 $\begin{cases} p=a+b=5, \\ q=ab=4, \end{cases}$ $p+q=9$.

6. 【答案】 C

【考点】 对称

【解析】 圆心坐标为 $(0,3)$，半径为 1. 所以 $|AB| = \sqrt{(x_2-x_1)^2 + (y_2-y_1)^2} = 2$.

点 A,B 关于圆心对称，所以有 $\begin{cases} \dfrac{x_1+x_2}{2}=0, \\ \dfrac{y_1+y_2}{2}=3, \end{cases}$ 则

$\begin{cases} x_1+x_2=0, \\ y_1+y_2=6, \\ (x_2-x_1)^2+(y_2-y_1)^2=4, \end{cases}$

$$x_1x_2+y_1y_2=\frac{(x_1+x_2)^2-(x_1-x_2)^2}{4}+\frac{(y_1+y_2)^2-(y_1-y_2)^2}{4}$$

$$=\frac{(x_1+x_2)^2+(y_1+y_2)^2}{4}-\frac{(x_1-x_2)^2+(y_1-y_2)^2}{4}=8.$$

7.【答案】 C

【考点】 工程问题

【解析】

甲	乙	工作量
120	0	1
30+36	36	1

通过比较得出,甲工程队 54 天的工作量与乙工程队 36 天的工作量相当,甲、乙的工作效率比为 2 ∶ 3. 所以完成整个工作,甲单独完成需要 120 天,乙单独完成需要 80 天.

8.【答案】 E

【考点】 集合问题

【解析】 假设只有三证的有 x 人. 则根据集合的运算公式有 $30+35+20+15=1\times5+2\times10+3x+4\times3$. 解得 $x=21$.

9.【答案】 D

【考点】 时间计算

【解析】 根据题意可知,小明从上学到放学一共用时是 290 min(11 点减去 6 点 10 分),在校时间为 250 min(8 点到 12 点,再加上提前到的 10 min),所以上下学的路上共用时 $290-250=40(\text{min})$,即从家到学校用时 20 min,所以从家出来的时间为 7∶30,即他家的闹钟停了 1 h 20 min,即 80 min.

10.【答案】 B

【考点】 直线系

【解析】 直线 $mx-y-2m-1=0(m\in\mathbf{R})$ 恒过点 $(2,-1)$,所以当点 $(2,-1)$ 为切点时,圆半径最大,此时半径 $r=\sqrt{(2-1)^2+(-1)^2}=\sqrt{2}$,故圆的标准方程为 $(x-1)^2+y^2=2$.

综上所述,答案选择 B.

11.【答案】 A

【解析】 因为每个圆内 4 个区域涂的颜色都不相同,所以一个圆内的 4 个区域一共有 $4\times3\times2=24(\text{种})$ 染色方法. 如图所示,当一个圆内的 1,2,3,4 四个区域的颜色染定后,由于 6 号区域的颜色不能与 2,3,4 三个区域的颜色相同,所以只能与 1 号区域的颜色相同,同理 5 号区域只能与 4 号区域的颜色相同,7 号区域只能与 2 号区域的颜色相同,所以当 1,2,3,4 四个区域的颜色涂定后,其他区域的颜色也就相应的只有一种涂法,所以一共有 24(种)不同的涂法. 故答案选 A.

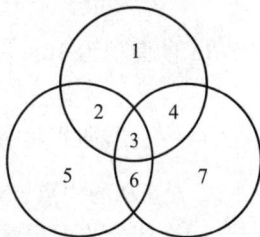

12.【答案】 A

【解析】 由第一个不等式可以得到 $x\geq-1$,由第二个不等式得到 $x\geq m$.

如果两个结果求交集正好是 $x\geq m$,则 $m\geq-1$,所以选 A.

13. 【答案】 C

【考点】 比例问题

【解析】 设最后三人各有 a 枚邮票,列表如下:

变动次数	第三次后	第二次后	第一次后	初始情况
甲的邮票数	a	$\frac{1}{2}a$	$\frac{1}{4}a$	$\frac{1}{2}a$
乙的邮票数	a	$\frac{1}{2}a$	a	$\frac{7}{8}a$
丙的邮票数	a	$2a$	$\frac{7}{4}a$	$\frac{13}{8}a$

因为邮票数为整数,所以 a 应为 8 的倍数,且为最小的一个,a 为 8,则甲原有 4 枚,乙原有 7 枚,丙原有 13 枚,共 $4+7+13=24$(枚)邮票.

14. 【答案】 E

【解析】 因为在 $Rt\triangle ACD$ 中,$\angle C=90°$,$CD=2$,$AD=4$,

所以 $\angle CAD=30°$,

由勾股定理得 $AC=\sqrt{AD^2-CD^2}=2\sqrt{3}$,

因为 AD 平分 $\angle BAC$,

所以 $\angle BAC=60°$,

所以 $\angle B=30°$,

所以 $AB=2AC=4\sqrt{3}$.

故答案为 E.

15. 【答案】 C

【考点】 三角形

【解析】 连接 DE. 因为 D 是 AB 的中点,则 $\triangle ADC$ 与 $\triangle CDB$ 的面积相等,$\triangle CDB$ 的面积就是 $\triangle ABC$ 的面积的一半:$24\div2=12$.

因为 $BE=2EC$,所以 $\triangle DBE$ 的面积是 $\triangle DEC$ 的面积的 2 倍,是 $\triangle CDB$ 的面积的 $\frac{2}{3}$,可以求出 $\triangle DBE$ 的面积为 $12\times\frac{2}{3}=8$.

$\triangle DEC$ 的面积是 $\triangle CDB$ 面积的 $\frac{1}{3}$:$12\div3=4$.

F 是 CD 的中点,$\triangle FDE$ 的面积是 $\triangle DEC$ 面积的一半:$4\div2=2$.

阴影部分的面积就是 $\triangle DBE$ 与 $\triangle FDE$ 的面积之和:$8+2=10$.

综上所述,答案选择 C.

二、条件充分性判断

16. 【答案】 C

【考点】 销售问题

【解析】 条件（1）和条件（2）单独判断,明显不充分.联合条件（1）和（2）.5 月份的售价:

$625×(1-20\%)×(1+8\%)$.比成本多出: $\dfrac{625×(1-20\%)×(1+8\%)-500}{500}=8\%$,条件（1）和条件（2）

联合起来充分.

17.**【答案】** E

【考点】 不等式问题

【解析】 利用特值法进行快速排除,条件（1）中,令 $a=2,b=1$,不满足题干要求.

条件（2）中,令 $a=1,b=-2$,不满足题干要求,条件（1）与条件（2）都不充分,也无法联合,故选 E.

18.**【答案】** C

【考点】 空间几何体

【解析】 单独考虑条件（1）存在两种可能.

第一种情况:圆锥的顶点和底面在球心的两侧时,设球半径为 r,则球心到该锥体底面的距

离是 $\dfrac{r}{2}$,于是圆锥的底面半径为 $\sqrt{r^2-\left(\dfrac{r}{2}\right)^2}=\dfrac{\sqrt{3}}{2}r$,高为 $\dfrac{3r}{2}$,则该圆锥的体积为 $\dfrac{1}{3}\pi\cdot\left(\dfrac{\sqrt{3}r}{2}\right)^2\dfrac{3r}{2}=$

$\dfrac{3\pi r^3}{8}$,球的体积是 $\dfrac{4\pi r^3}{3}$,所以圆锥与球的体积比是 $\dfrac{9}{32}$.

同理:第二种情况:圆锥的顶点和底面在球心的同侧时,所以圆锥与球的体积比是 $\dfrac{3}{32}$.

所以选 C.

19.**【答案】** C

【考点】 二次方程

【解析】 已知 $b^2-4ac\geqslant 0,\begin{cases}x_1+x_2=-\dfrac{b}{a},\\ x_1x_2=\dfrac{c}{a}.\end{cases}$

设 $d=|AB|=\sqrt{(x_2-x_1)^2+(x_1-x_2)^2}=\sqrt{2(x_1-x_2)^2}=\sqrt{2\left[(x_1+x_2)^2-4x_1x_2\right]}$

$=\sqrt{2\cdot\left[\left(-\dfrac{b}{a}\right)^2-\dfrac{4c}{a}\right]}$.

条件（1）,明显不充分.

条件（2）,把 $b=-a-c$ 代入 d 得 $d=\sqrt{2\cdot\left[\left(\dfrac{a+c}{a}\right)^2-\dfrac{4c}{a}\right]}=\sqrt{2\cdot\left(\dfrac{a-c}{a}\right)^2}$,无法确定最大值.条

件（2）也不充分.

考虑条件（1）和条件（2）的联合,$\begin{cases}a\geqslant b\geqslant c,\\ a+b+c=0\end{cases}\Rightarrow a$ 必然为正,c 必然为负.上述两式同时除以

a,得到 $\begin{cases}1\geqslant\dfrac{b}{a}\geqslant\dfrac{c}{a},\\ 1+\dfrac{b}{a}+\dfrac{c}{a}=0.\end{cases}$ 设 $m=\dfrac{c}{a}$,则 $\dfrac{b}{a}=-1-m$. 所以 $-2\leqslant m\leqslant-\dfrac{1}{2}$,$d=\sqrt{2\cdot\left(\dfrac{a-c}{a}\right)^2}=$

$$\sqrt{2\cdot\left(1-\dfrac{c}{a}\right)^2}=\sqrt{2\cdot(1-m)^2}.$$

所以当 $m=-2$ 时,d 有最大值 $\sqrt{2\cdot(1+2)^2}=3\sqrt{2}$.

条件(1)和条件(2)联合起来充分.

20.【答案】 A

【考点】 二次函数

【解析】 条件(1)$f(x)=x$ 无解,即 $f(x)-x=0$ 无解,即 $ax^2+(b-1)x+c=0$ 无解,$\Delta<0$,此函数仍是二次函数.则当 $a>0$ 时,$y=f(x)-x>0$ 恒成立,即 $f(x)>x$,对于任意实数 x 恒成立.对于 $f(x)$,则有 $f(f(x))>f(x)>x$ 恒成立,所以 $f(f(x))=x$ 无解.同理,当 $a<0$ 时,必有 $f(f(x))<f(x)<x$ 恒成立,所以 $f(f(x))=x$ 无解,充分.

对于条件(2)我们可以举出反例,比如 $a=1,b=0$.

此时抛物线 $y=f(x)$ 与直线 $y=x$ 相切,存在切点为 (x_0,y_0),则满足 $f(x_0)=x_0$ 成立,从而 $f(f(x_0))=f(x_0)=x_0$,所以 $f(f(x))=x$ 有解,因此条件(2)不充分.

21.【答案】 D

【考点】 均值定理和绝对值

【解析】 对于条件(1),$ab\leqslant\left(\dfrac{a+b}{2}\right)^2=1$,令 $t=ab,t\in(0,1]$,

则 $y=t+\dfrac{1}{t}$ 在 $(0,1]$ 上为减函数,故当 $t=1$ 时,$y_{\min}=2$.

故条件(1)充分.

对于条件(2),M 的最小值为 $\dfrac{5}{4}-\left(-\dfrac{3}{4}\right)=2$.

故条件(2)也充分.

综上所述,答案选择 D.

22.【答案】 B

【考点】 质数

【解析】 条件(1):由题意知 $\Delta=b^2-ac=0\Rightarrow b^2=ac$,这里存在反例:$b=c=0$,故条件(1)不充分.

条件(2):a,c 为不相等的质数,所以 a,c 的最小公倍数为 ac,即 $b^2=ac$,且 a,b,c 为非零实数,故条件(2)也充分.

综上所述,答案选择 B.

23.【答案】 C

【考点】 数列

【解析】 条件(1)和(2)均单独不充分,联合条件(1)和(2)可得:

$$\begin{cases}a_{11}-a_8=3d=3,\\ S_{11}-S_8=a_{11}+a_{10}+a_9=3\end{cases}\Rightarrow\begin{cases}a_1=-8,\\ d=1\end{cases}\Rightarrow a_n=-8+n-1=n-9,$$

令 $a_n>0$,解得 $n>9$,因此,使 $a_n>0$ 的最小正整数为 10.

综上所述,答案选择 C.

24.【答案】 A

【解析】 对于条件(1):设用 7 两的量筒 x 次,2 两的量筒 y 次,由题意得 $7x+2y=20$,此为不定方程的问题,求得的非负整数解有 $\begin{cases} x=0 \\ y=10 \end{cases}$ 或 $\begin{cases} x=2 \\ y=3 \end{cases}$,所以最少次数为 5,条件(1)充分.对于条件(2):$9x+2y=20$,则 $\begin{cases} x=0 \\ y=10 \end{cases}$ 或 $\begin{cases} x=2 \\ y=1 \end{cases}$,显然不充分.所以选 A.

25.【答案】 A

【考点】 正方形

【解析】 根据图形可以得到,每个正方形顶点的四个数字之和一定是 3.一直做到第 m 个正方形,所有图形的数字之和一定是 $3m$.$3m=30$,解得 $m=10$.条件(1)充分,条件(2)不充分.

三、逻辑推理

26.【答案】 D

【考点】 假言命题 联言、选言命题

【命题方向】 形式逻辑 正向推理

【解析】 题干信息:(1) 财务部∧表演节目→东北→研究生以上学历;

(2) 有些(教研部∧表演节目)→东北→研究生以上学历;

(3) 大部分(教研部∧表演节目)→南方→本科以上学历;

(4) 李大宝→¬南方;

(5) 孟大宝→¬东北。

根据题干信息可推知:孟大宝→¬东北→¬(财务部∧表演节目)=¬财务部∨¬表演节目。

D 选项:如果孟大宝表演了节目,根据推出的结论可知:表演节目→¬财务部,那么孟大宝一定不是财务部的人。

故正确答案为 D 选项。

27.【答案】 C

【考点】 十大论证模型

【命题方向】 论证推理 削弱、质疑、反驳

【解析】 论据:考上希尔高中的学生比例越高,则这所初中学校的教学质量越好。光合初中的初三毕业生中考上希尔高中的学生最多。

结论:光合初中就是 S 市教学质量最好的初中学校。

C 选项:表明光合初中的学生总量大,特别是初三的学生很多是其他学校转学过来的,那么即使考上希尔高中的学生很多,其中考上希尔高中的比例也不一定很高,即光合初中的教学质量不一定是最好的,该项可以削弱。

故正确答案为 C 选项。

28.【答案】 C

【考点】 稳赢分析法

【命题方向】 综合推理 排序

【解析】 题干信息:(自西向东 123456,共 6 个位置)(1)"日""月";(2)"日"×"水"、

"水"×"日";(3)"金"××"月";(4)"木""金";(5)"木水"/"水木"。

排序优先考虑跨度比较大的元素,即(3),可知要同时满足(3)(4)(5),"金"只能在3,"月"在6,此时"木水"/"水木"在1和2,结合(2)可知,"木"在1,"水"在2,"日"在4,最后剩下的"火"在5,所以最终的次序是:木水金日火月。

故正确答案为C选项。

29.【答案】 E

【考点】 两大论证形式

【命题方向】 论证推理 支持、加强

【解析】 论据:东江省境内接受检疫的蝙蝠中,有60%携带亨德拉病毒;20岁以上的蝙蝠才接受检疫。

结论:该省蝙蝠中感染亨德拉病毒的比例将大大小于60%。

E选项:建立联系,年龄大的蝙蝠更容易携带病毒,题干信息指出接受检疫的蝙蝠都是20岁以上,那么推出全省蝙蝠的感染比例实际上将远远低于60%就合理了。

故正确答案为E选项。

30.【答案】 E

【考点】 假言命题 联言、选言命题

【命题方向】 形式逻辑 正推题型

【解析】 刘教授的观点:所有基拉塔人都是姆霍人→所有的阿萨姆人都不是基拉塔人,其观点错误,所以真实的信息是:所有基拉塔人都是姆霍人,且¬(所有的阿萨姆人都不是基拉塔人);即:所有基拉塔人都是姆霍人,有的阿萨姆人也是基拉塔人;逻辑关系为:有的 萨→基→霍;根据互换特性可得:有的 萨→霍=有的 霍→萨,即有些姆霍人是阿萨姆人;

故正确答案为E选项。

31.【答案】 E

【考点】 确定信息推理

【命题方向】 综合推理 匹配

【解析】 由于每站恰好有3趟车停靠,所以停靠"南镇"的数量=3,"至多有2趟不停靠南镇",所以结合(2)可推知:丁和戊不可能都停靠"南镇",结合(4)可得:戊不停靠"南镇"。结合(1)逆否可得:甲不停"东沟",并且丁停靠"中丘"。结合(3)可得:甲和丙都停靠"南镇"且戊不停靠"北阳"。此时戊不停靠"南镇"和"北阳",所以一定停靠"东沟""西山"和"中丘"。

故正确答案为E选项。

32.【答案】 E

【考点】 确定信息推理

【命题方向】 综合推理 匹配

【解析】 由上题可知,甲、丙、丁停靠"南镇",所以乙不停靠"南镇",结合本题新增信息:乙停靠"北阳"和"中丘",可知:乙会停靠"东沟"和"西山"中的一个车站。

故正确答案为E选项。

33.【答案】 D

【考点】 两大论证形式

【命题方向】 论证推理 削弱、质疑、反驳

【解析】 因：生姜；果：感觉头皮又热又辣，可以促进生发。

D 选项：否因削弱，表明生姜非但不会促进生发，反而会抑制毛囊生长，削弱了题干的观点；

A、B 选项：无关选项，未提及生姜的作用，排除；

C 选项：建立联系支持，表明生姜确实可以促进血液循环，排除；

E 选项：两面派，"护发效果"和"副作用"相反，而且二者哪个作用大呢？未知，无法削弱。

故正确答案为 D 选项。

34.【答案】 D

【考点】 稳赢分析法

【命题方向】 综合推理 排序

【解析】 由(1)(3)以及题干信息可知：巳蛇与丑牛、申猴、午马都不能相邻，所以巳蛇与卯兔和亥猪一定相邻。

故正确答案为 D 选项。

35.【答案】 D

【考点】 假言命题

【命题方向】 形式逻辑 真假判定

【解析】 题干信息：促销→桥西超市。

要验证该传言是否为真，只需看其矛盾关系是否出现即可。若其矛盾关系为真，则该传言为假；若其矛盾关系为假，则该传言为真。

矛盾关系：促销∧¬桥西超市＝促销∧桥东超市。

所以 Ⅰ 和 Ⅲ 是有意义的，Ⅱ、Ⅳ 无意义。

故正确答案为 D 选项。

36.【答案】 D

【考点】 两大论证形式

【命题方向】 论证推理 假设、前提

【解析】 论据：EGG 在下降过程中张开由二氧化碳充气扩张而成的半球形隔热减速伞，之后其受到的大气阻力显著增加，开始缓慢进入大气层并顺利落向地球；

结论：减速伞技术可以克服航天器"热障"，使其安全返回地球。

D 选项：建立联系，指出航天器以慢速进入地球会减少摩擦生热，而减速伞技术可以使航天器减慢下降速度，也就是可以起到保护作用，即在慢速与减热之间建立联系，正确；

A 选项：无关选项，指出航天器表层材料需具备耐受超高温的性能，与题干中的技术尝试无关，排除；

B 选项：无关选项，指出耐热材料与减速伞的成本差异，题干论证过程未涉及成本问题，排除；

C 选项：无关选项，指出航天器过热是下降过程中的难题，属于无关选项，排除；

E 选项：无关选项，题干是要论证减速伞是否可以使航天器顺利落向地球，与其对环境是否产生破坏无关，排除。

故正确答案为 D 选项。

37.【答案】 B

【考点】 论证评价

【命题方向】 论证推理 论证方式及漏洞

【解析】 如果医生习惯性睡眠不足会严重减弱他判断他人睡眠不足征兆的能力,那么人们就有理由担心习惯性睡眠不足会导致广泛的医疗事故。否则,人们的这种担心就是多余的。由此可见,B选项提出的问题的回答最有助于评价题干的论述。

故正确答案为 B 选项。

38. 【答案】 B

【考点】 稳赢分析法

【命题方向】 综合推理 综合题组(匹配)

【解析】 由(3)结合(2)可知,甲不穿白衣服,由(3)结合(1)可知,甲不是会计师,所以可得:甲是程序员,穿红色衣服。由(3)结合丙在司机斜后方的方位信息,可知丙与司机斜向而坐,丁与甲斜向而坐,所以司机是乙。

故正确答案为 B 选项。

39. 【答案】 D

【考点】 稳赢分析法

【命题方向】 综合推理 综合题组(匹配)

【解析】 由(3)可知,甲穿红色衣服,并且与丁斜向而坐,所以如果甲坐在前排,那么丁不可能是司机。

故正确答案为 D 选项。

40. 【答案】 D

【考点】 假言命题

【命题方向】 形式逻辑 真假判定

【解析】 题干信息:(1)债务平息∧经济上升∧负面影响持续

学者观点:改革→¬负面影响持续。反驳学者观点即:改革∧负面影响持续

D 选项:经济上升→改革,已知"经济上升""负面影响持续"均为真,所以这里可推出"改革∧负面影响持续"为真。

故正确答案为 D 选项。

41. 【答案】 D

【考点】 两大论证形式

【命题方向】 论证推理 支持、加强

【解析】 题干信息:玩电脑游戏(因)会改变大脑结构(果)。

D 选项:无因果倒置,排除了"大脑结构不同导致玩游戏"的可能性,使题干的因果关系更可靠,正确;

A 选项:无关选项,无法建立"玩电脑游戏"与"大脑结构改变"的关系,排除;

B 选项:无关选项,未涉及"大脑结构改变",排除;

C 选项:无关选项,无法建立"玩电脑游戏"与"大脑结构改变"的关系,排除;

E 选项:无效比较,题干并未涉及乒乓球,该比较无效。

故正确答案为 D 选项。

42.【答案】 A

【考点】 两大论证形式

【命题方向】 论证推理 支持、加强

【解析】 论据:研发、生产治疗罕见疾病的药品通常无法收回研发成本,制药公司的相应研发、生产最终都将以赔钱而告终;

结论:制药公司将研发力量用于常见疾病的对症药品研发是十分明智的。

A选项:建立联系,表明研发治疗罕见疾病的药品就只能用于治疗罕见疾病,无法产生其他效益,所以会赔钱,正确;

B选项:无关选项,题干论证与罕见疾病患者有没有并发症无关,排除;

C选项:无关选项,只是说明了原来研发治疗罕见疾病药品的制药公司的情况,那么现在进行研发是否会赔钱呢? 未知,无法支持,排除;

D选项:无法支持,因为制药公司研发的药品是对症研发,并不是研发一种药品治疗所有罕见病,所以即使感染上各种罕见病的总人数很多也无法支持题干论证,排除;

E选项:无关选项,无法建立起论据与结论之间的关系,排除。

故正确答案为A选项。

43.【答案】 A

【考点】 稳赢分析法

【命题方向】 综合推理 数字相关

【解析】 题干信息:

(1)高一:4人,2男2女;

(2)高二:3人,2男1女;

(3)高三:2人,1男1女;

(4)女生≥3;

(5)任何年级≤3。

如果高一的2名男生入选,根据条件(5)可知,高一最多再入选1名女生;结合(4)可知,高二和高三的女生必须入选。所以最终结果为:3名女生,4名男生。

故正确答案为A选项。

44.【答案】 B

【考点】 两大论证形式

【命题方向】 论证推理 支持

【解析】 论据:靠低俗内容吸引的流量,与主流价值观背道而驰。(低俗→¬价值观)

顺应主流价值观才能营造良好的网络生态。(网络生态→价值观)

结论:低俗内容不会受到用户的青睐。(低俗→¬青睐)

B选项:建立联系。低俗→¬价值观→¬网络生态→¬青睐,此时结论成立,正确;

A选项:相关性弱,无法建立论据与结论之间的联系,排除;

C选项:相关性弱,与论据无关,排除;

D选项:相关性弱,无法建立论据与结论之间的联系,排除;

E选项:无关选项,与题干论证过程无关,排除。

故正确答案为 B 选项。

45. 【答案】 E

【考点】 稳赢分析法

【命题方向】 综合推理 综合题组(排序)

【解析】 由(1)可知,甲之前至少有3名运动员;由(2)可知,甲之后至少有2名运动员;又由(3)可知,丁在第6位,所以甲一定在第4位。第1位和第3位均为男运动员,所以甲不会是男运动员,排除 B 选项和 D 选项;乙和丙分别在第5位和第7位之一,因为乙和丙都与丁相邻,所以不可能乙和丁都是男运动员,排除 C 选项,也不可能丙和丁都是男运动员,排除 A 选项。

故正确答案为 E 选项。

46. 【答案】 A

【考点】 稳赢分析法

【命题方向】 综合推理 综合题组(排序)

【解析】 如果戊在第3位,那么己和庚分别是第1位和第2位之一,性别一定不同。

故正确答案为 A 选项。

47. 【答案】 C

【考点】 稳赢分析法

【命题方向】 综合推理 排序

【解析】 根据题干信息(2)可知3号车位是长城,根据(3)(4)可知林肯、凯迪拉克紧挨着且林肯在右(东),同时东风风神在这两个的左边(西边),那么分类讨论可知:

若奥迪在1号车位,根据(5)可知林肯在5号车位,凯迪拉克在4号车位,宾利在6号车位;

若奥迪在6号车位,那么林肯在5号车位,凯迪拉克在4号车位,则宾利在1号车位或2号车位。

故正确答案为 C 选项。

48. 【答案】 C

【考点】 论证评价

【命题方向】 论证推理 解释

【解析】 解释对象:过去的几十年中,商用渔船单位捕捞量的调查数据和基于研究考察渔船抽样捕捞量的调查数据,这两项调查所得到的数据是非常接近的;

近10年中,基于商用渔船单位捕捞量的调查数据明显上升,而基于研究考察渔船抽样捕捞量的调查数据却明显下降。

C 选项:可以解释,该项表明商用渔船是因为先进的技术能准确地发现鱼群的位置,使得捕捞量上升;

A 选项:无法解释,与题干中商用渔船捕捞量增加矛盾,排除;

B 选项:无法解释,与考察渔船的数量无关,排除;

D 选项:无法解释,这30天的样本是否有代表性呢?未知,排除;

E 选项:无法解释,未体现出考察渔船与商用渔船的差异,排除。

故正确答案为 C 选项。

49. 【答案】 D

【考点】 稳赢分析法

【命题方向】 综合推理 综合题组（分组）

【解析】 由周五吃老爆三,结合(3)可得:周三吃八珍豆腐,此时,剩下的几天中需要吃八珍豆腐 1 天,老爆三 1 天,罗汉肚 1 天,坛子肉 2 天,结合(5)可知,周二和周六都吃坛子肉。

再结合(2)可知,周一不吃坛子肉,所以周一吃八珍豆腐。

故正确答案为 D 选项。

50. 【答案】 C

【考点】 稳赢分析法

【命题方向】 综合推理 综合题组（分组）

【解析】 由周二吃八珍豆腐,可知周二不吃坛子肉,结合(4)可知,周四不吃罗汉肚,排除 A 选项。

由周二吃八珍豆腐,结合(5)可知,周六也吃八珍豆腐,所以周三不吃八珍豆腐,结合(3)可得(6)周五不吃老爆三,排除 E 选项。再结合(2)可知,周一吃坛子肉。此时还剩下周三、周四、周五和周日四天,余下的菜品有坛子肉 1 天,老爆三 2 天,罗汉肚 1 天。如果周五和周日安排同一种菜品,那么只能是老爆三,但是由(6)可知周五不吃老爆三,所以周五和周日不可能安排同一种菜品。

故正确答案为 C 选项。

51. 【答案】 D

【考点】 稳赢分析法

【命题方向】 综合推理 匹配

【解析】 由(1)可知,赵一定不住在第 7 层,结合(3)逆否可得:钱住在第 1 层,孙住在第 2 层,结合(2)和"或"的性质,可推出李住在第 5 层,结合(4)可推出,赵不住在第 4 层,那么一定住在第 3 层,吴不住在第 6 层,所以第 6 层一定是郑。

故正确答案为 D 选项。

52. 【答案】 D

【考点】 稳赢分析法

【命题方向】 综合推理 匹配

【解析】 题干信息:(1) 体操 金牌→篮球 铜牌;(2) 篮球 银牌→体操 银牌;(3) （短跑 金牌∨短跑 铜牌）→篮球 金牌。

根据条件(1)(3),体操 金牌→篮球 铜牌→（¬短跑 金牌∧¬短跑 铜牌）,则短跑 银牌,可以确定唯一的分配方案。

故正确答案为 D 选项。

53. 【答案】 E

【考点】 稳赢分析法

【命题方向】 综合推理 真话假话题

【解析】 题干中猜对的数量为:1+1+1+2=5。

小周的名次最多有 2 人猜对,小吴的名次最多有 2 人猜对,小郑的名次最多有 1 人猜对,所以说明猜对小周名次的数量就是 2,也就是小周是第五名,猜对小吴名次的数量就是 2,所以小吴是第七名,猜对小郑名次的数量就是 1。

故正确答案为 E 选项。

54.【答案】 A

【考点】 稳赢分析法

【命题方向】 综合推理 综合题组(匹配)

【解析】 由题干信息可知,金大宝不能研究金星,结合(1)可知,金大宝不研究水星,每人研究两个星体,所以金大宝研究木星和火星。结合(2)可得:月大宝研究木星。结合(3)可得:月大宝不研究水星。由于每个星体有 3 个人研究,所以木大宝、土大宝、火大宝研究水星。结合(4)可知,木大宝和土大宝不研究火星,由此可知,水大宝和月大宝研究火星。

故正确答案为 A 选项。

55.【答案】 C

【考点】 稳赢分析法

【命题方向】 综合推理 综合题组(匹配)

【解析】 由土大宝和火大宝研究的星体不完全相同,可知两人在金星和木星中分别研究了其中 1 个,此时木星有 3 人研究,所以水大宝不研究木星,研究金星。

故正确答案为 C 选项。

四、写作

56. 论证有效性分析

【答案要点】

1. 推断不当:中国的汽车右侧行驶并不意味着扶梯上行人不可以左侧通行。公路和电梯可以有不同的通行规则。该规则是否适用,应该考虑是否有可行性,能否被人们普遍接受,而不是汽车是如何行驶的。

2. 以偏概全+推断不出:某地铁维修保养站数据并不能代表普遍情况,况且即使右侧磨损更多确实是推行该规则所带来的相应问题,但该问题会存在于任何推行"左行右立"规则的国家,该磨损问题不能用于支持在中国不适用的结论。(该题从以偏概全角度或推断不出角度回答皆可,同时指出两个角度亦可)

3. 概念混淆:全文是探讨"左行右立"规则,而此处将其与"法规"混淆。"左行右立"规则是一种约定俗成的公共行为方式,基本没有强制性,而法规是国家法律体系的一部分,由政府制定实施,通常具有强制性。

4. 条件不充分:废除"左行右立"可能解决右侧磨损问题,但是,搭乘自动扶梯有诸多环节,并非禁止"左行"就可以解决所有安全问题。

5. 推断不出:单位时间能通过更多的人并不意味着可以提高人们对采用公共交通出行的满意度,两者缺乏必然关联,而且更推不出增加公共出行比率,作者显然过度放大了该规则带来的作用。

【参考范文】

"左行右立"在中国真的不适用吗?

上述材料通过一系列论证,试图证明"'左行右立'在中国没有适用性"这个论点。然而其论证过程却存在诸多漏洞,具体分析如下:

　　首先，"中国是机动车右行的国家"未必代表"'左行右立'的扶梯规则在中国不适用"。交通规则和扶梯规则不一定要完全符合。该规则是否适用，应该考虑其是否有可行性，能否被人们普遍接受，而不是汽车是如何行驶的。

　　其次，某地铁维修保养站的数据未必代表普遍情况，况且即使右侧磨损更多确实是推行该规则所带来的相应问题，但该问题会存在于任何推行"左行右立"规则的国家，该磨损问题不能用于支持在中国不适用的结论。

　　再次，本文探讨的是一种规则，而非法规。这里混淆了近似概念。而且，即使废除"左行右立"规则可能解决右侧磨损问题，但是搭乘自动扶梯有诸多环节，并非禁止"左行右立"就可以解决所有安全问题。

　　最后，单位时间能通过更多人并不意味着可以"必然"提高人们对采用公共交通出行的满意度，两者缺乏充分关联，而且通过速度也不是出行满意度的唯一决定因素。此外，更推不出增加公共出行比率，作者显然过度放大了该规则带来的作用。

　　综上所述，材料中"'左行右立'在中国没有适用性"这一论点难以被有效支持，仍需进一步充分论证。

57. 论说文

【参考范文】

既问耕耘，也问收获

　　对于"但问耕耘，莫问收获"这句话，我有不同的理解。耕耘和收获都是我们需要过问的。只有既问耕耘，也问收获，才是正确的处事之道。

　　凡事都有过程，做事须按照事物发展的规律一步步来，不能急于求成，不能好高骛远。所以，做事首先要问耕耘，不能不问耕耘，只问收获。俗话说"心急吃不得热豆腐"，说的就是这个道理。"揠苗助长"的故事中，古人为追求禾苗快长而人为改变禾苗的生长周期，结果事与愿违，禾苗全部枯死了。这就是眼里只有收获，没有耕耘的恶果。

　　但是，我们也不能因此而忽视结果，不能"不问收获"。拿破仑说过"不想当将军的士兵不是好士兵"。人的行动是基于目的的，没有明确的目的，哪有正确的行动方向和坚定的行动意志？如果不是为了争取结果，又怎么会有争取的过程？若只耕耘不问结果，对普通人而言，又能坚持多久，投入多深？所谓"不问收获"只是为强调"应重视耕耘"的说法，而不是真不考虑收获。对这句话必须正确理解。

　　耕耘和收获是相辅相成的。耕耘是过程，是努力、付出和坚持的体现；而收获则是结果，是耕耘后应当得到的回报和成果。没有耕耘就没有收获，同样，没有收获，耕耘也就失去了原本的意义。两者不能厚此薄彼、而必须辩证认识，从而形成相互完善和促进。

　　因此，我们应在追求耕耘的过程中时刻关注收获。设定明确的目标，制定实际的计划，努力去追求收获。同时，也要善于总结和反思，从收获中找出耕耘过程中的不足和需要改进的地方，以便在下一次的耕耘中更好地行动。

　　"既问耕耘，也问收获"是我们应该持有的正确态度。只有这样，才能在人生的道路上稳步前行，不断取得新的进步和成就。

一、问题求解：第 1~15 小题，每小题 3 分，共 45 分。下列每题给出的 A、B、C、D、E 五个选项中，只有一个选项是最符合题目要求的。

1. 一项工程，甲队独做 12 天可以完成．甲队先做了 3 天，再由乙队做 2 天，则能完成这项工程的 $\frac{1}{2}$．现在甲、乙两队合做若干天后，再由乙队单独做．做完后发现两段所用时间相等．则两段一共用了（   ）天．

   A. 6 　　　　　　　　B. 4 　　　　　　　　C. 5

   D. 8 　　　　　　　　E. 11

2. 齐王与田忌赛马，田忌的上等马优于齐王的中等马，劣于齐王的上等马，田忌的中等马优于齐王的下等马，劣于齐王的中等马，田忌的下等马劣于齐王的下等马，现从双方的马匹中随机选一匹进行一场比赛，则田忌的马获胜的概率为（   ）．

   A. $\frac{1}{3}$ 　　　　　　　B. $\frac{1}{4}$ 　　　　　　　C. $\frac{1}{5}$

   D. $\frac{1}{6}$ 　　　　　　　E. 1

3. 关于 x 的两个一元二次方程 $ax^2+3x-2b=0$ 的两个根和 $3x^2-ax+2b=0$ 的两个根互为倒数，则（   ）．

   A. $a=b$ 　　　　　　　B. $a=-2b$ 　　　　　　　C. $a=-b$

   D. $a=2b$ 　　　　　　　E. $a=3b$

4. 已知三角形 ABC 中，$\angle BAC=60°$，$AB=2$，$BC=\sqrt{6}$，AD 是角平分线，则 $AD=$（   ）．

   A. 1 　　　　　　　　B. 2 　　　　　　　　C. 3

   D. 4 　　　　　　　　E. 5

5. 已知 a，b 都是正数，且 $a+b=1$，$\alpha=a+\frac{1}{a}$，$\beta=b+\frac{1}{b}$，则 $\alpha+\beta$ 的最小值为（   ）．

   A. 1 　　　　　　　　B. 2 　　　　　　　　C. 3

   D. 4 　　　　　　　　E. 5

6. 如图，甲、乙二人分别在 A、B 两地同时相向而行，于 E 处相遇后，甲继续向 B 地行走，乙则休息了 14 min，再继续向 A 地行走．甲和乙到达 B 和 A 后立即折返，仍在 E 处相遇，已知甲每分钟行走 60 m，乙每分钟行走 80 m，则 A 和 B 两地相距（   ）m．

   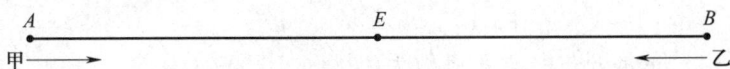

   A. 1680 　　　　　　　B. 1502 　　　　　　　C. 1200

   D. 1300 　　　　　　　E. 1256

7. 在小于 100 的正整数中,能被 3 整除的所有各数之和为(   ).

   A. 1 632   B. 1 683   C. 3 264

   D. 3 366   E. 2 000

8. 如图所示,半球内有一内接正方体,正方体的一个面在半球底面圆内,若正方体棱长为 $\sqrt{6}$,则半球的表面积和体积分别是(   ).

   A. $27\pi,18\pi$ B. $27\pi,16\pi$ C. $22\pi,27\pi$

   D. $18\pi,27\pi$ E. $21\pi,18\pi$

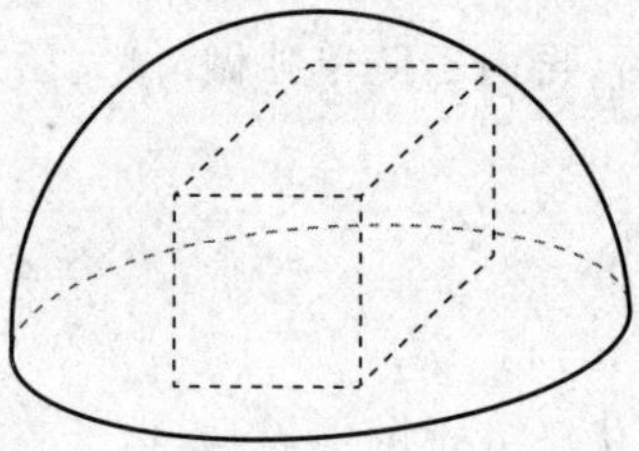

9. 两个平行平面去截半径为 5 的球,若截面面积分别为 9π、16π,则这两个平行平面间的距离是(   ).

   A. 1   B. 7   C. 3 或 4

   D. 1 或 7   E. 1 或 4

10. 已知 N 是小于 400,且能够被 11 整除的最大的正整数,则 N 的正约数的个数是(   ).

    A. 10   B. 12   C. 16

    D. 18   E. 24

11. 如图,图中每一个小四边形都是全等的小正方形,从图中的 12 个点中任取 3 个点作为一组,其中能构成三角形的组数是(   ).

    A. 208   B. 204   C. 200

    D. 196   E. 190

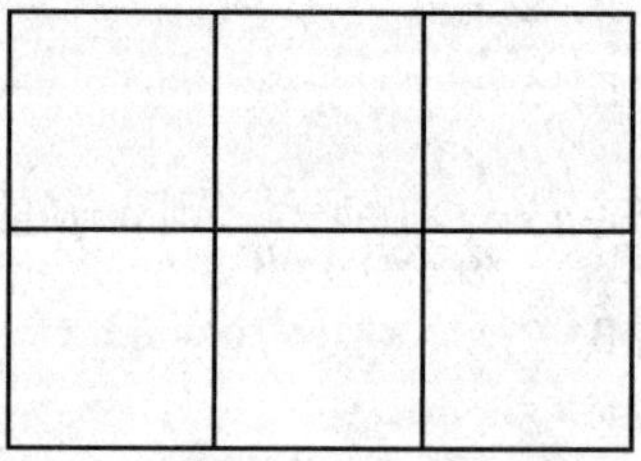

12. 已知 $a,b \in \{-1,0,1,2\}$,使得方程 $ax^2+2x+b=0$ 有实数解的有序数对 (a,b) 的个数为(   ).

    A. 10   B. 11   C. 12

    D. 13   E. 14

13. $(2x^3+3x^2+4x+1)^5$ 的展开式中 x^2 的系数为(   ).

    A. 175   B. 165   C. 150

    D. 135   E. 125

14. 有红、黄、蓝三种颜色的旗帜各 3 面. 在每种颜色的 3 面旗帜上分别标上号码 1, 2, 3, 现随机取 3 面, 则 3 面旗帜的颜色与号码均不相同的概率是(   ).

    A. $\dfrac{1}{3}$ B. $\dfrac{1}{9}$ C. $\dfrac{1}{14}$

    D. $\dfrac{1}{24}$ E. $\dfrac{1}{27}$

15. 将 A, B, C, D 这 4 名同学从左至右随机地排成一排, 则"A 与 B 相邻且 A 与 C 之间恰好有 1 名同学"的概率是(   ).

    A. $\dfrac{1}{2}$ B. $\dfrac{1}{4}$ C. $\dfrac{1}{6}$

    D. $\dfrac{1}{8}$ E. $\dfrac{1}{3}$

二、条件充分性判断: 第 16~25 小题, 每小题 3 分, 共 30 分。要求判断每题给出的条件(1)和条件(2)能否充分支持题干所陈述的结论。A、B、C、D、E 五个选项为判断结果, 只有一个选项是最符合题目要求的。

    A. 条件(1)充分, 但条件(2)不充分.

    B. 条件(2)充分, 但条件(1)不充分.

    C. 条件(1)和(2)单独都不充分, 但条件(1)和条件(2)联合起来充分.

    D. 条件(1)充分, 条件(2)也充分.

    E. 条件(1)和条件(2)单独都不充分, 条件(1)和条件(2)联合起来也不充分.

16. 若互不相等的实数 a, b, c 满足 $a+3b+c=10$, 则能确定 a 的值.

    (1) a, b, c 成等差数列

    (2) c, a, b 成等比数列

17. 2014 年的考研人数是 2008 年的考研人数的 a 倍.

    (1) 从 2008 年到 2014 年, 每年考研人数的平均增长率为 $\sqrt[6]{a}-1$

    (2) 从 2008 年到 2014 年, 每年考研人数的平均增长率为 $\sqrt[6]{a}$

18. 关于 x 的方程有 4 个不同的实数解, 则 $k>0$.

    (1) $\dfrac{|x|}{x+4}=kx^2$

    (2) $|x^2-4x+3|=k$

19. 已知 x, y 是实数, 则能确定 m 的最大值和最小值之和为 $\dfrac{10}{3}$.

    (1) $x+y+m=5$

    (2) $xy+ym+mx=3$

20. 直线 $l: \dfrac{x}{a}+\dfrac{y}{b}=1$ 过点 $P(-2,3)$ 且与 x 轴、y 轴分别交于 A、B 两点, 则能确定 $a+b$ 的值.

    (1) $2|AP|=|AB|$

    (2) P 恰为线段 AB 的中点

21. 有甲、乙、丙三种商品,已知它们的单价之和为 100 元,则能确定这三种商品的单价.

    (1) 2 件甲商品、3 件乙商品、1 件丙商品的价格之和为 210 元

    (2) 3 件甲商品、3 件乙商品、4 件丙商品的价格之和为 320 元

22. 某年级有甲、乙两个班,一次满分为 150 分的考试中,甲班的平均分为 137 分,乙班的平均分为 126 分,则该年级的平均分不低于 130 分.

    (1) 甲、乙两班的人数比为 8:7

    (2) 甲班学生占该年级总人数的 65%

23. 设 a,b 为实数,则 $a \leqslant 3, b \leqslant 6$.

    (1) $2a-b \leqslant 0$

    (2) $a-b+3 \geqslant 0$

24. 某校的象棋比赛采用积分制,胜一局积 3 分,平一局积 1 分,负一局积 0 分,小张共下了 14 局,则能确定他的赛况(即胜、负、平各几局).

    (1) 小张最终积 19 分

    (2) 小张最终积 20 分

25. 已知 $A(-2,0),B(2,0),P$ 是曲线上的动点,则 $|PA|^2+|PB|^2$ 的最小值为 26.

    (1) P 点在圆 $(x-3)^2+(y-4)^2=4$ 上

    (2) P 点在圆 $(x-5)^2+(y-4)^2=1$ 上

三、逻辑推理:第 26~55 小题,每小题 2 分,共 60 分。下列每题给出的 A、B、C、D、E 五个选项中,只有一个选项是最符合题目要求的。

26. 所有珍稀动物都应该被保护。有些珍稀动物对人类具有重要的价值。应该被保护的动物无一例外地受到了生物学家的关注。只有得到更多的关注,珍稀动物才能拥有良好的生存环境。只要生存环境得到保护,就可以维护人与动物共同的生命圈。

    以下各项都能从题干的断定中推出,除了

    A. 有些应该被保护的动物是有价值的。

    B. 如果没有得到更多的关注,则珍稀动物不能拥有良好的生存环境。

    C. 除非生存环境无法得到保护,否则就可以维护人与动物共同的生命圈。

    D. 所有珍稀动物无一例外地受到了生物学家的关注。

    E. 在对人类有价值的珍稀动物中,有些没有受到生物学家的关注。

27. 关于财务数据造假的传言损害了某公司的声誉。如果公关部门不试图组织证据澄清这些传言,它们就会传播开来并使消费者丧失对该公司的信心。但如果公关部门努力驳斥这些传言,这种驳斥使怀疑增加的程度比使它减少的程度更大。

    如果以上的陈述都是正确的,根据这些陈述,下列哪项一定是正确的?

    A. 无利不起早,部分网络推手、"水军"搬弄是非、颠倒黑白,根本原因在于利益驱动。

    B. 公关部门无法阻止已经出现的威胁该公司声誉的传言。

    C. 向传言宣战,公司必须要做到自净自洁,对大众陈述事实情况。

    D. 关于财务造假的传言,对该公司消费者信心的影响没有流言大。

    E. 事实和真理总会被更多的人接受,只有正面的声音日益强大,负面的虚假的声音才无藏身之处。

28. 《中华人民共和国反家庭暴力法》自 2016 年实施以来,"家暴类"案件成为社会关注的热点,弱势群体不能得到保护成为大家担心的问题。但据 A 省本年度的调查显示,凡正式立案审理的"家暴类"案件,85% 都是以被家暴一方的胜诉结案。这说明,A 省的法院在审理"家暴类"案件中,并没有出现社会舆论所担心的问题。

以下哪项如果为真,将最有力地削弱上述论证?

A. 由于新闻媒介和民众的特殊关注,"家暴类"案件审理的透明度要大大高于其他的案件。

B. 有关部门收到的关于司法审理有问题的投诉,A 省要多于周边省份。

C. "家暴类"的案件在法院受理的案件中只占很小的比例。

D. 在家暴类的案件审理中,司法公正不能简单理解为让被家暴者胜诉。

E. 在"家暴类"的案件中,被家暴者如果不掌握能胜诉的确凿证据,一般不会起诉。

29. 陈大宝是非常优秀的数学竞赛选手,在某场国际数学竞赛前,几位老师猜测他的答题情况。

苗老师说:他这次答对的题目不会少于 15 道;

姚老师说:他赛前进行了充分的准备,答对的题目至少有 30 道;

杜老师说:这次偏难、偏怪,所以陈大宝答对的题目不会多于 20 道。

竞赛结果表明,他们中有 2 位老师的猜测是正确的。

根据以上信息,以下哪项可能为真?

A. 陈大宝答对了 12 道。　　B. 陈大宝答对了 14 道。　　C. 陈大宝答对了 18 道。

D. 陈大宝答对了 22 道。　　E. 陈大宝答对了 25 道。

30. 犯罪嫌疑人在作案时会无意识地产生某些小的行为怪癖,这种行为可能是其个人的偏好。因此,在可以确认某些行为属于个人偏好后,这些怪癖能够为侦查破案人员提供这样一种"指纹"——通过对一件"无头案"和另一件已经知道作案者的案件进行比较,来判断"无头案"是否为该犯罪嫌疑人所做。

由于以下哪一项所陈述的原因,可以使上文所描述的用于确定"无头案"犯罪嫌疑人的做法不一定会得出可靠的结论?

A. 除非有其他证据表明"无头案"是由某个已知的犯罪嫌疑人所做,否则不会有人去分析"无头案"和已知作案者的案件之间在行为怪癖上的异同。

B. 就对破案的影响而言,这种行为怪癖远不如搜集证据的作用大。

C. 犯罪嫌疑人在一个案件中可能无意地出现某种行为怪癖,而在另一个案件中又有意地使用它。这两种不同的用法对于破案者来说是无法被区分开的。

D. "无头案"中的行为怪癖确实可能是由一个经常出现这种行为怪癖的犯罪嫌疑人所做,但无法证明这种行为怪癖是这个犯罪嫌疑人所独有。

E. 有鉴别意义的行为怪癖,通常散布在某个犯罪嫌疑人所做的案件当中。所以,在这个犯罪嫌疑人所做的某个案件中很可能没有包括这种怪癖。

31. 某展览有"日""月""金""木""水""火"和"土"共 7 座展厅,有关参观顺序信息如下:

(1)"月"必须在第一个参观,并且"月"与"火"之间间隔 2 个展厅;

(2)"金"与"日"之间间隔 2 个展厅,并且"金"在"日"和"水"之后;

(3)参观展厅"木"之后需要马上参观展厅"日"。

根据上述信息,以下哪项是最后参观的展厅?

A. 金　　　　　　　　B. 木　　　　　　　　C. 水

D. 火　　　　　　　　E. 土

32～33 题基于以下题干信息:

孙大宝有 3 天假期,共有① 做蛋糕,② 包饺子,③ 榨果汁,④ 捉螃蟹,⑤ 买锅,⑥ 搬家 6 件事需要在假期做完,每件事都在 1 天之内做完。已知:

(1) 每天所做事情的数量各不相同,并且每天都比前一天做得多;

(2) 如果②和③不安排在同一天,则②和④安排在同一天,并且④和⑤不安排在同一天;

(3) 如果①⑤⑥至少有两件事安排在同一天,则②③④需要分别安排在 3 天。

32. 根据上述信息,以下哪项一定为真?

A. ①②③分别安排在 3 天。　　B. ①③④分别安排在 3 天。

C. ②③⑥分别安排在 3 天。　　D. ①⑤⑥分别安排在 3 天。

E. ②③④分别安排在 3 天。

33. 根据上述信息,以下哪项一定为假?

A. ②安排在第二天。　　B. ③安排在第二天。　　C. ④安排在第三天。

D. ①安排在第一天。　　E. ⑤安排在第一天。

34. 在目前资金紧张的情况下,分公司火龙公司扩大生产的提议不可取。在计算扩大生产所需的原材料开支时,光考虑到支付多购买的原材料的费用是不够的,同时还要考虑到支付员工加班的工资和机器损耗的成本,由于生产的扩大带来的工作人数、废件数量和机器损耗的增加,势必导致相关费用同时增加。

以下哪项如果为真,将最有力地削弱上述论证?

A. 扩大生产所需的费用,将由分公司和总公司共同负担。

B. 目前的资金状况,绝不至于拮据到连买原材料的费用都难以支付的地步。

C. 火龙公司与金龙公司均为分公司,去年生产扩大 30%,工作人数增加 40%,废件数量增加 3%。

D. 并非所有生产环节都需要人工,并非所有生产都会导致机器的损耗。

E. 当扩大生产达到一个恰当的程度时,将会形成规模经济,大部分生产环节由机器完成,更精准更高效,实现收益的提升。

35. 某宿舍甲、乙、丙、丁 4 人开学选课,在财务会计、审计、财务管理、税法 4 门课程中,关于他们的选课情况有如下信息:

(1) 如果甲选择财务会计,那么丙选择财务会计;

(2) 如果乙选择财务会计或者审计,那么在财务会计、审计和税法中,丁至多选择 1 门;

(3) 如果丙选择财务会计,那么他也选择审计和财务管理;

(4) 要么丁、要么丙选择财务管理。

最终,每门课程都恰有两人选择,每人至少选择了两门课程。

根据上述信息,以下哪项是一定正确的?

A. 甲选择审计。　　　　B. 甲不选择财务管理。　　　C. 丙选择税法。

D. 乙选择审计。　　　　E. 丁选择税法。

36. 科学家们通过对 2.1 万名受试者进行长达 12 年的追踪研究发现,每天有规律地摄入 100 克巧克力的人与不吃巧克力的人相比,患中风的风险降低 11%。研究人员由此推测,经常食用巧克力可以降低中风的风险。

以下哪项如果为真,最能支持上述研究人员的推测?

A. 研究发现,经常食用巧克力可帮助有心脏问题的人降低 25%的死亡率。

B. 研究人员三年后进行了类似的调查研究,结果与上述研究基本一致。

C. 巧克力中的类黄酮这种抗氧化物能改善血管功能和血液循环,帮助血液流动得更顺畅,从而预防中风。

D. 部分得过中风的人经常食用巧克力,这些人的中风症状得到了极大的改善。

E. 白巧克力中的牛奶成分可能会影响类黄酮的吸收,黑巧克力效果更好。

37. 滑雪比赛尿检结果有两种误差:"假阳性"和"假阴性"。其中,"假阳性"判定选手服用了禁药,而实际上他们没有服用;"假阴性"判定选手没有服用禁药,而实际上他们服用了。资深裁判罗宾逊建议,为了更准确地检查选手是否服用禁药,赛事组委会应采用产生"假阳性"比例最低的尿检方法。

以下哪一项如果是正确的,为上述建议提供了最有力的支持?

A. 所有尿检方法结果为"假阴性"的比例基本相同。

B. "假阳性"比例最低的尿检方法同时也是"真阳性"比例最高的尿检方法。

C. 尿检对滑雪选手没有副作用。

D. 产生"假阳性"比例最低的尿检方法与其他尿检方法一样会产生微小的副作用。

E. 所有尿检方法都不能得到 100%准确的结果。

38. 在迪士尼的所有项目中,与"创极速光轮"比起来,小王更爱玩"飞越地平线",而他最爱玩的项目是"幻想曲旋转木马",最不爱玩的是"七个小矮人矿山车"。与"创极速光轮"相比,小王更不爱玩"小熊维尼历险记"。

以下除哪项外,均可由上述陈述推出?

A. 比起"雷明山漂流",小王更爱玩"幻想曲旋转木马"。

B. 比起"小熊维尼历险记",小王更不爱玩"七个小矮人矿山车"。

C. 比起"小熊维尼历险记",小王更爱玩"飞越地平线"。

D. 比起"创极速光轮",小王更爱玩"探险家独木舟"。

E. 比起"绳索挑战道",小王更不爱玩"七个小矮人矿山车"。

39. 中国、日本、韩国、巴西、西班牙 5 支足球队进行小组单循环赛。比赛规定:每队胜一场得 3 分,平一场得 1 分,负一场得 0 分;积分前两名出线。比赛结束后发现,没有积分相同的球队,中国队胜了 3 场,另一场负于日本队。

根据以上信息,可得出以下哪项结论?

A. 日本队一定出线。   B. 中国队一定出线。   C. 韩国队一定出线。

D. 巴西队一定出线。   E. 西班牙队一定出线。

40. 某公司要进行年中总结大会,各部门汇报上半年的营业额。大宝预测:如果销售一部营业额上涨,那么销售二部营业额也会上涨;除非销售三部营业额上涨,否则销售二部营业额不会上涨。总经理由此断定:销售一部营业额上涨,但销售四部营业额不会上涨。

根据大宝的预测,以下哪项如果为真,最能对总经理的观点提出质疑?

A. 如果销售三部营业额上涨,那么销售四部营业额也会上涨。

B. 如果销售一部营业额不上涨,那么销售三部营业额也不上涨。

C. 只有销售三部营业额上涨,销售一部营业额才会上涨。

D. 如果销售四部营业额上涨,那么销售三部营业额也会上涨。

E. 如果销售一部营业额上涨,那么销售四部营业额不会上涨。

41. 喝葡萄酒和啤酒比喝白酒对健康的危害明显要小。喝白酒的人如果戒酒的话,则可以免除对健康的危害,但是如果改喝葡萄酒和啤酒的话,对健康的危害和以前差不多。

如果以上的断定为真,则以下哪项断定最不可能为真?

A. 白酒对所有喝酒的人健康的危害基本相同。

B. 喝葡萄酒和啤酒对人健康的危害基本相同。

C. 同时喝葡萄酒、啤酒和白酒所受到的健康危害,不大于只喝白酒的危害。

D. 喝葡萄酒和啤酒的人戒酒后如果改喝白酒,则所受到的健康危害比以前大。

E. 喝葡萄酒比喝啤酒对健康的危害要大。

42. 某电影院制定排片计划,有动作片、悬疑片、科幻片、纪录片、战争片、历史片 6 种类型的电影,每天至少安排两种类型的电影。已知每天的排片还有如下要求:

(1) 如果安排动作片或战争片,则不能安排历史片;

(2) 如果安排纪录片,则必须安排历史片;

(3) 如果安排悬疑片,则必须安排战争片。

以下哪两种电影不能安排在同一天?

A. 动作片和悬疑片   B. 动作片和战争片   C. 悬疑片和科幻片

D. 悬疑片和纪录片   E. 科幻片和历史片

43. 眼球经济时代,一些网络媒体为了吸引用户的注意力,常用一些夸张、情色、怪异、歪曲等手法来制作文章标题,给网上舆论甚至整个社会带来了极大的负面影响。某些媒体为了提高点击率,不惜断章取义、转移重点、以偏概全以达到吸引眼球的目的。相反,S 媒体坚决不采用"标题党"的方式,这肯定是因为他们坚持新闻的专业性,反对"标题党"。

以下哪项如果为真,最能支持上述对 S 媒体的论证?

A. 据统计,S 媒体的用户群非常反感"标题党"。

B. S 媒体预计,如果采用"标题党"的方式,点击率和经济收入就会上升,反之,阅读量、传播率和经济效益都会下降。

C. 读者应自觉抵制"标题党",培养和提升自身的新闻素养,学会识别"标题党",且不再二次传播"标题党"新闻。

D. A 媒体通过一段时间的尝试之后,也放弃了"标题党"的策略。

E. 随着媒体商业化竞争加剧,受众群、点击量成为不少媒体争抢的资源,许多媒体不得不成为"标题党"。

44. 某宿舍赵义、张华、孙智、李信 4 人找工作,工作地点分别是北京、广州、石家庄和天津,每人在 1 个地方工作,每个地方只有 1 个人工作,赵义的工作地点不是北京,就是石家庄。

若孙智在北方城市工作,则以下哪项如果为真,就能确定孙智的工作地点在天津?

A. 李信的工作地点不是天津。

B. 李信的工作地点是北京。

C. 李信的工作地点不是广州。

D. 李信的工作地点是广州。

E. 李信的工作地点不是北京。

45. 随着高考的结束,考生们的心情是有人欢喜有人愁。在考试结束、成绩公布前,不少学生可能会忐忑不安、焦虑烦躁,担心自己的成绩是否能达到录取分数线、是否能考入理想的大学、假如调剂是否要服从、考不好怎么面对亲朋好友……有的考生内心敏感脆弱,面临成绩不如意的时候可能会怀疑人生,做出一些极端行为。有教育专家评论说:高考只是宣布一个学习阶段的结束,难道我们成绩不理想,没有考入心仪的院校,就一蹶不振、闷闷不乐吗?

教育专家的评论最适合用来反驳以下哪项?

A. 即使成绩不理想,没有考入心仪的院校,也可能还是心态阳光、积极向上。

B. 即使一蹶不振、闷闷不乐,也不一定是因为成绩不理想,没有考入心仪的院校。

C. 如果一蹶不振、闷闷不乐,就是因为成绩不理想,没有考入心仪的院校。

D. 只要成绩不理想,没有考入心仪的院校,就一蹶不振、闷闷不乐。

E. 只有成绩不理想,没有考入心仪的院校,才一蹶不振、闷闷不乐。

46~47 题基于以下题干:

某公司周一到周六进行旅游团建,有桃花坞、第一山、古生物博物馆、新四军军部旧址、琉璃泉、望江阁 6 个景点,每天去 1 个景点,每个景点都在 1 天内游玩完毕。已知:

（1）周三要么去新四军军部旧址,要么去桃花坞;

（2）若周六去古生物博物馆,则周二去琉璃泉;若周六不去古生物博物馆,则周一不去琉璃泉;

（3）若周六去琉璃泉,则周三去桃花坞;若周六不去琉璃泉,则周三不去桃花坞;

（4）爬完第一山之后,休息两天去望江阁。

46. 若周二去新四军军部旧址,则周五去哪个景点?

A. 桃花坞　　　　　　　　B. 第一山　　　　　　　　C. 古生物博物馆

D. 琉璃泉　　　　　　　　E. 望江阁

47. 若周五去琉璃泉,则周二去哪个景点?

A. 桃花坞　　　　　　　　B. 第一山　　　　　　　　C. 古生物博物馆

D. 新四军军部旧址　　　　E. 望江阁

48. 某班级正在安排课表,有数学、逻辑、写作、英语、专业课 5 门课程,从周一到周五这 5 天中,每天安排两门不同课程,每门课程每周安排两次。并且要遵循如下规则:

（1）周一有英语和专业课,周二有数学;

（2）在周二和周三,或者有逻辑,或者有写作,但是在任意一天都不会既有逻辑又有写作。

若英语和专业课都不在周三,则以下哪项是不可能的?

A. 写作和英语都在周五。　B. 英语在周二或周四。　C. 数学和逻辑都在周五。

D. 数学和逻辑都不在周五。 E. 数学和专业课都不在周五。

49. 在一次网友见面会上,有关赵大宝、钱大宝、孙大宝、李大宝、周大宝的信息如下:

（1）5 人的星座分别为水瓶座、白羊座、天蝎座、双子座和摩羯座之一（不一定是这个顺序）;

(2) 赵大宝仅与 2 个人聊过天;

(3) 李大宝仅与 1 个人聊过天;

(4) 摩羯座的人与 3 个人聊过天;

(5) 钱大宝不是白羊座,也没跟白羊座的人聊过天;

(6) 天蝎座的人和孙大宝聊过天;

(7) 白羊座、天蝎座和双子座的人一起聊过天。

根据以上信息,请问孙大宝是哪个星座的?

A. 双子座   B. 白羊座   C. 天蝎座

D. 水瓶座   E. 摩羯座

50. 某学校开学选课需要遵循这样的原则:对于毕业班同学来说,除了明确规定必须选的课程之外,其他的课程都是不能选的;对于非毕业班同学来说,除了明确规定不能选的课程以外,其余的课程都是可以选的。

如果实施上述原则能使毕业班同学和非毕业班同学有不同的课程范围进行选择,则以下各项断定均不违反这一原则,除了

A. 一门必须选或不能选的课程,不一定是明文规定必须选或不能选的。

B. 有些课程,允许非毕业班同学选,但不允许毕业班同学选。

C. 有些课程,允许毕业班同学选,但不允许非毕业班同学选。

D. 毕业班同学所选的课程,如果规定必须选,则非毕业班同学也会选。

E. 非毕业班同学所选的课程,如果规定不能选,则毕业班同学也不能选。

51~52 题基于以下题干信息:

  韩、于、林、戴 4 名同学参加毕业旅行,有东山、西川、南河、北海 4 处景点去可供选择。旅行回来聚会时发现,每个人至多去了 3 处景点。此外已知:

(1) 每处景点都有且仅有 3 个人去;

(2) 对于韩,只有去了西川,才会去东山;

(3) 对于林,如果去了南河,那么就会去西川;

(4) 如果戴去了南河,那么韩不会去西川。

51. 根据上述信息,以下哪项是一定正确的?

A. 戴去了北海。   B. 于去了西川。   C. 于没去北海。

D. 林去了北海。   E. 戴去了南河。

52. 关于 4 个人的旅行情况,又已知:只有林去了北海,于才会去北海。根据以上信息,可以得出以下哪项?

A. 韩去了东山。   B. 韩去了北海。   C. 于没去北海。

D. 林去了东山。   E. 戴去了南河。

53. 医生职业是高度专业化的,其职业特征要求医生群体在工作中坚持理性主义、专业主义,尽量做到客观科学。但在新的社会发展形势下,医学也并不是冷冰冰的科学,而是带着温度的人学。如果医生缺乏人文精神,不仅很难适应社会需求,同时还容易造成医患关系紧张。因此在医学专业学生的培养过程中,应当将基础课中贯穿医德与人文教育,将专业课与人文社会实践相结合,促进医学科学精神与人文精神的融通和共建。

以下各项如果为真都能支持上述论证,除了

A. 如果人文素质教育与专业知识教学存在断裂,会直接造成医学教育体系不完整、不连贯,甚至导致学生职业生涯中的价值缺失。

B. 在医学专业学生培养过程中,不仅要注重专业理论知识的教育,更应注重提升医德医风职业素养。

C. 医生需要有共情能力,要站在病人的角度去考虑问题,而不是一味地把病人当机器,当做操作的对象,应该把他当做一个人来看待。

D. 医生在救治过程中只顾治病不顾患者感受往往导致医患关系紧张,好医生会与患者之间建立真诚而平等的沟通关系。

E. 医疗是一个复杂且长期的过程,一名好的医生应该要能完成全病程治疗,患者也应该理解和接受医生的治疗方案。

54~55题基于以下题干:

某生物课上,老师要求甲、乙、丙、丁、戊、己、庚7人对鼠、牛、虎、兔、蛇、马、羊、猴、鸡、狗、猪共11种动物的起源进行研究,每种动物只有1个人研究,每人最多研究3种动物。

(1) 只有1个人研究了3种动物,如果甲研究3种动物,那么丁只研究猪。

(2) 如果丙没有研究羊或庚研究猴,那么己没有研究蛇和虎。

(3) 只有丁不研究猪,乙才不研究鸡或不研究狗。

(4) 除非己研究蛇和虎,否则甲研究3种动物。

(5) 如果乙研究鸡和狗,那么丙研究羊。

54. 根据上述信息,能够得出以下哪项?

A. 丙研究羊。　　　　　B. 丁没研究猪。　　　　　C. 丁研究猪。

D. 甲研究了三种动物。　E. 庚研究猴。

55. 如果甲研究鼠、牛和兔,己研究虎和蛇,那么能推出下列哪项?

A. 乙研究羊。　　　　　B. 丙研究猴。　　　　　C. 丁研究马。

D. 戊没研究猴。　　　　E. 庚研究马。

四、写作:第56~57小题,共65分。 其中论证有效性分析30分,论说文35分。

56. 论证有效性分析:分析下述论证中存在的缺陷和漏洞,选择若干要点,写一篇600字左右的文章,对该论证的有效性进行分析和评论。(论证有效性分析的一般要点是:概念特别是核心概念的界定和使用是否准确并前后一致,有无各种明显的逻辑错误,论证的论据是否成立并支持结论,结论成立的条件是否充分,等等。)

从2011年开始,经济合作与发展组织每年公布一个"幸福生活指数",其中有一项指标就是工作-生活平衡指数。这个指数倡导的理念是:人除了工作之外,还得有充分的闲暇时间,用于家庭生活、个人兴趣爱好与社交活动,而不应被工作完全捆绑。工作会损害个人健康和增加焦虑,因此必须缩短现有工作时长。

根据一项调查,2017年深圳、广州、上海、北京居民每天休闲时间很少,分别是1.94、2.04、2.14和2.25小时,可以看出,中国人每天基本没有充分的休闲时间。经济合作与发展组织调查了36个国家的人民平均每年工作时间,希腊人每周平均工作39.27小时,德国人只有27.37小时,同为欧盟成员国,德国比希腊富裕多了;墨西哥人每周平均工作42.85小时,美国人只有

34.4 小时,同为北美自由贸易区成员国,美国比墨西哥发达多了。可见,国民享有更多的闲暇时间,会导致国家更加富足。因此,中国也应该效仿德国和美国,调整工作与休闲时间的分配比例,以此助力实现个人富裕与国家发达。

与 20 世纪八九十年代相比,我国经济发展速度趋稳,更追求质量。而国人对生活品质更在意,对休闲娱乐更向往。缩短工作时间、提高劳动质量,远比延长工作时间更有效率,也更有意义。若能如此,中国经济便能走上高质量发展之路。

2018 年发布的《休闲绿皮书:2017—2018 年中国休闲发展报告》指出:只要我国劳动生产率达到一定水平,就可以实行每天工作 9 小时、每周工作 4 天的四天工作制。这样,工作时间少了,休息时间就多了,中国人的休闲程度就提高了,工作效率也会跟着提升,经济活力也会随之加强。因此,我国应该逐步实行四天工作制。

57. 论说文:根据下述材料,写一篇 700 字左右的论说文,题目自拟。

2020 年 6 月 23 日 9 时 43 分,北斗三号最后一颗全球组网卫星在西昌卫星发射中心点火升空。这意味着中国人掌握核心技术的卫星导航系统,终于打赢了全球星座部署的收官之战。正如北斗一号卫星总指挥李祖洪所说,"北斗的研制,是中国人自己干出来的。'巨人'对我们技术封锁,不让我们站在肩膀上,唯一的办法就是自己成为巨人。"

全真模拟 8 套卷（七）答案及解析

一、问题求解

1.【答案】 A

【考点】 工程问题

【解析】 此题很容易先求乙队的工作效率是：$\left(\dfrac{1}{2}-\dfrac{1}{12}\times 3\right)\div 2=\dfrac{1}{8}$；再由条件"做完后发现两段所用时间相等"的题意，可组合成由两个乙队和一个甲队合做需若干天完成，即可求出相等的时间.

乙队每天完成这项工程的 $\left(\dfrac{1}{2}-\dfrac{1}{12}\times 3\right)\div 2=\dfrac{1}{8}$，

则两段时间一共是 $1\div\left(\dfrac{1}{8}\times 2+\dfrac{1}{12}\right)\times 2=6$（天）.

2.【答案】 A

【考点】 古典概率

【解析】 设齐王的上，中，下三个等次的马分别为 a,b,c，田忌的上，中，下三个等次的马分别记为 A,B,C，从双方的马匹中随机选一匹进行一场比赛的所有的可能为 $Aa,Ab,Ac,Ba,Bb,Bc,Ca,Cb,Cc$.

根据题设，其中 Ab,Ac,Bc 是胜局共三种可能.

则田忌获胜的概率为 $\dfrac{3}{9}=\dfrac{1}{3}$.

故选 A.

3.【答案】 D

【考点】 韦达定理

【解析】 设 x_1,x_2 是 $ax^2+3x-2b=0$ 的两个根.

由已知，$\begin{cases} x_1+x_2=\dfrac{-3}{a}, \\ x_1 x_2=-\dfrac{2b}{a}, \\ \dfrac{1}{x_1}+\dfrac{1}{x_2}=\dfrac{a}{3}, \\ \dfrac{1}{x_1}\times\dfrac{1}{x_2}=\dfrac{2b}{3}, \end{cases}$ 从而 $\begin{cases} \dfrac{3}{2b}=\dfrac{a}{3}, \\ -\dfrac{a}{2b}=\dfrac{2b}{3}, \end{cases}$

得 $a=-3,b=-\dfrac{3}{2}$，即 $a=2b$.

4. 【答案】　B

　　【考点】　三角形

　　【解析】　$\cos 60° = \dfrac{1}{2} = \dfrac{4 + AC^2 - 6}{2 \cdot 2 \cdot AC}$（余弦定理）

　　　　　　$\Leftrightarrow 2AC = AC^2 - 2$

　　　　　　$\Leftrightarrow AC = \sqrt{3} + 1.$

根据角平方线定理，$\begin{cases} \dfrac{BD}{CD} = \dfrac{2}{1 + \sqrt{3}}, \\ BD + CD = \sqrt{6} \end{cases} \Rightarrow \begin{cases} BD = \dfrac{2\sqrt{2}}{1 + \sqrt{3}}, \\ CD = \sqrt{2}, \end{cases}$

$$AD = \sqrt{AB \cdot AC - BD \cdot CD} = \sqrt{2(1 + \sqrt{3}) - \dfrac{2\sqrt{2}}{1 + \sqrt{3}}\sqrt{2}}$$

$$= \sqrt{2 + 2\sqrt{3} - \dfrac{4}{1 + \sqrt{3}}}$$

$$= \sqrt{2 + 2\sqrt{3} - 2(\sqrt{3} - 1)} = 2.$$

5. 【答案】　E

　　【考点】　均值不等式

　　【解析】　因为 a, b 是正数，所以 $ab \leqslant \left(\dfrac{a+b}{2}\right)^2 = \dfrac{1}{4}$，得 $\dfrac{1}{ab} \geqslant 4$，

则 $\alpha + \beta = a + \dfrac{1}{a} + b + \dfrac{1}{b} = (a + b) + \left(\dfrac{1}{a} + \dfrac{1}{b}\right) = 1 + \dfrac{a + b}{ab} = 1 + \dfrac{1}{ab} \geqslant 5,$

因此 $\alpha + \beta$ 的最小值是 5（当且仅当 $a = b = \dfrac{1}{2}$ 时）.

　　故答案选 E.

6. 【答案】　A

　　【考点】　相遇问题

　　【解析】　根据题意，可以设甲和乙第一次相遇用 x min，那么，第一次相遇，甲行了 60x m、乙行了 80x m；第二次相遇，甲到 B 地，再到 E 处，走了第一次相遇时乙的路程的 2 倍，即走了 80$x \times 2$ m；乙走了 60$x \times 2$ m，但是甲比乙多用了 14 min，根据路程除以速度等于时间，列出方程进行解答即可.

　　设甲和乙第一次相遇用 x min，那么甲行了 60x m、乙行了 80x m；第二次甲行了 80$x \times 2$ m、乙行了 60$x \times 2$ m；根据甲比乙多行 14 min，可得方程 $(80x \times 2) \div 60 - (60x \times 2) \div 80 = 14$，解得 $x = 12$；AB 长是 $12 \times (60 + 80) = 1680$（m）.

7. 【答案】　B

　　【考点】　数列

　　【解析】　在小于 100 的正整数中，能被 3 整除的数构成等差数列 3, 6, 9, …, 99.

　　　　　　$a_1 = 3, \quad d = 3, \quad a_n = 99,$

由 $a_n = 3 + (n - 1) \times 3 = 3n = 99$，解得 $n = 33$，

因此在小于 100 的正整数中，能被 3 整除的所有各数之和为：

$$S_{33} = \frac{33}{2}(3+99) = 1\,683.$$

故选 B.

8. 【答案】 A

【考点】 球体体积

【解析】 设球体半径为 r，所以 $r^2 = (\sqrt{6})^2 + (\sqrt{3})^2 = 9$，则 $r = 3$，

故 $S_{半球} = 2\pi r^2 + \pi r^2 = 27\pi$，$V_{半球} = \frac{1}{2} \times \frac{4}{3}\pi r^3 = 18\pi$.

9. 【答案】 D

【考点】 球的面积

【解析】 两个截面分别是半径为 3 和 4 的圆，如下页图所示是与截面垂直的过圆心的截图.

计算出相应的边长（已表示在图中），容易知道这两个平行平面间的距离是 1 或 7.

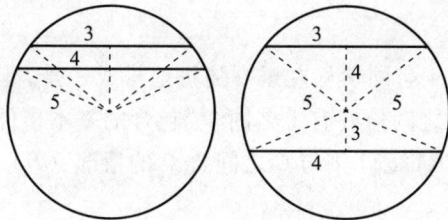

10. 【答案】 D

【考点】 组合

【解析】 不难得到 $N = 396 = 2^2 \times 3^2 \times 11$. N 的约数由质因数 2，3，11 组合而成. 约数 2 的取值个数有 3 种情况，0，1，2；约数 3 的取值个数有 3 种情况，0，1，2；约数 11 的取值个数有 2 种情况，0，1. 所以 N 共有 $3 \times 3 \times 2 = 18$（个）正约数.

11. 【答案】 C

【考点】 三角形、组合

【解析】 构成三角形的三个点不能在同一条直线上，图中在同条直线上的三个点有 $3 \times C_4^3 + 4 \times C_3^3 + 4$ 组，则满足题意的共有 $C_{12}^3 - (3 \times C_4^3 + 4 \times C_3^3 + 4) = 200$（组）.

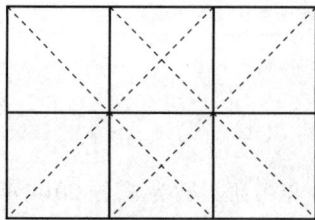

12. 【答案】 D

【考点】 直线、穷举法

【解析】 当 $a=0$ 时,方程变为 $2x+b=0$ 一定有实数解,满足这点的实数对有 $(0,-1)$,
$(0,0),(0,1),(0,2)$. 当 $a\neq0$ 时,方程有实数解 $\Leftrightarrow\Delta=2^2-4ab\geqslant0\Leftrightarrow ab\leqslant1$,满足这点的实数对有
9 个,分别是 $(-1,-1),(-1,0),(-1,1),(-1,2),(1,-1),(1,0),(1,1),(2,-1),(2,0)$.

综上,满足题意的实数对共有 13 个.

13.【答案】 A

【考点】 二项式定理

【解析】 $C_5^1\cdot(3x^2)\cdot C_4^4\cdot1^4+C_5^2\cdot(4x)^2\cdot C_3^3\cdot1^3=15x^2+160x^2=175x^2$.

14.【答案】 C

【考点】 古典概型

【解析】 从 9 面旗帜中任取 3 面的基本事件共有 $C_9^3=84$(种),其中它们颜色与号码均不相同的事件有 $A_3^3=3\times2\times1=6$(种),因此随机取 3 面,3 面旗帜的颜色与号码均不相同的概率是 $P=\dfrac{6}{84}=\dfrac{1}{14}$,答案为 C.

15.【答案】 B

【考点】 古典概率

【解析】 将 A,B,C,D 这 4 名同学从左至右随机地排成一排,基本事件总数 $n=P_4^4=4\times3\times2\times1=24$,"$A$ 与 B 相邻且 A 与 C 之间恰好有 1 名同学"包含的基本事件有:(1)A 与 C 之间含 B 的情况:$ABCD,CBAD,DABC,DCBA$,(2)A 与 C 之间含 D 的情况:$CDAB,BADC$,共 6 种情况,所以所求概率 $p=\dfrac{6}{24}=\dfrac{1}{4}$. 故选 B.

二、条件充分性判断

16.【答案】 C

【考点】 数列

【解析】 条件(1)和条件(2)单独信息量不全,直接考虑条件(1)和条件(2)联合.

由互不相等的实数 a,b,c 成等差数列,可设 $a=b-d,c=b+d$,由题设得,

$$\begin{cases}b-d+3b+b+d=10,\\(b-d)^2=b(b+d),\end{cases}$$

解方程组得 $\begin{cases}b=2,\\d=6\end{cases}$ 或 $\begin{cases}b=2,\\d=0.\end{cases}$

因为 $d\neq0$,所以 $b=2,d=6$,因此 $a=b-d=-4$.

故选 C.

17.【答案】 A

【考点】 平均增长率

【解析】 对于条件(1),设 2008 年考研人数为 x,则 2014 年考研人数为 $x\left(1+\sqrt[6]{a}-1\right)^6=ax$,所以条件(1)充分.对于条件(2),设 2008 年考研人数为 x,则 2014 年考研人数为 $x\left(1+\sqrt[6]{a}\right)^6$,所以条件(2)不充分.综上,答案为 A.

18.【答案】 D

【考点】 函数的图像

【解析】 条件(1)：$\frac{|x|}{x+4}=kx^2$ 方程必有 1 个实数根 $x=0$.

若 $x\neq 0$，则 $\frac{1}{x+4}=k|x|$，由原方程有 4 个不同的解知 $\frac{1}{x+4}=k|x|$ 必有 3 个不同的解，如图(a)

所示，当 $x<0$ 时，$\frac{1}{x+4}=-kx$ 必有两个不同实数根，即 $kx^2+4kx+1=0$ 有两个不同实数根，即 $\Delta=$

$16k^2-4k>0$，且 $k>0$，故 $k>\frac{1}{4}$，条件(1)充分.

条件(2)：$y=|x^2-4x+3|$ 的图像如图(b)所示，若方程有 4 个不同的根，则 $0<k<1$，条件(2)

充分.

综上所述，答案选择 D.

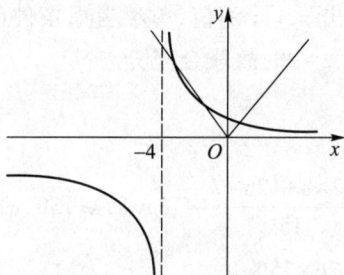
(a)
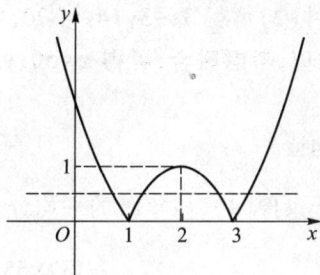
(b)

19.【答案】 C

【考点】 最值问题

【解析】 显然单独不充分. 考虑联合. 由题意得 $\begin{cases} x+y=5-m, \\ xy=3-m(x+y)=3-m(5-m)=m^2-5m+3, \end{cases}$

所以 x,y 是关于 t 的方程 $t^2-(5-m)t+(m^2-5m+3)=0$ 的两实数根，所以

$$\Delta=\left[-(5-m)\right]^2-4(m^2-5m+3)\geqslant 0,$$

即 $3m^2-10m-13\leqslant 0$，解得 $-1\leqslant m\leqslant \frac{13}{3}$.

m 的最大值是 $\frac{13}{3}$，m 的最小值是 -1.

20.【答案】 B

【考点】 直线方程

【解析】 条件(1)，如下图，可以得到有两条直线满足条件(1)，却无法确定 $a+b$ 的值. 条件

(2)中，P 为线段 AB 的中点，设 $A(a,0)$，$B(0,b)$，故得到 $\frac{a}{2}=-2$，$\frac{b}{2}=3$，解得 $a=-4$，$b=6$，条件

(2)充分，应选 B.

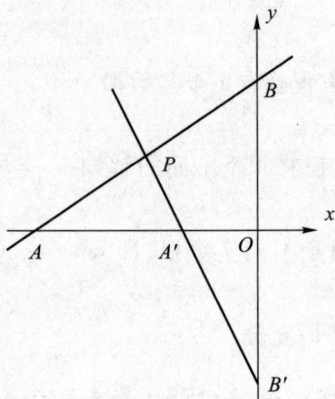

21. 【答案】 C

　　【考点】 价格问题

　　【解析】 设甲、乙、丙三种商品的单价分别为 x,y,z,由题干可知 $x+y+z=100$,条件(1)可得 $2x+3y+z=210$,条件(2)可得 $3x+3y+4z=320$,要解出 x,y,z 的值,单独考虑条件(1)或者条件(2)无法得到 x,y,z 的值,考虑联合,可得 $x=50,y=30,z=20$,故联合充分.

22. 【答案】 D

　　【考点】 平均值

　　【解析】 对于条件(1),该年级的平均分为 $\dfrac{137\times 8+126\times 7}{15}\approx 131.87\geqslant 130$,故条件(1)充分;

　　对于条件(2),该年级的平均分为 $\dfrac{137\times 65\%+126\times 35\%}{100\%}=133.15\geqslant 130$,故条件(2)充分.

23. 【答案】 C

　　【考点】 不等式

　　【解析】 两条件单独显然不充分,考虑联合,$\begin{cases} 2a-b\leqslant 0,\\ a-b+3\geqslant 0, \end{cases}$ 即 $\begin{cases} 2a-b\leqslant 0,\\ b-a-3\leqslant 0, \end{cases}$ 两不等式相加得到 $a\leqslant 3$,同理可得 $b\leqslant 6$,故两条件联合充分,选择 C.

24. 【答案】 E

　　【考点】 不定方程

　　【解析】 设小张胜、平、负的局数分别为 x,y,z.

　　对于条件(1),有 $\begin{cases} x+y+z=14,\\ 3x+y=19, \end{cases}$ 由 $0\leqslant y\leqslant 14$,可得 $3\leqslant x\leqslant 6$,穷举 x 的取值即可,因为 $y=19-3x$,所以

　　当 $x=3$ 时,$y=10,z=1$,满足题意;当 $x=4$ 时,$y=7,z=3$,满足题意;

　　当 $x=5$ 时,$y=4,z=5$,满足题意;当 $x=6$ 时,$y=1,z=7$,满足题意.

　　所以,共有 4 种情况,故条件(1)不充分.

　　对于条件(2),有 $\begin{cases} x+y+z=14,\\ 3x+y=20, \end{cases}$ 由 $0\leqslant y\leqslant 14$,可得 $2\leqslant x\leqslant 6$,穷举 x 的取值即可,当 $x=2$ 时,$y=14,z=-2$,不满足题意;

当 $x=3$ 时，$y=11,z=0$，满足题意；当 $x=4$ 时，$y=8,z=2$，满足题意；

当 $x=5$ 时，$y=5,z=4$，满足题意；当 $x=6$ 时，$y=2,z=6$，满足题意．

所以，共有 4 种情况，故条件（2）不充分．

25．【答案】 A

【考点】 二次函数

【解析】 单独考虑条件（1）：设 $P(x,y)$，则 $|PA|^2+|PB|^2=(x+2)^2+y^2+(x-2)^2+y^2=2(x^2+y^2)+8=2|OP|^2+8$．设圆心为 $C(3,4)$，则 $|OP|_{最小}=|OC|-r=5-2=3$，因此 $|PA|^2+|PB|^2$ 的最小值为 $2\times3^2+8=26$．

则条件（1）充分，同理可得条件（2）不充分，所以选 A．

三、逻辑推理

26．【答案】 E

【考点】 直言命题 三段论 假言命题

【命题方向】 形式逻辑 正向推理

【解析】 （1）珍稀动物→应该被保护；

（2）有些珍稀动物→有价值；

（3）应该被保护→生物学家关注；

（4）拥有良好的生存环境→得到更多关注；

（5）生存环境得到保护→维护生命圈．

结合（1）（2）（3）可得：（6）有些有价值→珍稀动物→应该被保护→生物学家关注。

E 选项：有些有价值→¬关注，与（6）逻辑关系不一致，不能推出。

A 选项：有些应该被保护→有价值，可由（4）利用互换特性得到。

B 选项：¬关注→¬拥有良好的生活环境，可由（4）逆否得到。

C 选项：生存环境得到保护→维护生命圈，可由（5）得到。

D 选项：珍稀动物→生物学家关注，可由（1）（3）得到。

故正确答案为 E 选项。

27．【答案】 B

【考点】 假言命题

【命题方向】 形式逻辑 正向推理

【解析】 题干信息：

（1）¬反驳→摧毁消费者的信心；

（2）反驳→摧毁消费者的信心。

可以发现反驳或是不反驳都会影响到消费者的信心，影响到该公司的声誉。

故正确答案为 B 选项。

28．【答案】 E

【考点】 十大论证模型

【命题方向】 论证推理 削弱、质疑、反驳

【解析】 论据：A省本年度的调查显示，凡正式立案审理的"家暴类"案件，85%都是以被家暴一方的胜诉结案；

结论:A省的法院在审理"家暴类"案件中没有出现"弱势群体不能得到保护"的问题。

E选项:表明被家暴一方胜诉率高只是由于证据充分,并不能说明"弱势群体得到保护"。

故正确答案为 E 选项。

29.【答案】 C

【考点】 稳赢分析法

【命题方向】 综合推理 数字相关

【解析】 题干信息:苗老师:≥15 道;

　　　　　　　姚老师:≥30 道;

　　　　　　　杜老师:≤20 道。

C选项:姚老师猜错了,符合只有一人猜错的结论,正确;

A、B选项:苗老师和姚老师都猜错了,不符合只有一人猜错的结论,排除;

D、E选项:姚老师和杜老师都猜错了,不符合只有一人猜错的结论,排除。

故正确答案为 C 选项。

30.【答案】 D

【考点】 两大论证形式

【命题方向】 论证推理 削弱、质疑、反驳

【解析】 题干信息:希望用一种怪癖来确定一个犯罪嫌疑人。

削弱思路:即使发现了这个怪癖,也无法确定犯罪嫌疑人。

D选项:可以削弱,这种怪癖不一定是某犯罪嫌疑人独有的,也就是这种怪癖可能对应多位犯罪嫌疑人,那么题干中的判断就不准确了,正确;

A选项:无关选项,不能表明案件是某个已知的犯罪嫌疑人所做,就不会去分析行为怪癖上的异同,与题干论证过程无关,无法削弱,排除;

B选项:无关选项,"搜集证据的作用"与题干论证无关,排除;

C选项:支持题干,无论是有意使用还是无意使用,均可由该怪癖判断犯罪嫌疑人,无法削弱;

E选项:对象错误,题干论证是由已经发现的怪癖来判断犯罪嫌疑人,没有怪癖的案件不是本题的探讨对象,排除。

故正确答案为 D 选项。

31.【答案】 E

【考点】 确定信息推理

【命题方向】 综合推理 排序

【解析】 题干信息:(1)"月"是第一个,"火"是第四个;

(2)"日"( )( )"金";"水""金";

(3)"木""日";

由(1)(2)可得两种情况:①月日( )火金( )( );②月( )日火( )金( )。

情况①与(3)矛盾,所以情况②为真。结合(3)可得顺序为:月木日火水金土。

故正确答案为 E 选项。

32.【答案】 D

【考点】 无确定信息破解法

【命题方向】 综合推理　分组

【解析】 题干信息:(1) 第一天做 1 件,第二天做 2 件,第三天做 3 件;

(2) ②≠③→②=④∧④≠⑤;

(3) ①⑤⑥至少有两件在同一天→②≠③≠④。

如果"①⑤⑥至少有两件在同一天"为真,结合(3)可得:②≠④,再结合(2)逆否可得:②=③,与②≠③矛盾,所以"①⑤⑥至少有两件在同一天"为假,即①⑤⑥分别安排在 3 天。

故正确答案为 D 选项。

33.【答案】 A

【考点】 稳赢分析法

【命题方向】 综合推理　分组

【解析】 由上题可知,①⑤⑥分别安排在 3 天,此时第二天还剩 1 件事,第三天还剩 2 件事。

如果②≠③,那么②和④在第三天,③在第二天;如果②=③,那么②和③在第三天,④在第二天。

两种情况中②都在第三天,不可能在第二天。

故正确答案为 A 选项。

34.【答案】 E

【考点】 两大论证形式

【命题方向】 论证推理　削弱、质疑、反驳

【解析】 论据:扩大生产除考虑原材料费用增加外,还要考虑员工加班工资、机器损耗的成本、废件数量增加导致相关费用增加。

结论:目前资金紧张的情况下,火龙公司扩大生产的提议不可取。

E 选项:表明扩大生产到合适的程度,就不用很多人力去生产了,那么相应的人力成本也会大大降低,相关的费用不但不会增加,还会降低,从而实现收益提升,那么该提议是可取的。

故正确答案为 E 选项。

35.【答案】 C

【考点】 稳赢分析法

【命题方向】 综合推理　匹配

【解析】 (0)题干信息中 4 个人 4 门课,每门课有 2 人选,所以共有 4×2＝8 个匹配关系,4 个人,每人至少选 2 门课,可分析出每人就是选了 2 门课。所以 4 个人 4 门课,每人选 2 门课,每门课有 2 人选。

结合(3)可得,如果丙选财务会计,那么他还选审计和财务管理,与每人选 2 门课矛盾,所以丙没有选财务会计。结合(1)可得:甲没有选财务会计,结合(0)可得:乙和丁选了财务会计,结合(2)可得:丁没有选审计和税法,所以丁选了财务管理,结合(4)可得:丙没有选财务管理。结合(0)可得:丙选了审计和税法。

故正确答案为 C 选项。

36.【答案】 C

【考点】 两大论证形式

【命题方向】 论证推理　支持、加强

【解析】 论据:吃巧克力的人患中风的风险低;

结论:经常食用巧克力可以降低中风的风险。

C 选项:建立联系,描述巧克力降低中风风险的原理,正确;

A 选项:话题不一致,题干论证与"心脏问题"无关,排除;

B 选项:支持力度较弱,3 年后的研究结果一致只能增加可靠性,但支持力度相对不足;

D 选项:关键动词不一致,题干的动词是"降低风险",而不是"症状改善",排除;

E 选项:对象不一致,题干是巧克力,而不是白巧克力和黑巧克力的比较,排除。

故正确答案为 C 选项。

37.【答案】 A

【考点】 两大论证形式

【命题方向】 论证推理 支持、加强

【解析】 题干信息:"假阳性"和"假阴性"都是错误的结果,题干以"假阳性"作为标准提出建议,而如果"假阴性"的差别很大,则上述建议就不成立了。

A 选项:排他因加强,指出"假阴性"的差别不大,说明题干的建议是正确的。

故正确答案为 A 选项。

38.【答案】 D

【考点】 关系命题

【命题方向】 形式逻辑 加分题型

【解析】 题干信息:"旋转木马"(最喜欢)>"地平线">"光轮">"小熊维尼">"矿山车"(最不喜欢)。

D 选项:"光轮"与"独木舟"关系不明确,无法由题干信息推出。

故正确答案为 D 选项。

39.【答案】 B

【考点】 稳赢分析法

【命题方向】 综合推理 排序

【解析】 由题干信息可知,中国 3 胜 1 负,又因为没有积分相同的球队,所以没有其他球队 3 胜 1 负。假设日本胜 4 场,那么中国排名第二,会出线;假设日本胜 2 场,那么中国排名第一,也会出线。所以无论任何情况下,中国队都会出线。

故正确答案为 B 选项。

40.【答案】 A

【考点】 假言命题

【命题方向】 形式逻辑 真假判定

【解析】 大宝:(1) 一部涨→二部涨;(2) ¬三部涨→¬二部涨;

总经理:(3) 一部涨∧¬四部涨。

质疑总经理的观点即:(4) ¬(一部涨∧¬四部涨)=一部涨→四部涨。

(1)(2)传递可得:一部涨→二部涨→三部涨,要想推出(4)的结论,则需要补充三部涨→四部涨,A 选项符合上述分析。

故正确答案为 A 选项。

41.【答案】　B

【考点】　论证评价

【命题方向】　论证推理　结论

【解析】　题干信息:(1) 只喝白酒比只喝葡萄酒和啤酒对身体的危害更大;

(2) 喝白酒戒掉后再喝葡萄酒和啤酒对身体的危害与之前只喝白酒相比,其危害没有差别。

B 选项:喝葡萄酒和啤酒的人分为两类:① 一直喝葡萄酒和啤酒;② 原来喝白酒,后来改喝葡萄酒和啤酒。由(2)可知,第②类人的危害与白酒一样,所以①②两类人危害不同,②的危害大于①。

故正确答案为 B 选项。

42.【答案】　D

【考点】　稳赢分析法

【命题方向】　综合推理　分组

【解析】　结合(3)(1)(2)可得:悬疑→战争→￢历史→￢记录。所以悬疑片和纪录片不能安排在同一天。

故正确答案为 D 选项。

43.【答案】　B

【考点】　两大论证形式

【命题方向】　论证推理　支持、加强

【解析】　论据:"标题党"可以提高点击率、吸引眼球;

结论:S 媒体不采用"标题党"的方式(果)是因为他们反对"标题党"(因)。

A 选项:他因削弱,表明 S 媒体不采用"标题党"是因为其用户群不喜欢,题干因果关系不成立,排除;

B 选项:有因有果、无因无果,表明"标题党"确实可以增加点击率和经济效益,所以 S 媒体的做法是因为反对"标题党";

C 选项:对象不一致,题干论证与读者无关;

D 选项:对象不一致,力度较弱,A 媒体与 S 媒体是否具有可比性? 未知;

E 选项:无关选项,表明很多媒体采用"标题党"的原因,但与题干论证无关。

故正确答案为 B 选项。

44.【答案】　B

【考点】　稳赢分析法

【命题方向】　综合推理　匹配

【解析】　由题干信息可知,赵义在北京或者石家庄,孙智不在广州,要想确定孙智在天津,只需要确保北京和石家庄孙智都不去,如果补充李信在北京,那么赵义一定在石家庄,此时孙智只能在天津。

故正确答案为 B 选项。

45.【答案】　D

【考点】　假言命题　联言、选言命题

【命题方向】　形式逻辑　真假判定

【解析】 题干信息:成绩不理想∧没有考入心仪的院校∧¬一蹶不振、闷闷不乐。

其可以反驳的命题就是它的矛盾关系,矛盾关系为:

成绩不理想∧没有考入心仪的院校→一蹶不振、闷闷不乐。

D选项:矛盾,成绩不理想∧没有考入心仪的院校→一蹶不振、闷闷不乐,正确;

A选项:不矛盾,成绩不理想∧没有考入心仪的院校∧可能¬(一蹶不振、闷闷不乐),排除;

B选项:不矛盾,一蹶不振、闷闷不乐∧¬一定(成绩不理想,没有考入心仪的院校),排除;

C选项:不矛盾,一蹶不振、闷闷不乐→成绩不理想∧没有考入心仪的院校,排除;

E选项:不矛盾,一蹶不振、闷闷不乐→成绩不理想∧没有考入心仪的院校,排除。

故正确答案为D选项。

46.【答案】 C

【考点】 确定信息推理

【命题方向】 综合推理 排序

【解析】 由周二去新四军军部旧址,结合(1)可得:周三去桃花坞,结合(3)可得周六去琉璃泉。

结合(4)可得:周一去第一山,周四去望江阁,因此周五去古生物博物馆。

故正确答案为C选项。

47.【答案】 C

【考点】 确定信息推理

【命题方向】 综合推理 排序

【解析】 由周五去琉璃泉,结合(3)可知,周三不去桃花坞,结合(1)可知,周三去新四军军部旧址,结合(4)可知,周一去第一山,周四去望江阁,结合(2)可得,周六不去古生物博物馆,所以周二去古生物博物馆。

故正确答案为C选项。

48.【答案】 C

【考点】 稳赢分析法

【命题方向】 综合推理 匹配

【解析】 由题干信息可知,相同的科目不会安排在同一天,同时由(1)可知周一有英语,周二有数学;由(2)可知,逻辑和写作是地位相当的,那么周二逻辑或写作占据一门,周三逻辑或写作占据一门,周二课程可安排数量为零。

根据题干要求可知,周三不安排英语,不安排专业课,那么只能安排数学;另一节英语课可安排在周四或周五,专业课可安排在周一、周四、周五中任意两天;逻辑与写作任何一天都有可能安排。

故正确答案为C选项。

49.【答案】 A

【考点】 稳赢分析法

【命题方向】 综合推理 匹配

【解析】 由(3)(4)(7)可知李大宝不可能是白羊座、天蝎座、双子座、摩羯座,所以李大宝是水瓶座;根据(5)(7)可知钱大宝不可能是白羊座、天蝎座、双子座,也不是水瓶座,所以钱大宝是摩羯座,故孙大宝不是和 3 个人聊过天的人,钱大宝没有和白羊座的人聊过天,那么和钱大宝聊天的人是天蝎座、双子座、水瓶座,则可知李大宝和钱大宝聊过天。

由于赵大宝只与两人交流过,同时赵大宝是白羊座、天蝎座、双子座其中一个,由(7)说明赵大宝不可能再和其他人聊过天。如果赵大宝是天蝎座或双子座,那么他就会和钱大宝聊过天,所以赵大宝只能是白羊座,由此可推知孙大宝是双子座。

故正确答案为 A 选项。

50.【答案】 C

【考点】 概念

【命题方向】 形式逻辑　加分题型

【解析】 题干信息:

毕业班:除了明确规定必须选的课程之外,其他的课程都是不能选的;

非毕业班:除了明确规定不能选的课程以外,其余的课程都是可以选的。

如果选课规定明确涉及(必须选或不能选)的课程覆盖所有的课程,那么一个课程要么是必须选的,要么是不能选的,情况如下表:

	必须选	不能选
毕业班	√	×
非毕业班	√	×

该原则对毕业班与非毕业班的约束力是相同的,不符合题干的要求,所以必须要假设“选课规定明确涉及(必须选或不能选)的课程,并不覆盖所有的课程”,满足这一假设后情况如下:

	必须选	未涉及	不能选
毕业班	√	×	×
非毕业班	√	√	×

此时,未涉及的课程,对于毕业班是不能选的,对于非毕业班是必须选的,上述原则就对毕业班和非毕业班产生了不同的约束力。

上述原则能使毕业班同学和非毕业班同学有不同的课程选择,所以情况如下:

	必须选	未涉及	不能选
毕业班	√(1)	×(2)	×(3)
非毕业班	√(4)	√(5)	×(6)

A 选项:课程(5)和(2)必须选或不能选,但并不是明文规定必须选或不能选的,不违反原则;

B 选项:课程(5)允许非毕业班选,但是不允许毕业班同学选,不违反原则;

C 选项:毕业班同学选的课程(1),非毕业班同学也必须选,而不是不能选,违反了原则;

D 选项:毕业班同学选的课程(1),非毕业班同学也要选,不违反原则;

E 选项:明确规定不能选的课程(6),毕业班同学也不能选,不违反原则。

故正确答案为 C 选项。

51.【答案】 A

【考点】 无确定信息破解法

【命题方向】 综合推理 匹配

【解析】 由"每个人至多去了 3 处景点"以及条件(1)可知,每处景点有 3 个人去,每个人去了 3 处景点。

由条件(2):韩东山→韩西川 = ¬韩西川→¬韩东山,结合"归谬思想"可知,如果韩不去西川,那么也不去东山,就不够 3 处景点,所以韩一定去西川。结合条件(4):韩西川→¬戴南河,因为每处景点都有 3 个人去,所以韩、于和林都去了南河;又因为每个人都去 3 处景点,所以戴去了东山、西川、北海。由条件(3):林南河→林西川,可知林一定去西川。由韩西川、林西川、戴西川可知:¬于西川,所以可得:于东山、于南河、于北海。

故正确答案为 A 选项。

52.【答案】 A

【考点】 无确定信息破解法

【命题方向】 综合推理 匹配

【解析】 由条件:于北海→林北海,结合"归谬思想"可知,如果林不去北海,那么于也不去北海,此时北海就不够 3 个人去,所以林一定去北海。进而可知,韩不去北海,去了东山。

故正确答案为 A 选项。

53.【答案】 E

【考点】 两大论证形式

【命题方向】 论证推理 支持加强

【解析】 论据:医生缺乏人文精神,容易造成医患关系紧张。

结论:在医学专业学生培养过程中,要促进医学科学精神与人文精神的融通和共建。

A 选项:支持,表明人文教育与专业知识教学存在断裂会出问题,所以二者要融通;

B 选项:支持,表明要注重专业理论教育和职业素养等人文教育;

C 选项:支持,表明医生在治病时也要具备共情等人文精神;

D 选项:支持,表明医生在救治过程中需要具备真诚平等沟通的人文精神;

E 选项:无法支持,只提及医生治疗患者的能力,并未提及人文精神。

故正确答案为 E 选项。

54.【答案】 A

【考点】 稳赢分析法

【命题方向】 综合推理 分组

【解析】 题干信息:(0)7 个人,11 种动物,每种动物只有 1 个人研究,每人最多研究 3 种动物,结合(1)只有 1 个人研究 3 种动物,可知数量组合为:3 2 2 1 1 1 1。

(1)甲研究 3 种→丁只研究猪。

(2)¬丙研究羊∨庚研究猴→¬己研究蛇∧¬己研究虎。

（3）¬乙研究鸡∨¬乙研究狗→¬丁研究猪＝丁研究猪→乙研究鸡∧乙研究狗。

（4）¬（己研究蛇∧己研究虎）→甲研究3种。

（5）乙研究鸡∧乙研究狗→丙研究羊。

如果甲研究3种动物,结合（1）（3）可得:乙研究鸡和狗,结合（5）可得:丙研究羊。

如果甲不研究3种动物,结合（4）可得:己研究蛇和虎,结合（2）可得:丙研究羊。

故正确答案为A选项。

55.【答案】 E

【考点】 确定信息推理

【命题方向】 综合推理　分组

【解析】 目前已知:甲研究鼠、牛和兔,结合（1）可得:丁只研究猪,结合（3）可得:乙研究鸡和狗,结合（5）可得:丙研究羊,己研究虎和蛇,结合（2）可得:庚不研究猴,所以庚研究马。

故正确答案为E选项。

四、写作

56. 论证有效性分析

【参考答案】

1. 论据不成立:工作未必会损害个人健康和增加焦虑,适当的工作能实现一定的身体锻炼和脑部锻炼,并且有利于个人价值的实现,也会有利于个人健康、缓解个人焦虑。

2. 以偏概全:深圳、广州、上海、北京居民的休闲情况并不能代表所有中国人的休闲情况。

3. 推断不出:不能把相关性当因果性,更不能出现因果倒置。德国、美国更可能是因为富裕发达而人们工作时间短,而非因为工作时间短而富裕发达。（本题回答"因果倒置"亦可）

4. 类比不当:不能把中国与德国、美国简单类比,工作与闲暇时间的合理分配并不是一个固定的模式,而是会因国家不同、文化不同和发展阶段不同而不同。

5. 条件不充分/推断不出:中国经济高质量发展不能仅仅依靠"缩短工作时间、提高劳动质量",还要依靠体制完善、技术创新和人才资源等其他因素。

6. 条件不充分:是否可实行每天工作9小时、每周工作4天的四天工作制,除了与劳动生产率水平有关,还与人口结构、企业与国民意愿等等因素有关。

7. 滑坡谬误/混淆概念:连续推断未必成立,休息时间未必意味着休闲程度。休闲不是简单的休息,同时休闲多也未必工作效率提高,更加难以判断经济活力。

【参考范文】

四天工作制真的可以逐步实行吗?

论证者对工作时间是否应该缩短进行剖析的过程中,有诸多不足之处,影响了整个论证,具体分析如下:

首先,工作未必会损害个人健康和增加焦虑,该理由不能成立。过度的工作也许会对个人健康不利、增加焦虑,但适当工作对人有益并且有助于个人价值实现。因此,不能以此为论据推断应该缩短工作时长。

其次,"深圳、广州、上海、北京居民"休闲时间少不能推出"中国人没有充分休闲时间"。这些地区只是局部数据,并不能代表全中国。这里有以偏概全之嫌。

再次,希腊与德国、墨西哥与美国的对比情况不能推出"更多的闲暇时间会导致国家更富足"。不能把相关性当因果性,更不能因果倒置。德国、美国更可能是因为富裕发达而人们工作时间短,而非因为工作时间短而富裕发达。

而且,"缩短工作时间、提高劳动质量"便能实现"中国经济高质量发展"吗?恐怕未必,这还要依靠体制完善、技术创新和人才资源等其他因素。仅凭这两点还不能推断"走上高质量发展之路"。

最后,工作时间与休息、休闲、效率和经济活力之间不能作简单推断。休息时间未必意味着休闲程度,休闲不是简单的休息,两者概念不能等同,同时休闲多也未必工作效率提高,更加难以判断经济活力,这个连续推断未必成立。

综上所述,材料对缩短工作时间的探讨中存在诸多漏洞,仍需进一步完善。

57. 论说文

【参考范文】

大力推动核心技术自主创新

当前,我国的发展仍处于重要的战略机遇期,面对一些关键核心技术依赖进口、容易被别人"卡脖子"的严峻挑战,我们必须依靠自主创新,把话语权牢牢掌握在自己手里。

从5G诞生到北斗发射,从遥不可及到自主在握,自主创新的意义不仅仅是技术进步带来的科技红利,更是一个国家站在世界舞台上的安全感。真正的核心技术是花钱买不来、市场换不到的。所以,我们必须大力推动核心技术自主创新。

自主研发北斗卫星,不仅摆脱了部分关键核心技术受制于人的不利局面,也为我们生活的方方面面带来了便利。同时,自主创新也是我们国家和企业的核心竞争力。在国际竞争日趋激烈的今天,我们必须通过自主创新拥有独特的竞争优势。有核心技术不一定赢,但没有核心技术一定输。樱桃好吃树难栽,自主创新并非易事,需要我们从多个方面付诸行动。

首先,应该团结内部力量,利用外部资源。现如今科技的研发已不再是少数人的单打独斗,而常常是跨学科、跨领域、跨组织的团结协作。因此,既要团结内部力量,又要充分利用外部资源。

其次,做到重点突破、有的放矢。自主创新需要把握主要矛盾,实现重点领域的创新性突破,尤其是卡脖子的关键领域、掣肘之处,需要集中科研力量,把好钢用在刀刃上。

再次,营造宽容的研究氛围。在自主创新的道路上,难免有曲折和失败。因此在信念上,应该坚持最终目标;在氛围上,应该容许合理试错;在方法上,需要注重合理变通。

最后,也需要注重知识产权的保护,解决创新研发主体的后顾之忧,让创新者愿意创新。

掌握自己的核心技术,才能在国际竞争中充分掌握话语权,掌握科技发展的命门。北斗卫星是一个标志性事件,这条路还需要坚定而持续地走下去。

一、问题求解：第 1~15 小题，每小题 3 分，共 45 分。下列每题给出的 A、B、C、D、E 五个选项中，只有一个选项是最符合题目要求的。

1. 现有甲、乙、丙三种食盐水各 200 g，浓度依次为 42%、36%、30%，现在要配制浓度是 34% 的食盐水 420 g，至少要取甲种食盐水（   ）g.

   A. 34 　　　　　　　 B. 45 　　　　　　　 C. 40

   D. 19 　　　　　　　 E. 28

2. 某大米批发商的报价如下：一次购买不超过 1 000 kg，每千克 2 元；超过 1 000 kg 但不超过 3 000 kg，全部九折优惠；超过 3 000 kg，3 000 kg 以内九折，超过部分八折，由于库容原因，李先生第一次购买时付款 1 500 元，第二次购买时付款 5 800 元。若李先生一次购买同样数量的大米，可以节省（   ）.

   A. 500 元 　　　　　 B. 400 元 　　　　　 C. 300 元

   D. 200 元 　　　　　 E. 100 元

3. 如图，以五边形各顶点为圆心的 5 个圆的半径均为 1，则阴影部分的面积为（   ）.

   A. π 　　　　　　　 B. $\dfrac{3}{2}\pi$

   C. 2π 　　　　　　 D. $\dfrac{5\pi}{2}$

   E. $\dfrac{9\pi}{4}$

4. $\triangle ABC$ 的三边 a,b,c 成等差数列，且 $a^2+b^2+c^2=21$，则 b 的取值范围是（   ）.

   A. $(\sqrt{6},\sqrt{7}]$ 　　　 B. $(\sqrt{6},\sqrt{11}]$ 　　　 C. $(2,\sqrt{11}]$

   D. $[1,3]$ 　　　　　　 E. 以上均不是

5. 直线 l 与半径为 4 的 $\odot O$ 相切于点 A，P 是 $\odot O$ 上的一个动点（不与点 A 重合），过点 P 作 $PB\perp l$，垂足为 B，连接 PA，设 $PA=x$，$PB=y$，则 $x-y$ 的最大值是（   ）.

   A. 1 　　　　　　　　 B. 2

   C. 3 　　　　　　　　 D. 4

   E. 5

6. 某农户计划种植黄瓜和韭菜，种植面积不超过 50 亩（1 亩 $\approx$ 666.7 m^2），投入资金不超过 54 万元，假设种植黄瓜和韭菜的产量、成本和售价如下表：

种类	年产量/亩	年种植成本/亩	每吨售价
黄瓜	4 t	1.2 万元	0.55 万元
韭菜	6 t	0.9 万元	0.3 万元

为使一年的种植总利润(总利润=总销售收入−总种植成本)最大,那么黄瓜的种植面积(单位:亩)为(   ).

A. 50   B. 30   C. 20

D. 0   E. 60

7. 某公司规定,门窗每 3 天擦拭一次,绿化植物每 5 天浇一次水,消防设施每 2 天检查一次.如果上述三项工作刚好集中在星期三都完成了,那么下一次三项工作集中在同一天完成是在(   ).

A. 星期一   B. 星期二   C. 星期四

D. 星期五   E. 星期六

8. 已知 10 张钱币中有 4 张假币,现在对它们一一检查,则恰在第 5 次检查时查出所有假币的概率为(   ).

A. $\dfrac{2}{105}$ B. $\dfrac{1}{100}$ C. $\dfrac{2}{95}$

D. $\dfrac{1}{72}$ E. $\dfrac{1}{64}$

9. 已知数列 $\{a_n\}$ 满足 $a_1=2$,且 $\{a_{n+1}-a_n\}$ 是以 4 为首项,2 为公差的等差数列,若 $[x]$ 表示不超过 x 的最大整数,则 $\left[\dfrac{1}{a_1}+\dfrac{1}{a_2}+\cdots+\dfrac{1}{a_{2018}}\right]=$(   ).

A. 1   B. 2   C. 0

D. −1   E. −2

10. 从左至右一排共 8 个座位,要安排 5 人入座,要求每个空位两边均有人,则共有安排方案(   ).

A. 2 880 种   B. 480 种   C. 360 种

D. 240 种   E. 120 种

11. 已知数列 $\{a_n\}$ 的通项公式为 $a_n=|n-13|$,那么满足 $a_k+a_{k+1}+\cdots+a_{k+19}=102$ 的整数 k 的个数为(   ).

A. 2   B. 3   C. 4

D. 5   E. 6

12. 已知函数 $f(x)=ax^2+bx(a\neq0)$ 满足 $1\leqslant f(-1)\leqslant2,2\leqslant f(1)\leqslant5$,则 $f(-3)$ 的最大值为(   ).

A. 17   B. 27   C. 37

D. 47   E. 57

13. 一圆柱体与一正方体的高相等,且侧面积也相等,则它们的体积比为(   ).

A. $\dfrac{\pi}{4}$ B. $\dfrac{\pi}{4}$ C. $\dfrac{1}{\pi}$

D. $\dfrac{2}{\pi}$ E. $\dfrac{4}{\pi}$

14. 设等差数列 $\{a_n\}$ 的前 n 项和为 S_n,$a_1=4$,$S_5\geqslant S_4\geqslant S_6$,则公差 d 的取值范围是(   ).

A. $\left[-1,-\dfrac{8}{9}\right]$ B. $\left[-1,-\dfrac{4}{5}\right]$ C. $\left[-\dfrac{8}{9},-\dfrac{4}{5}\right]$

D. $[-1,0]$ E. 以上均不是

15. 一个三位自然数百位,十位,个位上的数字依次为 a,b,c,当且仅当有两个数字的和等于第三个数字时称为"有缘数"(如 213,134 等). 若 $a,b,c \in \{1,2,3,4\}$,且 a,b,c 互不相同,则这个三位数为"有缘数"的概率是( ).

A. $\dfrac{1}{2}$ B. $\dfrac{1}{4}$ C. $\dfrac{1}{6}$

D. $\dfrac{1}{8}$ E. $\dfrac{1}{7}$

二、条件充分性判断:第 16~25 小题,每小题 3 分,共 30 分。要求判断每题给出的条件(1)和条件(2)能否充分支持题干所陈述的结论。A、B、C、D、E 五个选项为判断结果,只有一个选项是最符合题目要求的。

A. 条件(1)充分,但条件(2)不充分

B. 条件(2)充分,但条件(1)不充分

C. 条件(1)和(2)单独都不充分,但条件(1)和条件(2)联合起来充分

D. 条件(1)充分,条件(2)也充分

E. 条件(1)和条件(2)单独都不充分,条件(1)和条件(2)联合起来也不充分

16. 关于 x 的方程 $4^x + a \cdot 2^x + a + 1 = 0$ 有实数解.

  (1) $a \geqslant -2$ (2) $a \leqslant -2$

17. 甲、乙两名跳高运动员试跳某高度的成功率分别为 0.7 和 0.6,则 P 的值为 0.88.

  (1) 甲、乙两人各试跳一次,至少有一人成功的概率为 P

  (2) 甲试跳三次,第三次才成功的概率为 P

18. 设 $a+b+c=50$,则 a 的值可以确定.

  (1) $c=4a-b$

  (2) $2a$ 是 b 与 c 的算术平均值

19. 若 a,b,c 是正数,则 $\min\{a,b,c\} < \dfrac{1}{4}$.

  (1) $a+b+c=1$

  (2) 方程 $ax^2+bx+c=0$ 有实根

20. 若 $3x-4y+b \geqslant 0$ 恒成立,则 $b \geqslant 10$.

  (1) $x^2+y^2=4$

  (2) $x^2+y^2=4(y \geqslant 0)$

21. 已知 x,y 是实数,则 $1 < x+y < \dfrac{4}{3}$.

  (1) $x+y=x^2+y^2+xy$

  (2) x 和 y 是不同的正实数

22. 某艺术培训学校招收了甲、乙、丙三个班共 80 名学生,则乙班人数最多,甲班人数最少.

  (1) 乙班人数比丙班人数的一半多 40 人

  (2) 甲班人数比乙班人数的 80% 少 30 人

23. 如图所示,在三角形 ABC 中,分别以 AC,BC 为边作正方形 $ACFG$,$BCED$,则三角形 CEF 的面积是 100.

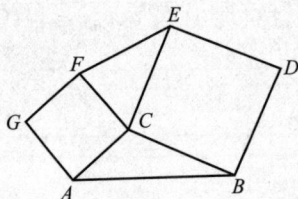

    (1) 三角形 ABC 的面积是 100

    (2) 三角形 ABC 中:$\angle ACB = 90°$

24. $\log_a 2 = -1$.

    (1) 已知幂函数 $y = x^a$ 的图像过点 $\left(\dfrac{1}{2}, \dfrac{\sqrt{2}}{2} \right)$

    (2) 已知指数函数 $y = a^x$ 的图像过点 $\left(\dfrac{1}{2}, \dfrac{\sqrt{2}}{2} \right)$

25. $\triangle ABC$ 是等边三角形.

    (1) $\triangle ABC$ 的三边 a,b,c 满足 $a^3 - a^2b + ab^2 + ac^2 - b^3 - bc^2 = 0$

    (2) $\triangle ABC$ 的三边 a,b,c 满足 $a^4 + b^4 + c^4 - a^2b^2 - b^2c^2 - a^2c^2 = 0$

三、逻辑推理:第 26~55 小题,每小题 2 分,共 60 分。下列每题给出的 A、B、C、D、E 五个选项中,只有一个选项是最符合题目要求的。

26. "双 11"落幕,各大电商平台纷纷晒出了成绩单,通过亮眼的数据可以发现,今年消费市场出现了一些新亮点、新变化。消费市场新业态、新模式不断涌现,线上线下加速融合,正在推动传统零售企业数字化转型。只要商家能够既发展线上业务又发展线下业务,就可以推动消费市场不断优化升级;而只有价格合理并且售后有保障的商家才能推动消费市场的不断升级优化。根据上述信息,可以得出以下哪项?

    A. 即使商家既发展线上业务又发展线下业务,也不一定能推动消费市场不断优化升级。

    B. 价格合理并且售后有保障的商家一定能推动消费市场不断优化升级。

    C. 价格不合理并且售后没有保障的商家一定没有发展线上业务。

    D. 发展线上业务的商家如果售后没有保障,则其一定没有发展线下业务。

    E. 发展线下业务的商家如果能做到价格合理,则也能发展线上业务。

27. 电视综艺节目既保留了原有文艺形态的艺术价值,又充分发挥了电视创作的特殊艺术功能,可以满足广大观众多方面的艺术审美和休闲娱乐等需求,给观众提供文化娱乐审美享受。某电视综艺节目播出后,节目导演声称该节目达到了当前同类节目的最高水准,因为该节目收视率比同类节目高 2%。

    以下哪项如果为真,最能削弱上述论证?

    A. 参与该节目的嘉宾对节目评价不一。

    B. 观众本身就非常喜欢看电视综艺节目。

    C. 该导演的微博有几十万条批评此节目的评论。

    D. 节目的水准和收视率并无必然关联。

    E. 收视率只是评价节目水准的标准之一,而不是唯一标准。

28. 蜱虫是许多种脊椎动物体表的暂时性寄生虫，是一些人兽共患病的传播媒介和储存宿主。由于蜱虫在生活史中有更换宿主的现象，所以有人担心由于蜱虫叮咬了 HIV 感染者而叮咬下一位时会将存在蜱虫体内的 HIV 病毒在人和动物之间传播。最近，研究人员指出这样的担心大可不必。

    以下哪项如果为真，最能支持研究人员的上述观点？

    A. 不是所有 HIV 感染者血液中都含有易感染的 HIV 病毒。

    B. 蜱虫不一定会更换宿主，有些蜱虫发育各期都在一个宿主体上。

    C. 蜱虫通过食管吸入宿主的血液，这种吸入总是单向的。

    D. 蜱虫多寄生在牛、羊、鸡、鸭等家禽、牲畜身上，但它们极少感染 HIV 病毒。

    E. 蜱虫通过食管吸入宿主的血液，这种吸入总是双向的。

29. 某晚会安排甲、乙、丙、丁、戊、己、庚共 7 名艺人表演节目。出场顺序需要符合以下条件：

    （1）庚在第二位出场，己和庚的出场顺序紧挨着；

    （2）甲不会在第一位出场；

    （3）乙和丙出场间隔的人数与丁和戊出场间隔的人数相同。

    根据上述信息，可以得出以下哪项？

    A. 戊第七位出场。　　　　B. 丁第五位出场。　　　　C. 丙第四位出场。

    D. 乙第三位出场。　　　　E. 己第一位出场。

30. 我国的名山分布于全国各地，黄山是名山，所以黄山分布于全国各地。

    下列哪项中所犯的逻辑错误与上述推理最为相似？

    A. 父母酗酒的孩子内心自卑，刘大宝内心自卑，所以刘大宝的父母酗酒。

    B. 科教兴国，要振兴祖国，科技是关键，教育是基础。我们有了良好的教育就可以振兴祖国。

    C. 北京已成为国内甚至全球首屈一指的人工智能产业人才中心，李大宝不在北京，所以李大宝不是人才。

    D. 现在的独生子女娇生惯养，他是独生子女，所以娇生惯养很正常。

    E. 老师：学习时不能玩手机；赵大宝：我玩手机的时候从不学习。

31. 在大气层的自然状态下，自由落体会受到空气阻力的干扰。要排除这种干扰，就要创造一种真空环境。在伽利略所处的时代，人们无法用技术手段创造出真空环境。因此，伽利略只能在思维中撇开空气阻力的因素，设想真空中的落体运动，从而得出自由落体定律，推翻了亚里士多德关于落体的结论。

    要使伽利略得出的自由落体定律成立，必须以下列哪项为前提？

    A. 当时的人们都能进行同样的思维实验。

    B. 伽利略的思维实验符合真空状态的运动规律。

    C. 伽利略在比萨斜塔通过现实实验进行了验证。

    D. 伽利略设想了各种可能性。

    E. 亚里士多德没有对落体运动进行更深入的研究。

32. 2022 年 7 月 1 日至 26 日，极端高温天气导致西班牙 1 913 人死亡，这一数据大约是 2021 年同期的 4 倍。西班牙的威尔研究员认为，这是人类活动排放了大量温室气体，使全球变暖而付出的代价。

以下哪项如果为真,最能削弱上述论证?

A. 人类发明了很多降温设备来减轻高温天气带来的危害。

B. 人类活动不必然导致全球变暖。

C. P 国和 Q 国这两个国家相比,P 国的气温比 Q 国平均高 15 ℃,但是并没有人因为高温而死亡。

D. 高温天气对人造成的危害,远低于极端低温、自然灾害等。

E. 西班牙等欧洲国家安装空调的费用较高,致使空调普及率极低,并且电价高,拥有空调的家庭用不起,使得居民不得不忍受高温的炙烤。

33. 一些参加过海湾战争的老兵在战后出现了精神压抑、疲劳、头痛、失眠、腹泻等症状,被称为"海湾战争综合征",主流观点认为最大可能是美军在海湾战争时期使用了大量的贫铀弹所致。近日,一份发表在《科学报告》上的论文引起了专家的关注,该论文对海湾战争参与者展开了持续 30 年的跟踪调查,研究团队对保留的出现"海湾战争综合征"的士兵尿液样本进行检测,发现尿液中所含的辐射并没有什么异常,对比同一时期没有出现症状的军人,两者尿液中的铀同位素比率也没有什么差异。因此相关研究人员得出结论:"海湾战争综合征"与贫铀弹无关。

以下哪项如果为真,最能削弱研究人员的结论?

A. 没有参与海湾战争的人也会出现精神压抑、疲劳、头痛、失眠、腹泻等症状。

B. 世界上很多国家的专家都在致力于解决贫铀弹的放射性问题。

C. 有数据显示,这些退伍老兵的后代患先天性缺陷的比率高于正常值。

D. 某地居民向法院起诉,声称该国军队试验贫铀弹,已影响该地居民健康。

E. 贫铀弹以及放射性更低的武器将是专家们在未来重点研究的对象。

34. 某公司召开年会,在汇报业绩时,几位部长猜测公司业绩情况。

周部长说:今年经济环境不太好,业绩不会超过 200 万。

吴部长说:确实今年的经济情况对公司有一定的影响,而且影响比预想的还大,我估计业绩不会超过 100 万。

郑部长说:你们也太悲观了,虽然整体经济形势不好,但咱们公司的产品还是非常有优势的,我猜业绩肯定在 250 万以上。

王部长说:我觉得公司跟去年相比是有成长的,业绩应该在 300 万以内吧。

公布业绩的时候,发现只有一位部长的猜测是正确的。

根据以上陈述,可以推出以下哪项?

A. 公司业绩在 250 万~300 万。

B. 公司业绩在 100 万~200 万。

C. 公司业绩可能是 234 万。

D. 公司业绩可能是 67 万。

E. 郑部长猜对了。

35. 头部受伤是摩托车事故中最严重的伤。在使用纳税人的钱医治这类受伤者时,不戴头盔出事故的车手平均所花的医疗费用是戴头盔者的两倍。司法部门已经通过立法规定摩托车骑手必须佩戴头盔,以减少车祸和出事故时头部损伤的程度,从而节省纳税人的钱。所以,为了进一步减少类似的费用,其他地区司法部门也应通过要求摩托车骑手必须佩戴头盔的立法。同样的原因,司法部门也应当要求骑马的骑手佩戴头盔,因为与摩托车事故相比,骑马的骑手比骑摩托车的骑手更易于导致头部损伤。

以下哪项是上述论证所必须假设的?

A. 因骑马而发生的事故所导致的头部损伤上的医疗费用是税收支出的一部分。

B. 在骑马发生的事故中导致严重脑损伤的比率较高是由于马和摩托车的大小不一样。

C. 用于治疗头部损伤的医疗费用高于治疗其他类型的损伤的费用。

D. 如果骑手佩戴头盔,可以避免大多数在骑马或骑摩托车发生事故时所造成的死亡。

E. 在决定是否应该通过一项要求骑马或骑摩托车的骑手戴头盔的立法时,司法部门考虑的首要问题应是公民的安全。

36. 仁达医院以为白内障患者做手术成功率高而著称,成功率达 95% 以上。刘大宝是一位以专门为青光眼患者做手术而著称的医生。因此,刘大宝不可能是仁达医院的医生。

以下哪项最为确切地指出了上述论证的漏洞?

A. 没有确切地指出刘大宝为白内障患者做手术的成功率。

B. 没有确切地指出刘大宝为青光眼患者做手术的成功率。

C. 刘大宝具有的特征,其所在工作单位不一定具有。

D. 仁达医院所具有的特征,其成员不一定具有。

E. 没有提供仁达医院所统计数据的来源。

37. 以下是一个 4×4 的图形,共有 16 个小方格,每个小方格中均可填入一个词。要求图形的每行、每列均填入"春""夏""秋""冬"4 个词,不能重复,也不能遗漏。根据以上信息,依次填入图形中①②③④处的 4 个词应是以下哪一项?

①	②	③	④
冬		夏	
秋	冬		
			春

A. 春、夏、秋、冬   B. 秋、春、夏、冬   C. 秋、冬、春、夏

D. 冬、春、夏、秋   E. 夏、秋、春、冬

38. 据估计,可能有数以百万吨的塑料漂浮在海洋中。但是一项新研究发现,这些塑料有 99% 都消失不见了,研究人员认为大部分消失的塑料可能是被海洋生物吃掉了,并随之进入海洋食物链。

下列哪项最能对上述结论的正确与否进行评价?

A. 海洋中除了塑料是否还有其他垃圾?

B. 除了被海洋生物吃掉,漂浮在海洋中的塑料是否会以其他形式消失?

C. 是否能说进入海洋食物链的塑料就是"消失"了?

D. 消失的塑料最可能集中在哪些海域?

E. 这些漂浮在海洋中的塑料是否会对环境造成污染?

39. 某学者在进行动物实验,以探究其饮食与寿命的关系。实验中发现,大量减少食物中的热量,并同时增加维生素的含量,可以使实验老鼠的寿命延长一倍;而喂食 40% 标准食物量的老鼠的预期寿命是喂食标准食物量的老鼠的两倍。

    如果以上信息是正确的,那么以下陈述中,除哪项外都有助于解释喂食比标准食物量少的实验老鼠寿命的延长?

    A. 大量减少食物中的热量时对维生素的补充并没有增加饮食中的热量。

    B. 由于吃得少,降低了老鼠的新陈代谢速度,也就减少了老鼠的自身消耗。

    C. 大量减少热量的摄入使荷尔蒙系统的衰老进程明显延缓了。

    D. 比标准食物量吃得少的老鼠的细胞寿命比正常进食的老鼠的细胞寿命长。

    E. 低热量的进食延缓了老鼠免疫系统的老化,从而使老鼠免受一些常见疾病的侵扰。

40. 柴大宝、谭大宝得知,共有甲、乙、丙、丁 4 支代表队分获了 15 个项目(分别以序数表示)中的某些奖牌,其中,甲队获得第 1、4、12 项目的奖牌;乙队获得第 2、4、7、8、11 项目的奖牌;丙队获得第 4、5、6、12、13 项目的奖牌;丁队获得第 1、5 项目的奖牌。苍大宝从 4 支代表队获奖的 15 个项目中挑出一个单独告诉了谭大宝,而将获得该项目奖牌的代表队名称单独告诉了柴大宝。苍大宝对他们分别讲完,谭大宝就说:“我不知道是哪支代表队获得了这个项目的奖牌。”柴大宝听了,就说:“我知道是哪个项目了。”谭大宝马上也说:“我也知道是哪支代表队了。”

    据此,可以推出苍大宝挑出的代表队和项目分别是

    A. 甲队,第 1 项目　　　　　B. 乙队,第 4 项目　　　　　C. 丙队,第 12 项目

    D. 丁队,第 5 项目　　　　　E. 以上答案都不对

41. 甲、乙、丙、丁、戊 5 人中有人为流浪小动物捐款,对于捐款情况 5 人有如下表述:

    甲说:“如果戊捐款了,那么我一定也会捐款。”

    乙说:“捐款的应该是甲或者丁。”

    丙说:“捐款的如果不是戊,那么一定是乙。”

    丁说:“除非乙捐款,否则丁、戊中一定有人捐款。”

    如果上面 4 人的话中只有 1 人的话是真的,则捐款的一定是谁?

    A. 仅甲　　　　　B. 仅甲和乙　　　　　C. 仅丙

    D. 仅丙和丁　　　　　E. 至少有戊

42~43 题基于以下题干信息:

    某学校开运动会,在开幕式上 7 个专业的方阵拿着赤、橙、黄、绿、青、蓝、紫 7 种不同颜色的彩旗出场,他们的出场顺序还需要满足以下条件:

    (1)赤在第一个或最后一个出场;

    (2)如果赤第一个出场,那么青第六个出场;

    (3)如果橙第二个出场,那么蓝第三个出场并且绿第五个出场;

    (4)如果橙不是第二个出场,那么青第四个出场并且紫第五个出场。

42. 根据上述信息,如果黄最后一个出场,则以下哪项为真?

    A. 赤在青之后出场。　　　　　B. 橙在紫之后出场。　　　　　C. 紫在蓝之后出场。

    D. 青在蓝之前出场。　　　　　E. 绿在紫之前出场。

43. 如果紫是第一个出场,则以下哪项一定为假?
    A. 紫在橙之前出场。　　　　　B. 黄在青之前出场。　　　　　C. 蓝在黄之前出场。
    D. 青在蓝之前出场。　　　　　E. 绿在黄之前出场。

44. P企业和Q企业的代表团都没有参加某商业谈判。事前,A企业和Q企业的代表团公开宣
    布,如果B企业的代表团参加了这次谈判,P企业和Q企业的政府将组成强烈反对B企业的
    联盟。与此相应,P企业的代表团公开宣布,如果A企业与Q企业代表团都不出席的话,P
    企业代表团就一定出席谈判。
    如果上面的陈述正确,且所有的代表团都信守其公开声明,则下面哪项也一定正确?
    A. A企业代表团参加了谈判。
    B. A企业代表团没有参加谈判。
    C. P企业政府没有强烈地反对B企业。
    D. B企业代表团没有参加谈判。
    E. B企业代表团没有针对是否参加谈判发表过公开声明。

45. 现有糖藕、小鱼锅贴、酥烧饼、梅花糕、糖炒板栗、五香豆6种金陵小吃,准备发给甲、乙、丙3
    个班作为下午茶,需要满足以下条件:
    (1) 每个班会发放3种小吃,只有1个班收到糖炒板栗,且该班没有收到小鱼锅贴;
    (2) 如果乙班收到梅花糕,那么也会收到糖炒板栗;
    (3) 如果丙班没有收到糖炒板栗,那么乙班会收到糖炒板栗;
    (4) 收到酥烧饼的班也会收到糖藕;
    (5) 乙班收到的小吃,甲班也会收到。
    根据上述信息,可以得出以下哪项?
    A. 丙班会收到酥烧饼。　　　　B. 乙班会收到小鱼锅贴。　　　　C. 乙班会收到五香豆。
    D. 甲班会收到糖藕。　　　　　E. 甲班会收到酥烧饼。

46~47题基于以下题干信息:
    放假3天,小李夫妇准备做6件事:① 购物(这件事编号为①,其他依次类推);② 看望双方
父母;③ 郊游;④ 带孩子去游乐场;⑤ 去市内公园;⑥ 去影院看电影。他们商定:
    (1) 每件事均做1次,且在1天内完成,每天做两件事;
    (2) ④与⑤在同一天完成;
    (3) 如果③在第一天完成,那么①在第二天完成;
    (4) 如果⑥在第三天完成,那么②在第二天完成。

46. 如果⑤在第二天完成,以下哪项可能为真?
    A. ①在第一天完成。　　　　　B. ③在第一天完成。　　　　　C. ②在第二天完成。
    D. ⑥在第三天完成。　　　　　E. ⑥在第二天完成。

47. 如果①和③在同一天完成,以下哪项一定为真?
    A. ②在第一天完成。　　　　　B. ④在第一天完成。　　　　　C. ③在第二天完成。
    D. ⑥不在第三天完成。　　　　E. ⑥在第三天完成。

48. 某研究团队招募了34名志愿者,将他们分为两组,分别阅读同一部小说的电子版和纸质
    版,并回答10个有关阅读内容的问题,通过正确率来判断他们的理解能力,结果显示阅读电

子书籍的人回答正确率明显低于阅读纸质书籍的人。同时,研究人员还发现,阅读纸质书籍时深呼吸的次数多。研究人员由此认为,阅读电子书籍导致理解力下降。

以下哪项如果为真,最能支持上述论证?

A. 通过对不同的学习方式进行比较分析,发现使用纸质笔记组在准确性和大脑激活度上均有显著优势。

B. 深呼吸的次数少时,大脑左侧前额叶皮质的活动明显增多,这暗示大脑正在承受负荷,从而导致阅读能力下降。

C. 与阅读前的静息状态相比,阅读过程中使用电子书籍和纸质书籍时,被试者的深呼吸次数明显增加。

D. 不仅是电子书籍,使用电子设备也会对人体产生负面影响。

E. 众多研究人员和实验结果已经证实,呼吸和认知功能之间存在相互作用的关系。

49. 多姿多彩的海底世界拥有丰富的海洋生命以及海洋矿产资源。多金属结核,是分布在大洋海床上的一种自生多金属矿产资源,通常富含 Mn、Fe、Ni、Cu、Ti、Co 等和多种微量元素。支持深海开采的人认为,多金属结核可以提供开发清洁能源所需的矿物,同时海洋每年吸收约 1/4 的全球碳排放量,开采结核的过程本身对海洋的碳吸收能力影响不大。但是反对者却持有相反的观点。

除了以下哪项,都能支持反对者的观点?

A. 海洋本就已经受到过度捕捞、工业污染和塑料垃圾等人类活动的威胁,在这种情况下,深海开采将加剧人类活动对海洋产生的不利影响。

B. 目前人类对深海生物及环境的研究还不够深入,还不足以支持对深海进行大规模开采矿物的活动,贸然开采很可能会破坏海洋环境。

C. 即使海洋开采活动能够为日益增加的能源需求提供更多的金属,人类对金属的需求仍然得不到满足,只会与日俱增。

D. 地球上的海洋彼此相连,并共享一个环绕地球的洋流系统,开采活动会影响已经稳定的洋流系统,对海洋的影响不可估量。

E. 深海开采过程中释放的泥浆会威胁矿区之上深海中层水域的生态环境,还会产生很大的噪音向上层水域扩散。

50. 某公司有3个部门:财务部、工程部、质检部,现在要把六幅画挂在三个部门的办公室,这六幅画是:飞鹰、奔马、猛虎、墨竹、初荷、黛山,每个部门都要挂两幅。此外,还要满足以下条件:

(1) 墨竹与初荷必须挂在同一个部门;

(2) 飞鹰与奔马不能挂在同一个部门;

(3) 如果猛虎挂在财务部,那么飞鹰挂在工程部;

(4) 如果黛山挂在质检部,那么奔马挂在工程部。

如果初荷挂在了工程部,以下哪项可能为真?

A. 黛山挂在质检部。　　　　B. 奔马挂在工程部。　　　　C. 墨竹挂在财务部。

D. 猛虎挂在财务部。　　　　E. 飞鹰挂在财务部。

51~52题基于以下题干信息:

下面是一次逻辑判断测试的答题卡,一共有10道判断题(正确答案只有✓、×两种),每题10

分。张、王、赵、李四位同学参与答题,其中张、王、赵 3 位同学的答题情况和分数如下:

	1	2	3	4	5	6	7	8	9	10	得分
张	✓	×	×	✓	×	×	✓	✓	×	✓	80
王	✓	×	✓	✓	✓	✓	✓	✓	×	✓	70
赵	×	✓	×	×	×	✓	×	✓	×	×	20

51. 根据张、王、赵 3 位同学的分数情况,可知第 6、7、8 题的答案分别是以下哪项?
   A. ✓✓✓   B. ×✓×   C. ✓×✓
   D. ×××   E. ×✓✓

52. 如果李同学的分数情况如下,那么第 3、4、5 题的答案分别是以下哪项?

	1	2	3	4	5	6	7	8	9	10	得分
李	×	×	✓	✓	✓	×	×	✓	✓	×	40

   A. ✓✓✓   B. ×✓×   C. ✓×✓
   D. ×✓✓   E. ×××

53. 中国人大多是在批评与训斥中长大的,父母、老师、长辈、领导……看你哪一点不顺眼,都能
   给出指教。话多半不好听,可听者听了多半心悦诚服、心生感激,因为大家想的是良药苦口、
   忠言逆耳的道理。但是,逆耳的未必都是忠言。有种电话诈骗就是以很凶的方式出现的。
   电话里的他们就是要批评你、威胁你、吓唬你,一旦你心里打怵了,你就听他们的了;而你听
   了他们的,你也就上当了。
   根据以上陈述,可以推出以下哪项?
   A. 有的逆耳之言可能不是忠言。
   B. 有的忠言并不逆耳。
   C. 有的电话诈骗的声音并不是很凶。
   D. 如果你听到逆耳的电话心里不打怵,你就不会上当。
   E. 大多数批评与训斥都不会让人心悦诚服。

54~55 题基于以下题干信息:
   "六一"儿童节联欢会排练节目,5 个小朋友从左到右站成一排,分别为 1~5 号位置。这 5
个小朋友穿着不同颜色的衣服,其中有 1 个小朋友穿的是红色衣服,并且还知道以下信息:
   (1) 达达不在 2 号位置,也没穿银色衣服,穿着蓝色衣服的小朋友紧挨在达达的左边;
   (2) 中间 3 个位置都不是花花;
   (3) 站在 3 号位置的小朋友穿绿色衣服;
   (4) 穿银色衣服的小朋友站在豆豆旁边;
   (5) 兰兰右侧(紧邻)的是迪迪,左侧与之紧邻的小朋友穿黄色衣服。

54. 根据上述信息,花花在几号位置?
   A. 1   B. 2   C. 3
   D. 4   E. 5

55. 以下哪项关于 5 个小朋友的说法不正确？
   A. 1 号位置的小朋友穿银色衣服。
   B. 2 号位置的小朋友是豆豆。
   C. 3 号位置的小朋友穿绿色衣服。
   D. 5 号位置的小朋友穿黄色衣服。
   E. 5 号位置的小朋友穿红色衣服。

四、写作：第 56~57 小题，共 65 分。其中论证有效性分析 30 分，论说文 35 分。

56. 论证有效性分析：分析下述论证中存在的缺陷和漏洞，选择若干要点，写一篇 600 字左右的文章，对该论证的有效性进行分析和评论。（论证有效性分析的一般要点是：概念特别是核心概念的界定和使用是否准确并前后一致，有无明显的逻辑错误，论证的论据是否成立并支持结论，结论成立的条件是否充分，等等。）

   2015 年，新华网的一篇报道显示，论文代写市场每年线上、线下交易量可达百亿元。为了让购买论文代写服务者更难从网上获得代写论文信息，科技部开展了"清网行动"。截至目前，互联网中"论文买卖"等若干组关键词的搜索结果减少比例超过 95%，论文买卖网站链接和相关广告用语明显减少。由此可见，行动已取得成效，论文买卖交易已被有效阻断。

   近日教育部发出通知，明确要求学校加强对学位论文研究及撰写过程的指导，并对学位论文是否由其独立完成进行审查，这是治理学生代写论文的正确方向。一般来说，经过系统的学术训练和严谨的调查研究后，只要对研究问题形成了原创性结论，一篇合格的论文就产生了。所以，相关部门必须严查抄袭论文。如果通过技术手段杜绝论文抄袭，那么论文代写将失去意义。

   然而，论文的买卖已经形成了庞大的市场需求和巨大的牟利空间。论文买家、网络中介、写手、学术期刊各取所需，形成了一个畸形的利益链条。科技部和教育部的举措尚未真正阻断这个黑色产业链。因为，目前对于论文代写的处理方式还是无法对所有论文做到全方位覆盖，在对毕业生已完成论文进行抽检后，如果某位学生被查出有抄袭行为，那么可以按学术不端进行事后惩罚，然而这是针对个案的事后处理。这种模式具有随机性和不确定性。

   因此，此次教育部直接规定，学校可对参与购买、代写学位论文的学生给予开除学籍等处分，方便了学校的"执法"，强化了论文造假的高压线。这样就切断了论文代写的市场供给，从源头上遏制了这一不良行为。

   不过，也有人说，论文代写是学生个人的学术不端行为，因此，不应当将相关责任归咎到学校头上，当然，学校可以加强管理和整治力度。只要学校对学生加强思想教育，加大对论文的抽检力度和惩罚力度，那么论文代写现象将大幅减少，学术不端行为将彻底消失。

   禁止买卖论文，不是一次"茶杯里的风暴"，而是涉及中国科技进步、大国崛起的重要议题。只有政府、学校等相关各方共同加强监管，畸形论文代写才有可能被真正遏止。

57. 论说文：根据下述材料，写一篇 700 字左右的论说文，题目自拟。

   2020 年 5 月，北京海淀法院公布了一起案件，涉及国内两大知名短视频平台。其中一家平台 A 起诉另一家平台 B，通过人为影响搜索结果，导致用户搜索 A，结果排位最高的却是 B。而就在今年 3 月，平台 B 已就平台 A 同样使用该手段，向法院提起了三起诉讼，起诉其构成不正当竞争。

全真模拟8套卷（八）答案及解析

一、问题求解

1.【答案】 C

【考点】 浓度与配比问题

【解析】 先不取甲只用乙和丙的方式获得34%的食盐水：可见，需要2份36%和1份30%，最多可获得200+100＝300（g），还需要120 g，这样再取甲和丙两种120 g，要使甲取的最少，可设甲取 x g，丙取 y g，则有

$$x+y=120, \frac{x}{y}=\frac{34-30}{42-34},$$

所以 $x=40$.

2.【答案】 C

【考点】 分段付费问题

【解析】 设购买数量为 x kg，所付费用为 y 元，根据题意得 $y=\begin{cases} 2x, x \leqslant 1\,000, \\ 1.8x, 1\,000<x \leqslant 3\,000, \\ 5\,400+1.6(x-3\,000), x>3\,000. \end{cases}$
李先生第一次购买时付款1 500元，进行反推，推得落入第一区间中，则李先生第一次购买了750 kg；

在第二次购买时付款5 800元，推得落入第三区间，5 400+1.6(x-3 000)＝5 800，解得 x ＝ 3 250（kg），则总购买量为4 000 kg。

若一次购买，所付费用为5 400+1.6(4 000-3 000)＝7 000（元），节省了1 500+5 800-7 000＝300（元）. 此题选C.

3.【答案】 B

【考点】 多边形内角和、割补法

【解析】 所求为5个扇形的面积和，而扇形面积只与半径和圆心角有关，现在半径已知，则只需将圆心角相加，而圆心角之和即五边形内角和，所以，所求为 $\frac{(5-2) \times 180}{360} \times \pi \times 1^2 = \frac{3}{2}\pi$.

注意：n 边形的内角和为 $(n-2) \times 180°$.

4.【答案】 A

【考点】 不等式

【解析】 设公差为 d，则有 $a=b-d$，$c=b+d$，代入 $a^2+b^2+c^2=21$ 化简可得 $3b^2+2d^2=21$. 故当 $d=0$ 时，b 有最大值为 $\sqrt{7}$.

由于三角形任意两边之和大于第三边，故较小的两边之和大于最大边，即 $a+b>c$，可得 $b>2d$.

因此 $3b^2+2\left(\frac{b}{2}\right)^2>21$，解得 $b>\sqrt{6}$，

故实数 b 的取值范围是 $(\sqrt{6},\sqrt{7}]$.

故答案为 A.

5.【答案】 B

【考点】 相似

【解析】 因为 AC 是直径,所以 $\angle CPA = 90°$,由 AB 是切线,知 $CA \perp AB$,而 $PB \perp l$,得 $AC /\!/ PB$,则 $\angle CAP = \angle APB$,故 $\triangle APC \sim \triangle PBA$,因此 $\dfrac{AP}{AC} = \dfrac{BP}{AP}$,即 $\dfrac{x}{8} = \dfrac{y}{x}$,得 $y = \dfrac{1}{8}x^2$,则 $x - y = x - \dfrac{1}{8}x^2 = -\dfrac{1}{8}(x-4)^2 + 2$,因此当 $x = 4$ 时,$x - y$ 有最大值 2,故答案选 B.

6.【答案】 B

【考点】 线性规划

【解析】 设黄瓜和韭菜的种植面积分别为 x,y 亩,种植总利润为 z 万元.

由题意可知 $\begin{cases} x+y \leqslant 50, \\ 1.2x+0.9y \leqslant 54, \\ x \geqslant 0, y \geqslant 0, \end{cases}$

一年的种植总利润为 $z = 0.55 \times 4x + 0.3 \times 6y - 1.2x - 0.9y = x + 0.9y$.

作出约束条件如图阴影部分,

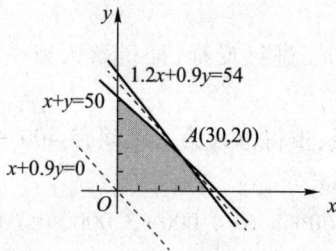

平移直线 $x + 0.9y = 0$,当过点 $A(30,20)$ 时,一年的种植总利润 z 取最大值.

故选 B.

7.【答案】 D

【考点】 公倍数

【解析】 2,3,5 的最小公倍数是 30,则下一次三项工作集中在同一天完成是在 30 天之后,而 $30 \div 7 = 4 \cdots\cdots 2$,余数是 2,故下次三项工作集中在同一天完成是在星期五.

综上所述,答案选择 D.

8.【答案】 A

【考点】 概率问题

【解析】 取出不放回,取五次,则总的方法数为 $N = 10 \times 9 \times 8 \times 7 \times 6$.

10 张钱币有 4 张假币,恰在第 5 次检查时查出所有假币,即前 4 次取出 1 张真币和 3 张假币,第 5 次必然取出的是假币,方法有 $N_1 = C_4^1 \cdot C_6^1 \cdot A_4^4$,则恰在第 5 次检查时查出所有假币的概率为 $P = \dfrac{N_1}{N} = \dfrac{2}{105}$.

9. 【答案】 C

【考点】 数列

【解析】 $a_{n+1}-a_n=4+2(n-1)=2n+2$,

由累加法可知 $a_n=a_1+4+6+\cdots+2n=\dfrac{(2+2n)\times n}{2}=n(n+1)$,

所以 $\dfrac{1}{a_n}=\dfrac{1}{n}-\dfrac{1}{n+1}$.

所以 $\dfrac{1}{a_1}+\dfrac{1}{a_2}+\cdots+\dfrac{1}{a_n}=\left(1-\dfrac{1}{2}\right)+\left(\dfrac{1}{2}-\dfrac{1}{3}\right)+\cdots+\left(\dfrac{1}{n}-\dfrac{1}{n+1}\right)=1-\dfrac{1}{n+1}$.

所以 $\left[\dfrac{1}{a_1}+\dfrac{1}{a_2}+\cdots+\dfrac{1}{a_{2\,018}}\right]=\left[1-\dfrac{1}{2\,019}\right]=0$.

综上所述,答案选择 C.

10. 【答案】 B

【考点】 排列组合问题

【解析】 8 个座位中要安排 5 人入座,有 3 个空位,要求每个空位两边均有人,解题步骤如下:

（1）安排三个空位,只有一种方法;

（2）从 5 个人中选 2 人进行捆绑成为一个整体,有 A_5^2 种方法;

（3）与剩余 3 人看作 4 个元素插入到三个空位形成的四个空隙中,有 A_4^4 种方法.

则总的方法数为 $N=A_5^2A_4^4=480$.

11. 【答案】 A

【考点】 数列

【解析】 因为 $a_n=|n-13|=\begin{cases}n-13, & n\geqslant 13,\\ 13-n, & 1\leqslant n<13,\end{cases}$ 所以若 $k\geqslant 13$,则 $a_k=k-13$,有 $a_k+a_{k+1}+\cdots+$

$a_{k+19}=\dfrac{k-13+k-13+19}{2}\times 20=102$,与 $k\in\mathbf{N}^*$ 矛盾,因此 $1\leqslant k<13$. 则

$$a_k+a_{k+1}+\cdots+a_{k+19}=(13-k)+(12-k)+\cdots+0+1+\cdots+(k+6)$$

$$=\dfrac{13-k}{2}\times(14-k)+\dfrac{7+k}{2}\times(k+6)=102,$$

解得 $k=2$ 或 $k=5$,满足 $a_k+a_{k+1}+\cdots+a_{k+19}$ 的整数 k 的个数为 2.

综上所述,答案选择 A.

12. 【答案】 B

【考点】 待定系数法

【解析】 由已知得 $1\leqslant a-b\leqslant 2,2\leqslant a+b\leqslant 5$.

设 $f(-3)=9a-3b=m(a+b)+n(a-b)$,则 $\begin{cases}m+n=9,\\ m-n=-3,\end{cases}$ 求得 $\begin{cases}m=3,\\ n=6,\end{cases}$

因此 $f(-3)=6\cdot f(-1)+3\cdot f(1)$,则 $12\leqslant f(-3)\leqslant 27$,

所以 $f(-3)$ 的取值范围是 $[12,27]$. 故答案选 B.

13.【答案】 E

【考点】 空间几何体问题

【解析】 设圆柱体的高为 h,底面半径为 r;正方体的高也为 h,根据题意,它们的侧面积相等,则 $S_{圆侧} = 2\pi rh = S_{正侧} = 4h^2 \Rightarrow \dfrac{r}{h} = \dfrac{2}{\pi}$,那么它们的体积之比为 $\dfrac{V_{圆柱}}{V_{正方体}} = \dfrac{\pi r^2 h}{h^3} = \dfrac{\pi r^2}{h^2} = \pi \cdot \dfrac{4}{\pi^2} = \dfrac{4}{\pi}$.

14.【答案】 A

【考点】 等差数列

【解析】 等差数列 $\{a_n\}$ 的前 n 项和为 S_n,$a_1 = 4$,$S_5 \geq S_4 \geq S_6$,则

$$\begin{cases} S_5 \geq S_4, \\ S_4 \geq S_6, \end{cases} 即 \begin{cases} 5a_1 + \dfrac{5\times 4}{2}d \geq 4a_1 + \dfrac{4\times 3}{2}d, \\ 4a_1 + \dfrac{4\times 3}{2}d \geq 6a_1 + \dfrac{6\times 5}{2}d, \end{cases}$$

所以 $\begin{cases} 4 \geq -4d, \\ -8 \geq 9d, \end{cases}$ 解得 $-1 \leq d \leq -\dfrac{8}{9}$.

因此公差 d 的取值范围是 $\left[-1, -\dfrac{8}{9}\right]$.

故选 A.

15.【答案】 A

【考点】 古典概率

【解析】 由 $1,2,3$ 组成的三位自然数为 $123,132,213,231,312,321$,共 6 个;

同理由 $1,2,4$ 组成的三位自然数共 6 个;

由 $1,3,4$ 组成的三位自然数也是 6 个;

由 $2,3,4$ 组成的三位自然数也是 6 个.

所以共有 $6+6+6+6 = 24$(个).

由 $1,2,3$ 组成的三位自然数,共 6 个"有缘数".

由 $1,3,4$ 组成的三位自然数,共 6 个"有缘数".

所以三位数为"有缘数"的概率 $P = \dfrac{12}{24} = \dfrac{1}{2}$.

二、条件充分性判断

16.【答案】 B

【考点】 二次函数

【解析】 设 $t = 2^x$,因为 $2^x > 0$,所以 $t > 0$,原题转换为求方程 $t^2 + at + a + 1 = 0$ 在 $(0, +\infty)$ 上有解.

共有两种情况,一种是有两个根,一种是只有一个根(如图所示),由二次函数 $y = t^2 + at + a + 1$ 的图像和性质,得方程 $t^2 + at + a + 1 = 0$ 在 $(0, +\infty)$ 上有实数解的充要条件为:

$$\begin{cases} \Delta = a^2 - 4(a+1) \geq 0, \\ -\dfrac{a}{2} > 0, \\ f(0) = a+1 > 0 \end{cases} 或 \begin{cases} \Delta = a^2 - 4(a+1) > 0, \\ f(0) = a+1 \leq 0. \end{cases} 注意两组不等式分别对应两个图,$$

解得 $-1<a\leqslant 2-2\sqrt{2}$ 或 $a\leqslant -1$，即 $a\leqslant 2-2\sqrt{2}$，

所以 a 的取值范围是 $(-\infty, 2-2\sqrt{2}]$. 故答案选 B.

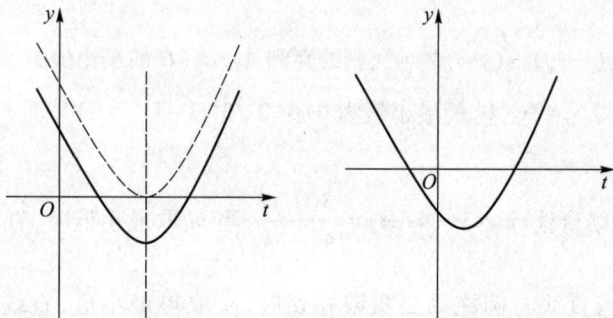

17. 【答案】 A

【考点】 独立事件问题

【解析】 甲、乙两名跳高运动员试跳某高度的成功率分别为 0.7 和 0.6.

在条件 (1) 中，甲、乙两人各试跳一次，至少有一人成功的对立面为两人都失败，两人都失败的概率为 $P_1=0.3\times 0.4=0.12$. 至少有一人成功的概率为 $P=1-P_1=0.88$. 条件 (1) 是充分的.

在条件 (2) 中，甲试跳三次，第三次才成功的概率为 $P=(1-0.7)^2\times 0.7=0.063$. 条件 (2) 不充分.

18. 【答案】 D

【考点】 方程组

【解析】 (1) $c=4a-b\Rightarrow a+b+c=a+b+4a-b=5a=50\Rightarrow a=10$，所以条件 (1) 充分.

(2) $b+c=4a\Rightarrow a+b+c=5a=50\Rightarrow a=10$，所以条件 (2) 充分.

综上所述，答案选择 D.

19. 【答案】 C

【考点】 二次函数

【解析】 对于条件 (1)，当 $a+b+c=1$ 时，可举反例 $a=b=c=\dfrac{1}{3}$，所以条件 (1) 不充分. 对于条件 (2)，方程 $ax^2+bx+c=0$ 有实根，可举反例 $a=1,b=2,c=1$，所以条件 (2) 不充分.

考虑联合条件 (1) 和条件 (2)，则有 $\begin{cases}a+b+c=1,\\ \Delta=b^2-4ac\geqslant 0.\end{cases}$

利用反证法，假设 $\min\{a,b,c\}\geqslant \dfrac{1}{4}$.

由于 a,c 在不等式组中地位对称，不妨设 $a\geqslant c$，则由 $b^2-4ac\geqslant 0$，$a,b,c\in \mathbf{R}^+$ 可得 $b^2\geqslant 4c^2$，即 $b\geqslant 2c>c$. 由 $\min\{a,b,c\}\geqslant \dfrac{1}{4}$，可知 $c\geqslant \dfrac{1}{4}$，则 $a+b+c>4c>1$ 与 $a+b+c=1$ 矛盾，故假设不成立，

$\min\{a,b,c\}<\dfrac{1}{4}$.

20.【答案】 D

【考点】 最值问题

【解析】 $3x-4y+b \geq 0$ 恒成立,也就是 $3x-4y \geq -b$ 恒成立,即 $m=3x-4y$ 的最小值大于等于 $-b$.

方法一:已知圆 $O:(x-x_0)^2+(y-y_0)^2=r^2$,则线性和 $Ax+By+C$ 的最小值为 $Ax_0+By_0+C-r\sqrt{A^2+B^2}$,得 $m=3x-4y$ 的最小值为 $0+0-2\sqrt{3^2+(-4)^2}=-10$,所以 $-10 \geq -b$,即 $b \geq 10$.

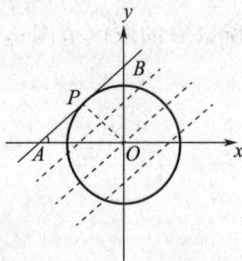

方法二:利用数形结合法,$m=3x-4y \Rightarrow y=\dfrac{3}{4}x-\dfrac{m}{4}$,当 m 取最小值时,直线在 y 轴上的截距取得最大值,如图所示,当直线与圆在第二象限相切时,m 取得最小值,直线斜率为 $\dfrac{3}{4}$,即 $\tan\theta=\dfrac{3}{4}$,半径 $r=2$,则 $\dfrac{PB}{OP}=\dfrac{3}{4}$,$PB=\dfrac{3}{2}$,$OB=\sqrt{OP^2+PB^2}=\dfrac{5}{2}=-\dfrac{m}{4} \Rightarrow m=-10$,所以 $-10 \geq -b$,$b \geq 10$,当只有上半个圆时同样充分.

综上所述,答案选择 D.

21.【答案】 C

【考点】 均值不等式

【解析】 单独考虑条件(1),可以取反例 $x=y=0$,单独考虑条件(2),取反例 $x=1,y=2$,所以考虑条件(1)和条件(2)联合.

由已知得 $x+y=(x+y)^2-xy$,即 $xy=(x+y)^2-(x+y)$ ①.

因为 $x \neq y$,所以由基本不等式可得 $xy<\left(\dfrac{x+y}{2}\right)^2$,代入①式得 $\left(\dfrac{x+y}{2}\right)^2>(x+y)^2-(x+y)$,解得 $0<x+y<\dfrac{4}{3}$.

因为 $x>0,y>0$,所以 $xy>0$,由①式得 $(x+y)^2-(x+y)>0$,所以 $x+y>1$.

综上得 $1<x+y<\dfrac{4}{3}$.所以选 C.

22.【答案】 C

【考点】 百分率问题

【解析】 设甲班学生 x 人,乙班学生 y 人,丙班学生 z 人,条件(1)和条件(2)显然单独不充分,联合后 $\begin{cases} y=0.5z+40, \\ x=0.8y-30, \\ x+y+z=80, \end{cases}$ 解得 $\begin{cases} x=10, \\ y=50, \\ z=20, \end{cases}$ 可以判断乙班人数最多,甲班人数最少.选 C.

23.【答案】 A

【考点】 三角形

【解析】 三角形的面积 $S=\dfrac{1}{2}ab\sin C$,所以

$$S_{\triangle CEF} = \frac{1}{2} \cdot CE \cdot CF \cdot \sin \angle ECF.$$

由条件(1)，$S_{\triangle ABC} = \frac{1}{2} \cdot AC \cdot BC \cdot \sin \angle ACB = 100$，又 $AC = CF$，$BC = CE$，$\angle ACB + \angle ECF =$ 180°，$\sin \angle ECF = \sin \angle ACB$，所以 $S_{\triangle CEF} = S_{\triangle ABC} = 100$，条件(1)充分.

条件(2)无法推出结论，故条件(2)不充分.

综上所述，答案选择 A.

24.【答案】 D

【考点】 函数图像

【解析】 条件(1)由题意得 $\frac{\sqrt{2}}{2} = \left(\frac{1}{2}\right)^a$，所以 $a = \frac{1}{2}$，$\log_a 2 = -1$ 充分. 条件(2)将点 $\left(\frac{1}{2}, \frac{\sqrt{2}}{2}\right)$ 代

入 $y = a^x$ 得到 $\frac{\sqrt{2}}{2} = a^{\frac{1}{2}}$，所以 $a = \frac{1}{2}$，$\log_a 2 = -1$，也充分，所以选 D.

25.【答案】 B

【考点】 乘法公式

【解析】 条件(1)：
$$\begin{aligned}
a^3 - a^2 b + ab^2 + ac^2 - b^3 - bc^2 &= (a^3 - b^3) - (a^2 b - ab^2) + (ac^2 - bc^2) \\
&= (a-b)(a^2 + ab + b^2) - ab(a-b) + c^2(a-b) \\
&= (a-b)(a^2 + b^2 + c^2) = 0,
\end{aligned}$$

所以 $a = b$ 或 $a = b = c = 0$(舍)，故条件(1)不充分.

条件(2)：$2(a^4 + b^4 + c^4 - a^2 b^2 - b^2 c^2 - a^2 c^2)$
$$\begin{aligned}
&= (a^4 - 2a^2 b^2 + b^4) + (a^4 - 2a^2 c^2 + c^4) + (b^4 - 2b^2 c^2 + c^4) \\
&= (a^2 - b^2)^2 + (a^2 - c^2)^2 + (b^2 - c^2)^2 = 0,
\end{aligned}$$

所以 $a^2 = b^2 = c^2$，又 a, b, c 为三角形的三边，故 $a = b = c$，条件(2)充分.

综上所述，答案选择 B.

三、逻辑推理

26.【答案】 D

【考点】 假言命题 联言、选言命题

【命题方向】 形式逻辑 正推题型

【解析】 题干信息：

(1) 线上∧线下→推动优化升级；

(2) 推动优化升级→价格合理∧售后保障。

传递可得：

(3) 线上∧线下→推动优化升级→价格合理∧售后保障 = ¬价格合理∨¬售后保障→¬线上∨¬线下。

D 选项：由"¬售后保障"可得：¬线上∨¬线下，结合"线上"可推知：¬线下，正确。

故正确答案为 D 选项。

27.【答案】 D

【考点】 两大论证形式

【命题方向】 论证推理 削弱、质疑、反驳

【解析】 论据:该节目收视率比同类节目高 2%;

结论:节目达到了当前同类节目的最高水准。

D 选项:割裂关系,表明节目的水准和收视率无必然关联,由论据推不出结论,可以削弱;

A 选项:无法削弱,嘉宾的评价与节目的水准无必然联系,排除;

B 选项:无法削弱,只是表明观众喜欢看电视综艺节目,观众是否喜欢这个节目和节目的水准无必然的联系,排除;

C 选项:无法削弱,微博评论与节目的水准无必然联系,无法削弱,排除;

E 选项:干扰选项,虽然不是唯一标准,但也可能是一个相当重要的标准,所以题干论证可能仍然成立,无法削弱。

故正确答案为 D 选项。

28.【答案】 C

【考点】 两大论证形式

【命题方向】 论证推理 支持、加强

【解析】 研究人员观点:蜱虫叮咬了 HIV 感染者再叮咬下一位时不会传播 HIV 病毒。

C 选项:补充论据支持,表明蜱虫吸血叮咬是单向的,即使上一位宿主是 HIV 感染者,也不会将病毒传播给下一位,支持了研究人员的观点;

A 选项:力度较弱,不都=有的不,范围不确定,排除;

B 选项:力度较弱,不一定、有些,可能程度、范围不确定,排除;

D 选项:无关选项,题干的论证是建立在上一位叮咬者是 HIV 感染者的基础上,排除;

E 选项:他因削弱,表明由于吸血的双向性,确实会传播 HIV 病毒,排除。

故正确答案为 C 选项。

29.【答案】 E

【考点】 排除法

【命题方向】 综合推理 排序

【解析】 由(3)可知,乙和丙的位置无法确定,排除 C、D 选项;丁和戊的位置也无法确定,排除 A、B 选项。

故正确答案为 E 选项。

30.【答案】 D

【考点】 概念

【命题方向】 形式逻辑 结构相似

【解析】 题干推理过程为:名山→全国各地,黄山→名山,所以,黄山→全国各地。其中第一个"名山"是集合概念,表明所有名山整体具有分布于全国各地的特征;第二个"名山"是非集合

概念,具体指明黄山这一座山,所以前后两个"名山"含义不同,属于集合概念与非集合概念偷换的错误。

A 选项:推不出,父母酗酒→孩子自卑,由"刘大宝内心自卑"无法推出"刘大宝的父母酗酒",属于"推不出"的漏洞,与题干漏洞不相似,排除;

B 选项:充分必要条件误用,兴国→教育,"教育"是必要条件,不是"充分条件",由"教育"无法推出"兴国",与题干漏洞不相似,排除;

C 选项:推不出,北京→人才中心,由"李大宝不在北京"无法推出"李大宝不是人才",属于"推不出"的漏洞,与题干漏洞不相似;

D 选项:集合概念与非集合概念偷换,独生子女→娇生惯养,他→独生子女,所以他→娇生惯养,其中第一个"独生子女"是集合概念,表明独生子女这个整体具有娇生惯养的特点,第二个"独生子女"是非集合概念,具体指"他"这一个个体,属于集合概念与非集合概念偷换的漏洞,与题干逻辑错误相似,正确;

E 选项:偷换概念(A≠A),第一个"学习"是指学习的时间段,第二个"学习"是指学习的动作或状态,二者意思不一样,属于偷换概念的逻辑漏洞,与题干漏洞不相似,排除。

故正确答案为 D 选项。

31.【答案】 B

【考点】 两大论证形式

【命题方向】 论证推理 假设、前提

【解析】 论据:伽利略只能在思维中撇开空气阻力的因素,设想真空中的落体运动;

结论:得出自由落体定律。

B 选项:建立联系,如果 B 选项不成立,伽利略的思维实验不符合真空状态的运动规律,还存在空气垂直阻力、不定向风等其他因素,那么题干的论证就无法成立,说明这是必须要假设的,正确;

A 选项:假设过强,"当时的人们都"范围过大,排除;

C、D、E 选项:无关选项,"现实实验""设想了各种可能性""亚里士多德"均与题干论证无关,排除。

故正确答案为 B 选项。

32.【答案】 E

【考点】 两大论证形式

【命题方向】 论证推理 削弱、质疑、反驳

【解析】 论据:极端高温天气所导致的死亡人数是上一年同期的 4 倍;

结论:人类活动排放大量温室气体所致。

E 选项,指出他因,并不是因为全球变暖导致更多人死亡,而是由于空调安装费用和电价高导致更多人死亡;

A 选项:无关选项,未涉及题干的因果关系,排除;

B 选项:力度较弱,不必然＝可能不,排除;

C 选项:力度较弱,P 国和 Q 国这两个国家是否具有代表性呢？未知,排除;

D 选项:无关选项,题干中未涉及极端低温、自然灾害等信息,排除。

故正确答案为 E 选项。

33.【答案】 C

【考点】 两大论证形式

【命题方向】 论证推理 削弱、质疑、反驳

【解析】 论据:对退伍老兵的尿液未检测出异常;

结论:"海湾战争综合征"与贫铀弹无关。

C 选项:新增反面论据削弱,表明虽然目前还没有发现贫铀弹带来的负面影响,但退伍老兵的后代表现出了与其他人的差异,说明贫铀弹对人类的健康还是有影响,可以削弱;

A 选项:主语错误,题干论证与"没有参与海湾战争的人"无关,排除;

B 选项:无关选项,题干论证与"致力于解决贫铀弹的放射性问题"无关,排除;

D 选项:力度较弱,"某地居民"范围较小,而且该"声称"是否属实呢？未知,无法削弱;

E 选项:无关选项,排除。

故正确答案为 C 选项。

34.【答案】 C

【考点】 稳赢分析法

【命题方向】 综合推理 数字相关

【解析】 题干信息:(1) 周:≤200 万,(2) 吴:≤100 万,(3) 郑:>250 万,(4) 王:<300 万。

A 选项:(3)(4)两真,不符合题干信息,排除;

B 选项:(1)(4)两真,不符合题干信息,排除;

C 选项:(4)一真,符合题干信息,正确;

D 选项:(1)(2)(4)三真,不符合题干信息,排除;

E 选项:如果郑部长猜对了,假设业绩在 250 万~300 万之间,那么王部长也猜对了,不符合题干信息,排除。

故正确答案为 C 选项。

35.【答案】 A

【考点】 两大论证形式

【命题方向】 论证推理 假设、前提

【解析】 因:骑摩托车的骑手佩戴头盔可以节省纳税人的钱;

果:骑马的骑手也应佩戴头盔。

A 选项:建立联系,如果 A 选项不成立,因骑马而发生的事故所导致的头部损伤上的医疗费用不是税收支出的一部分,那么就根本不会节省纳税人的钱了,题干的推理也就不成立了。

故正确答案为 A 选项。

36.【答案】 D

【考点】 论证评价

【命题方向】 论证推理 论证方式及漏洞

【解析】 仁达医院以白内障手术成功率高而著称,这是仁达医院整体所具备的特点;刘大宝

以治青光眼疾病而著称,这是刘大宝个体所具备的特点。题干的结论错误地要求整体所具备的特点个体也要具备,这就是题干论证的漏洞:整体具有的特点部分不一定具有。

　　故正确答案为 D 选项。

37.【答案】　A

　　【考点】　稳赢分析法

　　【命题方向】　综合推理　数字相关

　　【解析】　根据题干的条件,第 1 列已经有"冬"和"秋",所以不可能是"冬",也不可能是"秋",排除 B、C、D 选项。如果是"夏",那么第 1 列最后一行是"春",与第 3 列最后一行矛盾,所以只能是"春"。

　　故正确答案为 A 选项。

38.【答案】　B

　　【考点】　论证评价

　　【命题方向】　论证推理　论证方式及漏洞

　　【解析】　题干论证认为大部分的塑料被海洋生物吃掉了,所以消失了。

　　要评价这一因果关系是否成立,就要探讨是否存在其他使海洋中的塑料消失的方法。如果存在,那么题干中的因果关系不一定成立;如果不存在,那么题干中的因果关系成立。

　　故正确答案为 B 选项。

39.【答案】　A

　　【考点】　论证评价

　　【命题方向】　论证推理　解释

　　【解析】　需解释的现象:喂食比标准食物量少的实验老鼠寿命较长。

　　A 选项:无法解释,需解释的对象并不涉及"维生素",排除;

　　B 选项:可以解释,喂食量少,新陈代谢速度慢,消耗少,所以寿命长;

　　C 选项:可以解释,喂食量少延缓了荷尔蒙系统的衰老进程,所以寿命长;

　　D 选项:可以解释,喂食量少的老鼠细胞寿命长,动物是由细胞构成的,细胞寿命长使老鼠寿命长;

　　E 选项:可以解释,喂食量少的老鼠可以免受一些常见疾病的侵扰,患病少,所以寿命长。

　　故正确答案为 A 选项。

40.【答案】　B

　　【考点】　稳赢分析法

　　【命题方向】　综合推理　匹配

　　【解析】　谭大宝只知道是 15 个项目中的一个,但不知道是哪支代表队获得了这个项目的奖牌,说明谭大宝知道的项目是有重复的,排除第 2、6、7、8、11、13 项;

　　柴大宝知道代表队的名称,排除了上面 6 个项目之后就可以确定是哪支代表队,说明该队在排除了这 6 个项目后只获得了一个项目的奖牌,只有乙队符合这个特征。

　　故正确答案为 B 选项。

41.【答案】　C

　　【考点】　稳赢分析法

第一步：无真假	(1) 甲:戊→甲＝¬戊∨甲;(2) 乙:甲∨丁; (3) 丙:¬戊→乙＝戊∨乙;(4) 丁:¬乙→丁∨戊＝乙∨丁∨戊; 未出现矛盾或反对关系,转换思路,进行假设+归谬
第二步：假设归谬	若"甲"为真,则(1)(2)都真,与题干信息矛盾,故真实情况为:¬甲; 若"乙"为真,则(3)(4)都真,与题干信息矛盾,故真实情况为:¬乙; 若"丁"为真,则(2)(4)都真,与题干信息矛盾,故真实情况为:¬丁; 若"戊"为真,则(3)(4)都真,与题干信息矛盾,故真实情况为:¬戊
第三步：选出答案	由 5 人中有人捐款,捐款的人不是甲、不是乙、不是丁、不是戊,所以捐款的人是丙。 故正确答案为 C 选项。

42.【答案】 C

【考点】 确定信息推理

【命题方向】 综合推理 排序

【解析】 题干信息:(1) 赤:1 或 7;(2) 赤1→青6;(3) 橙2→蓝3∧绿5;(4) ¬橙2→青4∧紫5。(5) 黄7。

由黄7,结合(1)可得:赤1,结合(2)可得:青6,结合(4)可得:橙2,结合(3)可得:蓝3,绿5。最后剩下的紫在4。所以最终次序为:赤橙蓝紫绿青黄。

故正确答案为 C 选项。

43.【答案】 D

【考点】 确定信息推理

【命题方向】 综合推理 排序

【解析】 (6) 紫1。

结合(1)可得:赤7,结合(4)可得:橙2,结合(3)可得:蓝3,绿5。其他位置无法推知,最终次序为:

紫橙蓝×绿×赤。蓝之前只与紫和橙,不可能有青。

故正确答案为 D 选项。

44.【答案】 A

【考点】 假言命题 联言、选言命题

【命题方向】 形式逻辑 正推题型

【解析】 题干信息:

(1) ¬P∧¬Q;

(2) ¬A∧¬Q→P。

对(2)逆否:¬P→A∨Q,根据(1)又知"Q"没有出现,那么只能"A"出现。

故正确答案为 A 选项。

45.【答案】 D

【考点】 稳赢分析法

【命题方向】 综合推理 分组

【解析】 由(5)结合(1)可知,如果乙班收到糖炒板栗,那么甲班也会收到糖炒板栗,与(1)只有一个班收到糖炒板栗矛盾,所以乙班没有收到糖炒板栗。结合(2)逆否可得:乙班没有收到梅花糕。

结合(3)可知,丙班收到糖炒板栗,结合(1)可知,甲班没有收到糖炒板栗,丙班没有收到小鱼锅贴。

因为每个班收到3种小吃,如果乙班没有收到糖藕,结合(4)可知,乙班也没有收到酥烧饼,此时乙班没收到的小吃有4种,与需要收到3种小吃矛盾,所以乙班一定收到糖藕,结合(5)可得:甲班也会收到糖藕。

故正确答案为D选项。

46. 【答案】 A

【考点】 确定信息推理

【命题方向】 综合推理 分组

【解析】 由⑤在第二天完成,结合(2)可知,④也在第二天,此时第二天不能再做其他事情,排除C选项。结合(3)(4)分别逆否可得:③不在第一天,所以在第三天,排除B选项。⑥不在第三天,所以在第一天,排除D选项和E选项。

故正确答案为A选项。

47. 【答案】 D

【考点】 确定信息推理

【命题方向】 综合推理 分组

【解析】 由①和③在同一天,结合(3)可知,这两件事不在第一天。

如果①和③在第二天,那么结合(4)可得:⑥在第一天,④和⑤在第三天,②在第一天。

如果①和③在第三天,④⑤和②⑥可能分别在第一天或第二天中的某一天。

综合上述两种情况,⑥在第一天或第二天,D选项一定为真。

故正确答案为D选项。

48. 【答案】 B

【考点】 两大论证形式

【命题方向】 论证推理 支持加强

【解析】 论据:阅读纸质书籍比电子书籍正确率高,深呼吸次数多。

结论:阅读电子书籍导致理解能力下降。

A选项:无关选项,纸质笔记与题干中的阅读书籍无关,排除;

B选项:建立联系,表明阅读电子书籍时,深呼吸次数少,确实会导致阅读能力下降,正确;

C选项:相关性弱,只提及电子图书与深呼吸次数的关系,并未涉及理解能力,排除;

D选项:无关选项,题干论证与其他电子设备的使用无关,排除;

E选项:相关性弱,呼吸与认知功能之间的关系不明确,排除。

故正确答案为B选项。

49. 【答案】 C

【考点】 两大论证形式

【命题方向】 论证推理 支持加强

【解析】 反对者观点:不应该开采海洋中的多金属结核。

A 选项:支持反对者,表明不应该开采海洋;

B 选项:支持反对者,表明不应该开采海洋;

C 选项:无关选项,并未表明是否应该开采海洋;

D 选项:支持反对者,表明不应该开采海洋;

E 选项:支持反对者,表明不应该开采海洋。

故正确答案为 C 选项。

50.【答案】 E

【考点】 稳赢分析法

【命题方向】 综合推理 分组

【解析】 由条件(1),墨竹也要在工程部,所以选项 C 错误;此时,工程部的两幅已经明确,所以选项 B 错误;既然奔马不在工程部,由条件(4)知选项 A 错误;飞鹰也不能在工程部,由条件(3)知猛虎不能在财务部,所以选项 D 错误。

故正确答案为 E 选项。

51.【答案】 B

【考点】 稳赢分析法

【命题方向】 综合推理 匹配

【解析】 观察张和王两个人的答题情况,除了3、5、9三道题答案不同之外,其他7道题都一样,但是两人的得分相差10分,说明这三道题中张答对了2道,王答对了1道,剩下的7道题两人各答错了1道。

观察张和赵的答题情况,两人3、5、9三道题答案相同,但是赵只得了20分,说明赵答对的两道就在3、5、9三道题之中,那么剩下的7道题都答错了。

由上可知,目前可推出的答案为以下情况:

题号	1	2	3	4	5	6	7	8	9	10
答案	✓	✗		✓		✗	✓	✗		✓

故正确答案为 B 选项。

52.【答案】 D

【考点】 稳赢分析法

【命题方向】 综合推理 匹配

【解析】 根据目前已知的题目答案以及李同学的答题情况,2、4、6、8四道题都答对了,得分为40分,说明其他题目都答错了,由此可知题目的答案为:

题号	1	2	3	4	5	6	7	8	9	10
答案	✓	✗	✗	✓	✓	✗	✓	✗	✗	✓

故正确答案为 D 选项。

53.【答案】 A

【考点】 直言命题 模态命题

【命题方向】 形式逻辑 加分题型

【解析】 题干信息:逆耳的未必都是忠言。

未必都=不必然都=可能不都=可能有的不=有的可能不。

故正确答案为 A 选项。

54.【答案】 A

【考点】 稳赢分析法

【命题方向】 综合推理 综合题组（排序）

【解析】 由(1)可知,达达不在 2 号位,也不在 1 号位;3 号位穿绿色衣服,而达达左边紧邻的小朋友穿蓝色衣服,可知达达不在 4 号位。所以达达只能在 3 号位或 5 号位。

由(2)可知花花在 1 号位或 5 号位。如果花花在 5 号位,那么达达在 3 号位,此时条件(5)中的小朋友组合无处安放,与题干信息矛盾。所以花花在 1 号位。

故正确答案为 A 选项。

55.【答案】 D

【考点】 稳赢分析法

【命题方向】 综合推理 综合题组（排序）

【解析】 花花不在 2 号位,由(1)可知,达达不在 2 号位,由(5)可知,迪迪也不在 2 号位。那么,只有豆豆和兰兰有可能在 2 号位。

如果兰兰在 2 号位,那么根据(5),1 号位是黄色衣服,2 号位是兰兰,3 号位是迪迪,再根据(1)可知,4 号位是豆豆穿蓝色衣服,5 号位是达达,结合(4)可知豆豆与穿银色衣服的小朋友相邻,3 号位是绿色衣服不是银色衣服,那么只能 5 号位是银色衣服。此时,达达穿银色衣服与条件(1)矛盾。所以兰兰不会在 2 号位。

可以确定豆豆在 2 号位,1 号位是花花穿银色衣服,2 号位是豆豆穿黄色衣服,3 号位是兰兰穿绿色衣服,4 号位是迪迪穿蓝色衣服,5 号位是达达穿红色衣服。

故正确答案为 D 选项。

四、写作

56.论证有效性分析

【参考答案】

1. 推断不出:网上代写论文的链接和广告减少并不意味着实际交易就减少,其一,除了网络上搜索,还有其他方式。此外,论文交易还有线下市场,不能说交易已被有效阻断。

2. 条件不充分:除了原创性结论,合格论文还有语言准确、资料充分、论证合理、逻辑严密等其他基本要求。

3. 混淆概念/推断不出:论文抄袭与论文代写是两种行为。代写可以是抄袭,也可能是枪手原创。即使技术能够杜绝抄袭,还是没有解决原创代写。

4. 自相矛盾:前文说"代写论文的实际交易量直线下降,相关部门的举措已卓有成效""论文买卖已被有效阻断",而此处却认为"科技部和教育部的举措尚未真正阻断这个黑色产业链"。

5. 推断不出:学校处理代写论文的学生未必能切断代写论文市场供给。因为在校生以外的其他主体也可能是论文代写的重要力量,仅遏制住在校生代写供给,还有其他社会人群。

6. 非此即彼:学生有责任,不意味着学校没有责任。

7. 推断不出/混淆概念:加强思想教育和抽检、惩罚力度,都有利于减少论文代写,但是否会大幅减少不得而知,更不能推断学术不端消失,这显然夸大了这些措施的作用。显然论文代写与学术不端概念不同,学术不端还包括诸多不良行为。

【参考范文】

论文买卖真的被有效阻断了吗?

作者认为网络代写论文问题已被有效治理,因此论文买卖已被有效阻断。然而其论证过程真的站得住脚吗?

首先,互联网中搜索结果、买卖链接和广告减少并不意味着代写论文交易减少。此推断明显不成立。其一,除了网络上搜索,还有其他方式。此外,论文交易还有线下市场,不能说交易已被有效阻断。并且,这与下文"尚未真正阻断这个黑色产业链"的观点自相矛盾。

其次,"对于研究问题形成了原创性结论"未必能推出"一篇合格的论文产生"。这忽视了其他条件。除了原创性结论,一篇合格的论文还应该符合语言准确、资料充分、论证合理、逻辑严密等其他基本要求。

再次,学校处理代写论文的学生未必能切断代写论文市场供给。因为在校生以外的其他主体也可能是论文代写的重要力量,仅遏制住在校生代写供给,还有其他社会人群。

最后,加强思想教育和抽检、惩罚力度等措施都有利于减少论文代写,但是否会产生大幅减少的效果不得而知,更不能过度地推断学术不端行为消失,这显然夸大了这些措施的作用。而且,显然论文代写与学术不端概念不同,学术不端还包括其他诸多不良学术行为。

综上所述,该论证存在诸多不足,不能有效支撑其"论文买卖真的被阻断"的论点。

57. 论说文

【参考范文】

企业竞争不能没有规矩

搜索自己公司名字,出来的第一条结果却是竞争对手,不正当竞争损害的不仅是各企业主体,更是广大的消费者群体。企业竞争不能没有规矩。

任何时候,"不作恶"是商业伦理的底线,营商环境压力再大,也不能成为企业"使坏"的理由。但如今,仍有一些商家,制造似是而非的信息,刻意抹黑对手,污染商业生态。恶性竞争会向整个社会扩散,最终通常会由消费者买单,伤及整个行业。

这种恶性竞争暴露了当前一些企业的发展短板和行业问题:首先,自主创新能力不足,缺乏核心技术,产品相互模仿,难以形成特色。由于无法获得消费者的青睐,便试图通过在竞争过程中动手脚来获得优势。而与此同时,企业又急功近利,不注重品牌积累,没有把消费者利益放在首位考虑。最后,不正当竞争的违法违规成本远低于其带来的收益,执法上的缺位给企业不正当竞争行为获利带来了空间。

市场经济、商业竞争,优胜劣汰,无可厚非。但须知,市场经济的竞争是自由竞争,却不是无序竞争,不是没有规则的竞争,不能脱离法律和道德的轨道恣意妄为。规则是企业生存的基础,一利百利,一损俱损,企业无序竞争,得到的是一时蝇头小利,失去的却是整个市场和长远发展。

　　企业要树立规则意识，在遵规守法的前提下开展经营，以履行正当竞争行为为当然的义务。同时，还应该树立责任意识，将自己的利益与公众利益、行业利益结合起来。此外，行业自律的同时，相关法律法规的约束也至关重要。同时，我国还应该不断完善反不正当竞争法和相关细则，完善案件处理仲裁机制，更好地维护合法企业正当权益。最后，第三方应用市场也应当承担相应责任，优化竞价审核机制，避免误导用户。

　　守护一个健康公平的市场环境，才有利于整个行业的生存和发展，也才会最终造福企业本身，这是必须明白的道理。

读者意见反馈

为收集对本书的意见建议,进一步完善本书编写并做好服务工作,读者可将对本书的意见建议通过如下渠道反馈至我社。

咨询电话　400-810-0598

反馈邮箱　gjdzfwb@pub.hep.cn

通信地址　北京市朝阳区惠新东街4号富盛大厦1座
　　　　　高等教育出版社总编辑办公室

邮政编码　100029

防伪查询说明

用户购书后刮开封底防伪涂层,使用手机微信等软件扫描二维码,会跳转至防伪查询网页,获得所购图书详细信息。

防伪客服电话　(010)58582300

56.

100

200

300

400

500

续56题作答

600

700

57.

100

200

300

56.

100

200

300

400

500

续56题作答

600

700

57.

100

200

300

56.

100

200

300

400

500

续56题作答

600

700

57.

100

200

300

56.

100

200

300

400

500

续56题作答

600

700

57.

100

200

300

56.

100

200

300

400

500

续56题作答

600

700

57.

100

200

300

56.

100

200

300

400

500

续56题作答

600

700

57.

100

200

300

56.

100

200

300

400

500

续56题作答

600

700

57.

100

200

300

56.

100

200

300

400

500

续56题作答

600

700

57.

100

200

300

续57题作答

400

500

600

700

800

全国硕士研究生招生考试管理类综合能力
试题答题卡（199）

报考单位

考生编号（左对齐）

[0]	[0]	[0]	[0]	[0]	[0]	[0]	[0]	[0]	[0]	[0]	[0]	[0]	[0]	[0]
[1]	[1]	[1]	[1]	[1]	[1]	[1]	[1]	[1]	[1]	[1]	[1]	[1]	[1]	[1]
[2]	[2]	[2]	[2]	[2]	[2]	[2]	[2]	[2]	[2]	[2]	[2]	[2]	[2]	[2]
[3]	[3]	[3]	[3]	[3]	[3]	[3]	[3]	[3]	[3]	[3]	[3]	[3]	[3]	[3]
[4]	[4]	[4]	[4]	[4]	[4]	[4]	[4]	[4]	[4]	[4]	[4]	[4]	[4]	[4]
[5]	[5]	[5]	[5]	[5]	[5]	[5]	[5]	[5]	[5]	[5]	[5]	[5]	[5]	[5]
[6]	[6]	[6]	[6]	[6]	[6]	[6]	[6]	[6]	[6]	[6]	[6]	[6]	[6]	[6]
[7]	[7]	[7]	[7]	[7]	[7]	[7]	[7]	[7]	[7]	[7]	[7]	[7]	[7]	[7]
[8]	[8]	[8]	[8]	[8]	[8]	[8]	[8]	[8]	[8]	[8]	[8]	[8]	[8]	[8]
[9]	[9]	[9]	[9]	[9]	[9]	[9]	[9]	[9]	[9]	[9]	[9]	[9]	[9]	[9]

考生姓名

注意事项

1. 填（书）写部分必须使用黑色字迹签字笔书写，字迹工整、笔迹清楚；涂写部分必须使用2B铅笔填涂。
2. 选择题的答案必须涂写在答题卡相应题号的选项上，非选择题的答案必须书写在答题卡指定位置的边框区域内。超出答题卡区域书写的答案无效；在草稿纸、试题册上答题无效。
3. 保持答题卡整洁、不要折叠。严禁在答题卡上做任何标记，否则按无效答卷处理。
4. 考生须把试题册上的"试卷条形码"粘贴条取下，粘贴在答题卡的"试卷条形码粘贴位置"框中。

正确填涂 ▬　　错误填涂 ◹ ⊗ ◿ ● ○ ▬

缺考标记　　缺考 ☐　　缺考考生信息由监考员填写，并用2B铅笔填涂缺考标记，加盖缺考章时，请勿遮盖信息点。

选 择 题 答 题 区 域

1. [A] [B] [C] [D] [E]　　16. [A] [B] [C] [D] [E]　　31. [A] [B] [C] [D] [E]　　46. [A] [B] [C] [D] [E]
2. [A] [B] [C] [D] [E]　　17. [A] [B] [C] [D] [E]　　32. [A] [B] [C] [D] [E]　　47. [A] [B] [C] [D] [E]
3. [A] [B] [C] [D] [E]　　18. [A] [B] [C] [D] [E]　　33. [A] [B] [C] [D] [E]　　48. [A] [B] [C] [D] [E]
4. [A] [B] [C] [D] [E]　　19. [A] [B] [C] [D] [E]　　34. [A] [B] [C] [D] [E]　　49. [A] [B] [C] [D] [E]
5. [A] [B] [C] [D] [E]　　20. [A] [B] [C] [D] [E]　　35. [A] [B] [C] [D] [E]　　50. [A] [B] [C] [D] [E]

6. [A] [B] [C] [D] [E]　　21. [A] [B] [C] [D] [E]　　36. [A] [B] [C] [D] [E]　　51. [A] [B] [C] [D] [E]
7. [A] [B] [C] [D] [E]　　22. [A] [B] [C] [D] [E]　　37. [A] [B] [C] [D] [E]　　52. [A] [B] [C] [D] [E]
8. [A] [B] [C] [D] [E]　　23. [A] [B] [C] [D] [E]　　38. [A] [B] [C] [D] [E]　　53. [A] [B] [C] [D] [E]
9. [A] [B] [C] [D] [E]　　24. [A] [B] [C] [D] [E]　　39. [A] [B] [C] [D] [E]　　54. [A] [B] [C] [D] [E]
10. [A] [B] [C] [D] [E]　　25. [A] [B] [C] [D] [E]　　40. [A] [B] [C] [D] [E]　　55. [A] [B] [C] [D] [E]

11. [A] [B] [C] [D] [E]　　26. [A] [B] [C] [D] [E]　　41. [A] [B] [C] [D] [E]
12. [A] [B] [C] [D] [E]　　27. [A] [B] [C] [D] [E]　　42. [A] [B] [C] [D] [E]
13. [A] [B] [C] [D] [E]　　28. [A] [B] [C] [D] [E]　　43. [A] [B] [C] [D] [E]
14. [A] [B] [C] [D] [E]　　29. [A] [B] [C] [D] [E]　　44. [A] [B] [C] [D] [E]
15. [A] [B] [C] [D] [E]　　30. [A] [B] [C] [D] [E]　　45. [A] [B] [C] [D] [E]

阴影部分请勿作答或做任何标记

续57题作答

400

500

600

700

800

全国硕士研究生招生考试管理类综合能力
试题答题卡（199）

选 择 题 答 题 区 域

1. [A] [B] [C] [D] [E]   16. [A] [B] [C] [D] [E]   31. [A] [B] [C] [D] [E]   46. [A] [B] [C] [D] [E]
2. [A] [B] [C] [D] [E]   17. [A] [B] [C] [D] [E]   32. [A] [B] [C] [D] [E]   47. [A] [B] [C] [D] [E]
3. [A] [B] [C] [D] [E]   18. [A] [B] [C] [D] [E]   33. [A] [B] [C] [D] [E]   48. [A] [B] [C] [D] [E]
4. [A] [B] [C] [D] [E]   19. [A] [B] [C] [D] [E]   34. [A] [B] [C] [D] [E]   49. [A] [B] [C] [D] [E]
5. [A] [B] [C] [D] [E]   20. [A] [B] [C] [D] [E]   35. [A] [B] [C] [D] [E]   50. [A] [B] [C] [D] [E]

6. [A] [B] [C] [D] [E]   21. [A] [B] [C] [D] [E]   36. [A] [B] [C] [D] [E]   51. [A] [B] [C] [D] [E]
7. [A] [B] [C] [D] [E]   22. [A] [B] [C] [D] [E]   37. [A] [B] [C] [D] [E]   52. [A] [B] [C] [D] [E]
8. [A] [B] [C] [D] [E]   23. [A] [B] [C] [D] [E]   38. [A] [B] [C] [D] [E]   53. [A] [B] [C] [D] [E]
9. [A] [B] [C] [D] [E]   24. [A] [B] [C] [D] [E]   39. [A] [B] [C] [D] [E]   54. [A] [B] [C] [D] [E]
10. [A] [B] [C] [D] [E]   25. [A] [B] [C] [D] [E]   40. [A] [B] [C] [D] [E]   55. [A] [B] [C] [D] [E]

11. [A] [B] [C] [D] [E]   26. [A] [B] [C] [D] [E]   41. [A] [B] [C] [D] [E]
12. [A] [B] [C] [D] [E]   27. [A] [B] [C] [D] [E]   42. [A] [B] [C] [D] [E]
13. [A] [B] [C] [D] [E]   28. [A] [B] [C] [D] [E]   43. [A] [B] [C] [D] [E]
14. [A] [B] [C] [D] [E]   29. [A] [B] [C] [D] [E]   44. [A] [B] [C] [D] [E]
15. [A] [B] [C] [D] [E]   30. [A] [B] [C] [D] [E]   45. [A] [B] [C] [D] [E]

阴影部分请勿作答或做任何标记

续57题作答

400

500

600

700

800

全国硕士研究生招生考试管理类综合能力
试题答题卡（199）

报 考 单 位

考生编号（左对齐）

[0]	[0]	[0]	[0]	[0]	[0]	[0]	[0]	[0]	[0]	[0]	[0]	[0]	[0]
[1]	[1]	[1]	[1]	[1]	[1]	[1]	[1]	[1]	[1]	[1]	[1]	[1]	[1]
[2]	[2]	[2]	[2]	[2]	[2]	[2]	[2]	[2]	[2]	[2]	[2]	[2]	[2]
[3]	[3]	[3]	[3]	[3]	[3]	[3]	[3]	[3]	[3]	[3]	[3]	[3]	[3]
[4]	[4]	[4]	[4]	[4]	[4]	[4]	[4]	[4]	[4]	[4]	[4]	[4]	[4]
[5]	[5]	[5]	[5]	[5]	[5]	[5]	[5]	[5]	[5]	[5]	[5]	[5]	[5]
[6]	[6]	[6]	[6]	[6]	[6]	[6]	[6]	[6]	[6]	[6]	[6]	[6]	[6]
[7]	[7]	[7]	[7]	[7]	[7]	[7]	[7]	[7]	[7]	[7]	[7]	[7]	[7]
[8]	[8]	[8]	[8]	[8]	[8]	[8]	[8]	[8]	[8]	[8]	[8]	[8]	[8]
[9]	[9]	[9]	[9]	[9]	[9]	[9]	[9]	[9]	[9]	[9]	[9]	[9]	[9]

考 生 姓 名

注意事项

1. 填（书）写部分必须使用黑色字迹签字笔书写，字迹工整、笔迹清楚；涂写部分必须使用2B铅笔填涂。
2. 选择题的答案必须涂写在答题卡相应题号的选项上，非选择题的答案必须书写在答题卡指定位置的边框区域内。超出答题卡区域书写的答案无效；在草稿纸、试题册上答题无效。
3. 保持答题卡整洁、不要折叠。严禁在答题卡上做任何标记，否则按无效答卷处理。
4. 考生须把试题册上的"试卷条形码"粘贴条取下，粘贴在答题卡的"试卷条形码粘贴位置"框中。

正确填涂 ▬ 错误填涂 ☑ ☒ ☐ ⬤ ⊙ ▭

缺考标记	缺考 ☐	缺考考生信息由监考员填写，并用2B铅笔填涂缺考标记，加盖缺考章时，请勿遮盖信息点。

选 择 题 答 题 区 域

1. [A] [B] [C] [D] [E]   16. [A] [B] [C] [D] [E]   31. [A] [B] [C] [D] [E]   46. [A] [B] [C] [D] [E]
2. [A] [B] [C] [D] [E]   17. [A] [B] [C] [D] [E]   32. [A] [B] [C] [D] [E]   47. [A] [B] [C] [D] [E]
3. [A] [B] [C] [D] [E]   18. [A] [B] [C] [D] [E]   33. [A] [B] [C] [D] [E]   48. [A] [B] [C] [D] [E]
4. [A] [B] [C] [D] [E]   19. [A] [B] [C] [D] [E]   34. [A] [B] [C] [D] [E]   49. [A] [B] [C] [D] [E]
5. [A] [B] [C] [D] [E]   20. [A] [B] [C] [D] [E]   35. [A] [B] [C] [D] [E]   50. [A] [B] [C] [D] [E]

6. [A] [B] [C] [D] [E]   21. [A] [B] [C] [D] [E]   36. [A] [B] [C] [D] [E]   51. [A] [B] [C] [D] [E]
7. [A] [B] [C] [D] [E]   22. [A] [B] [C] [D] [E]   37. [A] [B] [C] [D] [E]   52. [A] [B] [C] [D] [E]
8. [A] [B] [C] [D] [E]   23. [A] [B] [C] [D] [E]   38. [A] [B] [C] [D] [E]   53. [A] [B] [C] [D] [E]
9. [A] [B] [C] [D] [E]   24. [A] [B] [C] [D] [E]   39. [A] [B] [C] [D] [E]   54. [A] [B] [C] [D] [E]
10. [A] [B] [C] [D] [E]   25. [A] [B] [C] [D] [E]   40. [A] [B] [C] [D] [E]   55. [A] [B] [C] [D] [E]

11. [A] [B] [C] [D] [E]   26. [A] [B] [C] [D] [E]   41. [A] [B] [C] [D] [E]
12. [A] [B] [C] [D] [E]   27. [A] [B] [C] [D] [E]   42. [A] [B] [C] [D] [E]
13. [A] [B] [C] [D] [E]   28. [A] [B] [C] [D] [E]   43. [A] [B] [C] [D] [E]
14. [A] [B] [C] [D] [E]   29. [A] [B] [C] [D] [E]   44. [A] [B] [C] [D] [E]
15. [A] [B] [C] [D] [E]   30. [A] [B] [C] [D] [E]   45. [A] [B] [C] [D] [E]

阴影部分请勿作答或做任何标记

续57题作答

400

500

600

700

800

全国硕士研究生招生考试管理类综合能力
试题答题卡（199）

报 考 单 位

考生编号（左对齐）

[0] [0] [0] [0] [0] [0] [0] [0] [0] [0] [0] [0] [0] [0] [0]
[1] [1] [1] [1] [1] [1] [1] [1] [1] [1] [1] [1] [1] [1] [1]
[2] [2] [2] [2] [2] [2] [2] [2] [2] [2] [2] [2] [2] [2] [2]
[3] [3] [3] [3] [3] [3] [3] [3] [3] [3] [3] [3] [3] [3] [3]
[4] [4] [4] [4] [4] [4] [4] [4] [4] [4] [4] [4] [4] [4] [4]
[5] [5] [5] [5] [5] [5] [5] [5] [5] [5] [5] [5] [5] [5] [5]
[6] [6] [6] [6] [6] [6] [6] [6] [6] [6] [6] [6] [6] [6] [6]
[7] [7] [7] [7] [7] [7] [7] [7] [7] [7] [7] [7] [7] [7] [7]
[8] [8] [8] [8] [8] [8] [8] [8] [8] [8] [8] [8] [8] [8] [8]
[9] [9] [9] [9] [9] [9] [9] [9] [9] [9] [9] [9] [9] [9] [9]

考 生 姓 名

注意事项

1. 填（书）写部分必须使用黑色字迹签字笔书写，字迹工整、笔迹清楚；涂写部分必须使用2B铅笔填涂。
2. 选择题的答案必须涂写在答题卡相应题号的选项上，非选择题的答案必须书写在答题卡指定位置的边框区域内。超出答题卡区域书写的答案无效；在草稿纸、试题册上答题无效。
3. 保持答题卡整洁、不要折叠。严禁在答题卡上做任何标记，否则按无效答卷处理。
4. 考生须把试题册上的"试卷条形码"粘贴条取下，粘贴在答题卡的"试卷条形码粘贴位置"框中。

正确填涂 ▅   错误填涂 ⊠ ⊠ ⊠ ☐ ● ○ ▬

缺考标记	缺考	☐	缺考考生信息由监考员填写，并用2B铅笔填涂缺考标记，加盖缺考章时，请勿遮盖信息点。

选 择 题 答 题 区 域

1. [A] [B] [C] [D] [E]   16. [A] [B] [C] [D] [E]   31. [A] [B] [C] [D] [E]   46. [A] [B] [C] [D] [E]
2. [A] [B] [C] [D] [E]   17. [A] [B] [C] [D] [E]   32. [A] [B] [C] [D] [E]   47. [A] [B] [C] [D] [E]
3. [A] [B] [C] [D] [E]   18. [A] [B] [C] [D] [E]   33. [A] [B] [C] [D] [E]   48. [A] [B] [C] [D] [E]
4. [A] [B] [C] [D] [E]   19. [A] [B] [C] [D] [E]   34. [A] [B] [C] [D] [E]   49. [A] [B] [C] [D] [E]
5. [A] [B] [C] [D] [E]   20. [A] [B] [C] [D] [E]   35. [A] [B] [C] [D] [E]   50. [A] [B] [C] [D] [E]

6. [A] [B] [C] [D] [E]   21. [A] [B] [C] [D] [E]   36. [A] [B] [C] [D] [E]   51. [A] [B] [C] [D] [E]
7. [A] [B] [C] [D] [E]   22. [A] [B] [C] [D] [E]   37. [A] [B] [C] [D] [E]   52. [A] [B] [C] [D] [E]
8. [A] [B] [C] [D] [E]   23. [A] [B] [C] [D] [E]   38. [A] [B] [C] [D] [E]   53. [A] [B] [C] [D] [E]
9. [A] [B] [C] [D] [E]   24. [A] [B] [C] [D] [E]   39. [A] [B] [C] [D] [E]   54. [A] [B] [C] [D] [E]
10. [A] [B] [C] [D] [E]   25. [A] [B] [C] [D] [E]   40. [A] [B] [C] [D] [E]   55. [A] [B] [C] [D] [E]

11. [A] [B] [C] [D] [E]   26. [A] [B] [C] [D] [E]   41. [A] [B] [C] [D] [E]
12. [A] [B] [C] [D] [E]   27. [A] [B] [C] [D] [E]   42. [A] [B] [C] [D] [E]
13. [A] [B] [C] [D] [E]   28. [A] [B] [C] [D] [E]   43. [A] [B] [C] [D] [E]
14. [A] [B] [C] [D] [E]   29. [A] [B] [C] [D] [E]   44. [A] [B] [C] [D] [E]
15. [A] [B] [C] [D] [E]   30. [A] [B] [C] [D] [E]   45. [A] [B] [C] [D] [E]

阴影部分请勿作答或做任何标记

续57题作答

400

500

600

700

800

全国硕士研究生招生考试管理类综合能力
试题答题卡（199）

报 考 单 位

考 生 姓 名

考 生 编 号（左 对 齐）

[0]	[0]	[0]	[0]	[0]	[0]	[0]	[0]	[0]	[0]	[0]	[0]	[0]	[0]	[0
[1]	[1]	[1]	[1]	[1]	[1]	[1]	[1]	[1]	[1]	[1]	[1]	[1]	[1]	[1
[2]	[2]	[2]	[2]	[2]	[2]	[2]	[2]	[2]	[2]	[2]	[2]	[2]	[2]	[2
[3]	[3]	[3]	[3]	[3]	[3]	[3]	[3]	[3]	[3]	[3]	[3]	[3]	[3]	[3
[4]	[4]	[4]	[4]	[4]	[4]	[4]	[4]	[4]	[4]	[4]	[4]	[4]	[4]	[4
[5]	[5]	[5]	[5]	[5]	[5]	[5]	[5]	[5]	[5]	[5]	[5]	[5]	[5]	[5
[6]	[6]	[6]	[6]	[6]	[6]	[6]	[6]	[6]	[6]	[6]	[6]	[6]	[6]	[6
[7]	[7]	[7]	[7]	[7]	[7]	[7]	[7]	[7]	[7]	[7]	[7]	[7]	[7]	[7
[8]	[8]	[8]	[8]	[8]	[8]	[8]	[8]	[8]	[8]	[8]	[8]	[8]	[8]	[8
[9]	[9]	[9]	[9]	[9]	[9]	[9]	[9]	[9]	[9]	[9]	[9]	[9]	[9]	[9

注意事项

1. 填（书）写部分必须使用黑色字迹签字笔书写，字迹工整、笔迹清楚；涂写部分必须使用2B铅笔填涂。
2. 选择题的答案必须涂写在答题卡相应题号的选项上，非选择题的答案必须书写在答题卡指定位置的边框区域内。超出答题卡区域书写的答案无效；在草稿纸、试题册上答题无效。
3. 保持答题卡整洁、不要折叠。严禁在答题卡上做任何标记，否则按无效答卷处理。
4. 考生须把试题册上的"试卷条形码"粘贴条取下，粘贴在答题卡的"试卷条形码粘贴位置"框中。

正确填涂 ▬　　错误填涂 ⊠ ⊗ ⊘ ⊙ ○ ▬

缺考标记	缺考	☐	缺考考生信息由监考员填写，并用2B铅笔填涂缺考标记，加盖缺考章时，请勿遮盖信息点。

选 择 题 答 题 区 域

1. [A] [B] [C] [D] [E]　　16. [A] [B] [C] [D] [E]　　31. [A] [B] [C] [D] [E]　　46. [A] [B] [C] [D] [E]
2. [A] [B] [C] [D] [E]　　17. [A] [B] [C] [D] [E]　　32. [A] [B] [C] [D] [E]　　47. [A] [B] [C] [D] [E]
3. [A] [B] [C] [D] [E]　　18. [A] [B] [C] [D] [E]　　33. [A] [B] [C] [D] [E]　　48. [A] [B] [C] [D] [E]
4. [A] [B] [C] [D] [E]　　19. [A] [B] [C] [D] [E]　　34. [A] [B] [C] [D] [E]　　49. [A] [B] [C] [D] [E]
5. [A] [B] [C] [D] [E]　　20. [A] [B] [C] [D] [E]　　35. [A] [B] [C] [D] [E]　　50. [A] [B] [C] [D] [E]

6. [A] [B] [C] [D] [E]　　21. [A] [B] [C] [D] [E]　　36. [A] [B] [C] [D] [E]　　51. [A] [B] [C] [D] [E]
7. [A] [B] [C] [D] [E]　　22. [A] [B] [C] [D] [E]　　37. [A] [B] [C] [D] [E]　　52. [A] [B] [C] [D] [E]
8. [A] [B] [C] [D] [E]　　23. [A] [B] [C] [D] [E]　　38. [A] [B] [C] [D] [E]　　53. [A] [B] [C] [D] [E]
9. [A] [B] [C] [D] [E]　　24. [A] [B] [C] [D] [E]　　39. [A] [B] [C] [D] [E]　　54. [A] [B] [C] [D] [E]
10. [A] [B] [C] [D] [E]　　25. [A] [B] [C] [D] [E]　　40. [A] [B] [C] [D] [E]　　55. [A] [B] [C] [D] [E]

11. [A] [B] [C] [D] [E]　　26. [A] [B] [C] [D] [E]　　41. [A] [B] [C] [D] [E]
12. [A] [B] [C] [D] [E]　　27. [A] [B] [C] [D] [E]　　42. [A] [B] [C] [D] [E]
13. [A] [B] [C] [D] [E]　　28. [A] [B] [C] [D] [E]　　43. [A] [B] [C] [D] [E]
14. [A] [B] [C] [D] [E]　　29. [A] [B] [C] [D] [E]　　44. [A] [B] [C] [D] [E]
15. [A] [B] [C] [D] [E]　　30. [A] [B] [C] [D] [E]　　45. [A] [B] [C] [D] [E]

阴影部分请勿作答或做任何标记

续57题作答

400

500

600

700

800

全国硕士研究生招生考试管理类综合能力
试题答题卡（199）

注意事项

1. 填（书）写部分必须使用黑色字迹签字笔书写，字迹工整、笔迹清楚；涂写部分必须使用2B铅笔填涂。
2. 选择题的答案必须涂写在答题卡相应题号的选项上，非选择题的答案必须书写在答题卡指定位置的边框区域内。超出答题卡区域书写的答案无效；在草稿纸、试题册上答题无效。
3. 保持答题卡整洁、不要折叠。严禁在答题卡上做任何标记，否则按无效答卷处理。
4. 考生须把试题册上的"试卷条形码"粘贴条取下，粘贴在答题卡的"试卷条形码粘贴位置"框中。

正确填涂 � 错误填涂 ✓ ✗ ╲ ● ◐ ▬

缺考标记	缺考 ☐	缺考考生信息由监考员填写，并用2B铅笔填涂缺考标记，加盖缺考章时，请勿遮盖信息点。

选 择 题 答 题 区 域

1. [A] [B] [C] [D] [E]　　16. [A] [B] [C] [D] [E]　　31. [A] [B] [C] [D] [E]　　46. [A] [B] [C] [D] [E]
2. [A] [B] [C] [D] [E]　　17. [A] [B] [C] [D] [E]　　32. [A] [B] [C] [D] [E]　　47. [A] [B] [C] [D] [E]
3. [A] [B] [C] [D] [E]　　18. [A] [B] [C] [D] [E]　　33. [A] [B] [C] [D] [E]　　48. [A] [B] [C] [D] [E]
4. [A] [B] [C] [D] [E]　　19. [A] [B] [C] [D] [E]　　34. [A] [B] [C] [D] [E]　　49. [A] [B] [C] [D] [E]
5. [A] [B] [C] [D] [E]　　20. [A] [B] [C] [D] [E]　　35. [A] [B] [C] [D] [E]　　50. [A] [B] [C] [D] [E]

6. [A] [B] [C] [D] [E]　　21. [A] [B] [C] [D] [E]　　36. [A] [B] [C] [D] [E]　　51. [A] [B] [C] [D] [E]
7. [A] [B] [C] [D] [E]　　22. [A] [B] [C] [D] [E]　　37. [A] [B] [C] [D] [E]　　52. [A] [B] [C] [D] [E]
8. [A] [B] [C] [D] [E]　　23. [A] [B] [C] [D] [E]　　38. [A] [B] [C] [D] [E]　　53. [A] [B] [C] [D] [E]
9. [A] [B] [C] [D] [E]　　24. [A] [B] [C] [D] [E]　　39. [A] [B] [C] [D] [E]　　54. [A] [B] [C] [D] [E]
10. [A] [B] [C] [D] [E]　　25. [A] [B] [C] [D] [E]　　40. [A] [B] [C] [D] [E]　　55. [A] [B] [C] [D] [E]

11. [A] [B] [C] [D] [E]　　26. [A] [B] [C] [D] [E]　　41. [A] [B] [C] [D] [E]
12. [A] [B] [C] [D] [E]　　27. [A] [B] [C] [D] [E]　　42. [A] [B] [C] [D] [E]
13. [A] [B] [C] [D] [E]　　28. [A] [B] [C] [D] [E]　　43. [A] [B] [C] [D] [E]
14. [A] [B] [C] [D] [E]　　29. [A] [B] [C] [D] [E]　　44. [A] [B] [C] [D] [E]
15. [A] [B] [C] [D] [E]　　30. [A] [B] [C] [D] [E]　　45. [A] [B] [C] [D] [E]

阴影部分请勿作答或做任何标记

续57题作答

400

500

600

700

800

全国硕士研究生招生考试管理类综合能力
试题答题卡（199）

报考单位

考生编号（左对齐）

[0] [0] [0] [0] [0] [0] [0] [0] [0] [0] [0] [0] [0] [0]
[1] [1] [1] [1] [1] [1] [1] [1] [1] [1] [1] [1] [1] [1]
[2] [2] [2] [2] [2] [2] [2] [2] [2] [2] [2] [2] [2] [2]
[3] [3] [3] [3] [3] [3] [3] [3] [3] [3] [3] [3] [3] [3]
[4] [4] [4] [4] [4] [4] [4] [4] [4] [4] [4] [4] [4] [4]
[5] [5] [5] [5] [5] [5] [5] [5] [5] [5] [5] [5] [5] [5]
[6] [6] [6] [6] [6] [6] [6] [6] [6] [6] [6] [6] [6] [6]
[7] [7] [7] [7] [7] [7] [7] [7] [7] [7] [7] [7] [7] [7]
[8] [8] [8] [8] [8] [8] [8] [8] [8] [8] [8] [8] [8] [8]
[9] [9] [9] [9] [9] [9] [9] [9] [9] [9] [9] [9] [9] [9]

考生姓名

注意事项

1. 填（书）写部分必须使用黑色字迹签字笔书写，字迹工整、笔迹清楚；涂写部分必须使用2B铅笔填涂。
2. 选择题的答案必须涂写在答题卡相应题号的选项上，非选择题的答案必须书写在答题卡指定位置的边框区域内。超出答题卡区域书写的答案无效；在草稿纸、试题册上答题无效。
3. 保持答题卡整洁、不要折叠。严禁在答题卡上做任何标记，否则按无效答卷处理。
4. 考生须把试题册上的"试卷条形码"粘贴条取下，粘贴在答题卡的"试卷条形码粘贴位置"框中。

正确填涂 ▬ 错误填涂 ☑ ☒ ◪ ▢ ● ◎ ▬

缺考标记	缺考	▢	缺考考生信息由监考员填写，并用2B铅笔填涂缺考标记，加盖缺考章时，请勿遮盖信息点。

选 择 题 答 题 区 域

1. [A] [B] [C] [D] [E]　　16. [A] [B] [C] [D] [E]　　31. [A] [B] [C] [D] [E]　　46. [A] [B] [C] [D] [E]
2. [A] [B] [C] [D] [E]　　17. [A] [B] [C] [D] [E]　　32. [A] [B] [C] [D] [E]　　47. [A] [B] [C] [D] [E]
3. [A] [B] [C] [D] [E]　　18. [A] [B] [C] [D] [E]　　33. [A] [B] [C] [D] [E]　　48. [A] [B] [C] [D] [E]
4. [A] [B] [C] [D] [E]　　19. [A] [B] [C] [D] [E]　　34. [A] [B] [C] [D] [E]　　49. [A] [B] [C] [D] [E]
5. [A] [B] [C] [D] [E]　　20. [A] [B] [C] [D] [E]　　35. [A] [B] [C] [D] [E]　　50. [A] [B] [C] [D] [E]

6. [A] [B] [C] [D] [E]　　21. [A] [B] [C] [D] [E]　　36. [A] [B] [C] [D] [E]　　51. [A] [B] [C] [D] [E]
7. [A] [B] [C] [D] [E]　　22. [A] [B] [C] [D] [E]　　37. [A] [B] [C] [D] [E]　　52. [A] [B] [C] [D] [E]
8. [A] [B] [C] [D] [E]　　23. [A] [B] [C] [D] [E]　　38. [A] [B] [C] [D] [E]　　53. [A] [B] [C] [D] [E]
9. [A] [B] [C] [D] [E]　　24. [A] [B] [C] [D] [E]　　39. [A] [B] [C] [D] [E]　　54. [A] [B] [C] [D] [E]
10. [A] [B] [C] [D] [E]　　25. [A] [B] [C] [D] [E]　　40. [A] [B] [C] [D] [E]　　55. [A] [B] [C] [D] [E]

11. [A] [B] [C] [D] [E]　　26. [A] [B] [C] [D] [E]　　41. [A] [B] [C] [D] [E]
12. [A] [B] [C] [D] [E]　　27. [A] [B] [C] [D] [E]　　42. [A] [B] [C] [D] [E]
13. [A] [B] [C] [D] [E]　　28. [A] [B] [C] [D] [E]　　43. [A] [B] [C] [D] [E]
14. [A] [B] [C] [D] [E]　　29. [A] [B] [C] [D] [E]　　44. [A] [B] [C] [D] [E]
15. [A] [B] [C] [D] [E]　　30. [A] [B] [C] [D] [E]　　45. [A] [B] [C] [D] [E]

阴影部分请勿作答或做任何标记

续57题作答

400

500

600

700

800

全国硕士研究生招生考试管理类综合能力
试题答题卡（199）

报考单位

考生姓名

考 生 编 号（左 对 齐）

[0] [0] [0] [0] [0] [0] [0] [0] [0] [0] [0] [0] [0] [0] [0] [0]
[1] [1] [1] [1] [1] [1] [1] [1] [1] [1] [1] [1] [1] [1] [1] [1]
[2] [2] [2] [2] [2] [2] [2] [2] [2] [2] [2] [2] [2] [2] [2] [2]
[3] [3] [3] [3] [3] [3] [3] [3] [3] [3] [3] [3] [3] [3] [3] [3]
[4] [4] [4] [4] [4] [4] [4] [4] [4] [4] [4] [4] [4] [4] [4] [4]
[5] [5] [5] [5] [5] [5] [5] [5] [5] [5] [5] [5] [5] [5] [5] [5]
[6] [6] [6] [6] [6] [6] [6] [6] [6] [6] [6] [6] [6] [6] [6] [6]
[7] [7] [7] [7] [7] [7] [7] [7] [7] [7] [7] [7] [7] [7] [7] [7]
[8] [8] [8] [8] [8] [8] [8] [8] [8] [8] [8] [8] [8] [8] [8] [8]
[9] [9] [9] [9] [9] [9] [9] [9] [9] [9] [9] [9] [9] [9] [9] [9]

注意事项

1. 填（书）写部分必须使用黑色字迹签字笔书写，字迹工整、笔迹清楚；涂写部分必须使用2B铅笔填涂。
2. 选择题的答案必须涂写在答题卡相应题号的选项上，非选择题的答案必须书写在答题卡指定位置的边框区域内。超出答题卡区域书写的答案无效；在草稿纸、试题册上答题无效。
3. 保持答题卡整洁、不要折叠。严禁在答题卡上做任何标记，否则按无效答卷处理。
4. 考生须把试题册上的"试卷条形码"粘贴条取下，粘贴在答题卡的"试卷条形码粘贴位置"框中。

正确填涂 ■   错误填涂 ☑ ☒ ◪ ◐ ◎ ▬

| 缺考标记 | 缺考 ▭ | 缺考考生信息由监考员填写，并用2B铅笔填涂缺考标记，加盖缺考章时，请勿遮盖信息点。 |

选 择 题 答 题 区 域

1. [A] [B] [C] [D] [E]
2. [A] [B] [C] [D] [E]
3. [A] [B] [C] [D] [E]
4. [A] [B] [C] [D] [E]
5. [A] [B] [C] [D] [E]

6. [A] [B] [C] [D] [E]
7. [A] [B] [C] [D] [E]
8. [A] [B] [C] [D] [E]
9. [A] [B] [C] [D] [E]
10. [A] [B] [C] [D] [E]

11. [A] [B] [C] [D] [E]
12. [A] [B] [C] [D] [E]
13. [A] [B] [C] [D] [E]
14. [A] [B] [C] [D] [E]
15. [A] [B] [C] [D] [E]

16. [A] [B] [C] [D] [E]
17. [A] [B] [C] [D] [E]
18. [A] [B] [C] [D] [E]
19. [A] [B] [C] [D] [E]
20. [A] [B] [C] [D] [E]

21. [A] [B] [C] [D] [E]
22. [A] [B] [C] [D] [E]
23. [A] [B] [C] [D] [E]
24. [A] [B] [C] [D] [E]
25. [A] [B] [C] [D] [E]

26. [A] [B] [C] [D] [E]
27. [A] [B] [C] [D] [E]
28. [A] [B] [C] [D] [E]
29. [A] [B] [C] [D] [E]
30. [A] [B] [C] [D] [E]

31. [A] [B] [C] [D] [E]
32. [A] [B] [C] [D] [E]
33. [A] [B] [C] [D] [E]
34. [A] [B] [C] [D] [E]
35. [A] [B] [C] [D] [E]

36. [A] [B] [C] [D] [E]
37. [A] [B] [C] [D] [E]
38. [A] [B] [C] [D] [E]
39. [A] [B] [C] [D] [E]
40. [A] [B] [C] [D] [E]

41. [A] [B] [C] [D] [E]
42. [A] [B] [C] [D] [E]
43. [A] [B] [C] [D] [E]
44. [A] [B] [C] [D] [E]
45. [A] [B] [C] [D] [E]

46. [A] [B] [C] [D] [E]
47. [A] [B] [C] [D] [E]
48. [A] [B] [C] [D] [E]
49. [A] [B] [C] [D] [E]
50. [A] [B] [C] [D] [E]

51. [A] [B] [C] [D] [E]
52. [A] [B] [C] [D] [E]
53. [A] [B] [C] [D] [E]
54. [A] [B] [C] [D] [E]
55. [A] [B] [C] [D] [E]

阴影部分请勿作答或做任何标记